DEUTSCH ALS FREMDS

Anna Breitsameter
Sara Vicente
Carmen Cristache
Lina Pilypaitytė

deutsch.com 2

ARBEITSBUCH

Hueber Verlag

Produktion der Audio-CD: Tonstudio Graf
Sprecherinnen und Sprecher: Maren Rainer, Fabian Rainer, Jakob Riedl u. a.
Gesamtlaufzeit: 64 Minuten

9. 8. 7. | Die letzten Ziffern
2025 24 23 22 21 | bezeichnen Zahl und Jahr des Druckes.
Alle Drucke dieser Auflage können, da unverändert, nebeneinander benutzt werden.
1. Auflage

Zeichnungen: Lutz Kasper, Köln; Jörg Saupe, Düsseldorf
Layoutrealisation, Satz: Catherine Avak, München
Verlagsredaktion: Silke Hilpert, Juliane Müller, Hueber Verlag, Ismaning;
Anissa Nasser, Ottobrunn
Druck und Bindung: Firmengruppe APPL, aprinta druck GmbH, Wemding
Printed in Germany
ISBN 978–3–19–011659–1

Art. 530_07019_001_07

Vorwort

Das Arbeitsbuch **deutsch.com** dient zum selbstständigen Nacharbeiten des Lernstoffs aus dem Kursbuch **deutsch.com**. Dazu gibt es:

Übungen und Aufgaben: Die Lerner wiederholen und vertiefen Grammatik, Redemittel und Wortschatz der A- und B-Seiten im Kursbuch.

Aufgaben zur **Aussprache**: Die Lerner erkennen, differenzieren und üben die Einzellaute und wiederholen die Redemittel aus der Lektion.

Aufgaben zur **Selbstkontrolle**: Die Lerner haben die Möglichkeit, den wichtigen Lernstoff der Lektion noch einmal zu üben. Sie erhalten dazu auch den Lösungsschlüssel.

Plateauseiten am Ende eines Moduls: Sie fassen den Lernstoff eines Moduls zusammen und wiederholen und vertiefen Lernstrategien.
Dazu enthalten sie ein systematisches **Fertigkeitentraining** (Hören, Lesen, Schreiben und Sprechen) mit Aufgabentypen im Testformat, unterschiedlichen, authentischen Textsorten und Realien sowie interessanten Schreib- und Sprechanlässen. **Projekte** sowohl zu landeskundlichen als auch interkulturellen Themen ermöglichen einen freien und kreativen Umgang mit dem Lernstoff des Moduls.
Die Kann-Bestimmungen werden aktiv noch einmal auf der Seite **Das kann ich jetzt!** wiederholt.

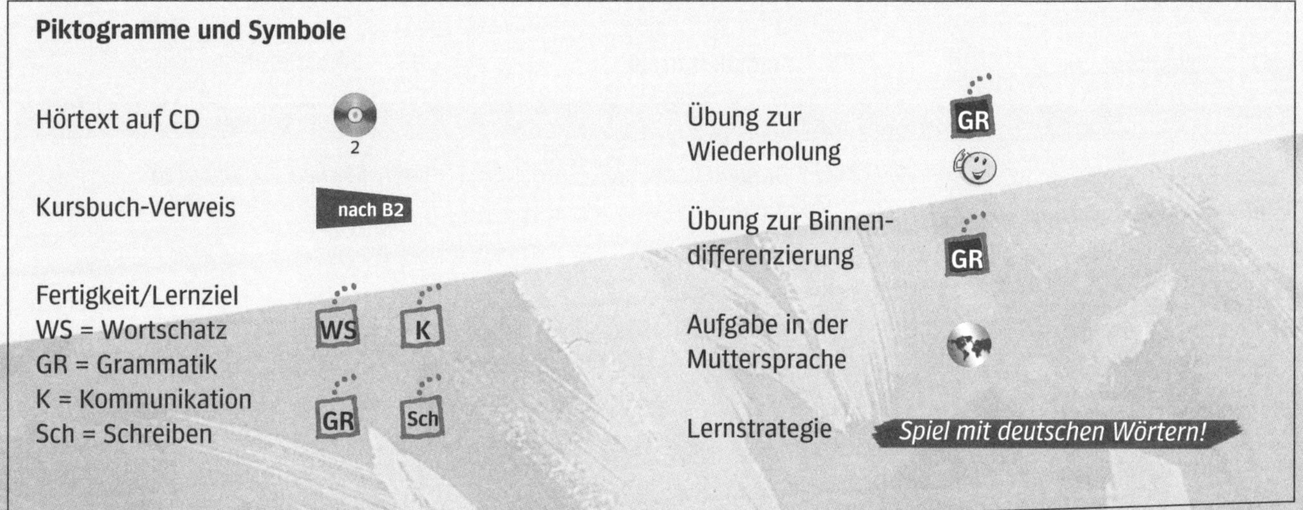

19 Leute

nach A2 WS

1 Ordne zu und ergänze.

Hobbys • Sprachen • Kinofilme • Größe • Augenfarbe • Beruf

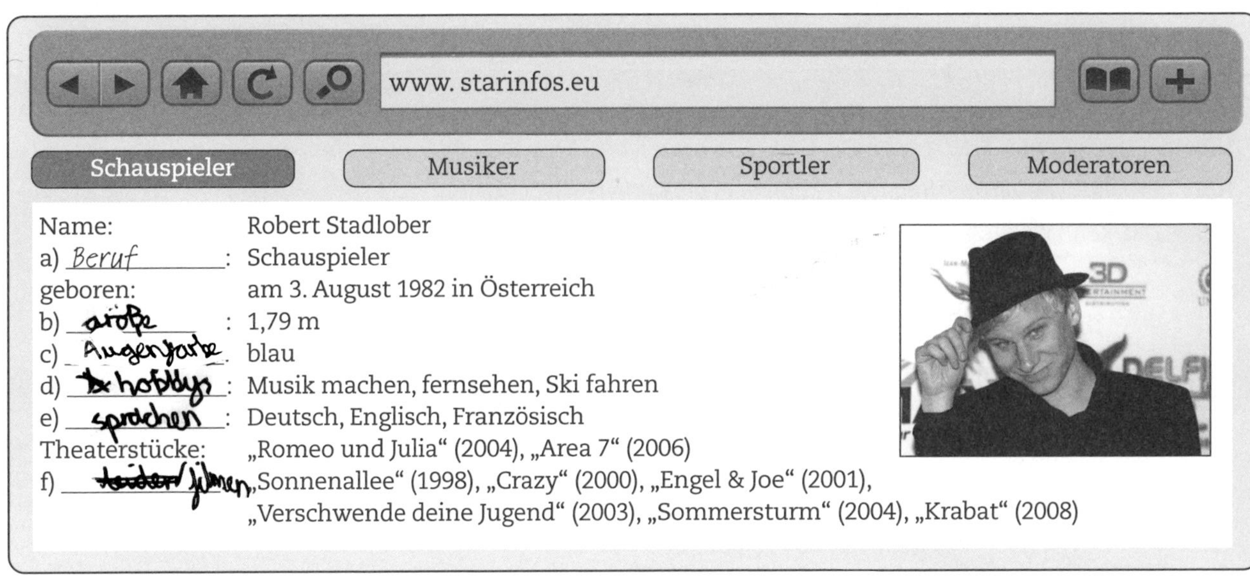

www.starinfos.eu

Schauspieler | Musiker | Sportler | Moderatoren

Name: Robert Stadlober
a) ______: Schauspieler
geboren: am 3. August 1982 in Österreich
b) ______: 1,79 m
c) ______: blau
d) ______: Musik machen, fernsehen, Ski fahren
e) ______: Deutsch, Englisch, Französisch
Theaterstücke: „Romeo und Julia" (2004), „Area 7" (2006)
f) ______: „Sonnenallee" (1998), „Crazy" (2000), „Engel & Joe" (2001), „Verschwende deine Jugend" (2003), „Sommersturm" (2004), „Krabat" (2008)

2 Ordne zu und ergänze.

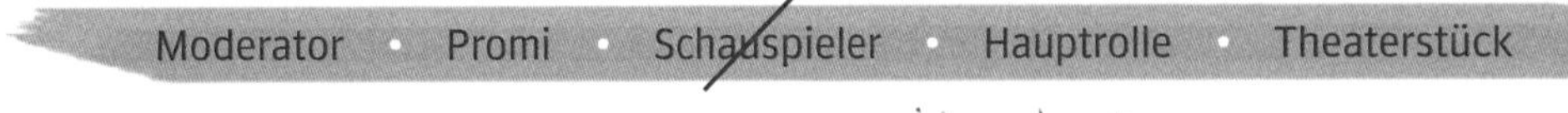

a) Der ______ Elijah Wood hat die ______ im Film „Herr der Ringe" gespielt.

b) „Romeo und Julia" heißt ein ______ von Shakespeare.

c) Ein ______ lädt Leute in seine Fernsehshow ein und diskutiert mit ihnen.

d) Paris Hilton ist keine Schauspielerin, keine Moderatorin und keine Sportlerin. Aber sehr viele Leute kennen sie, sie ist ein ______.

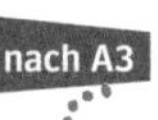

3 Ergänze und vergleiche.

Englisch	Deutsch	Meine Sprache
film	a) der _ _ _ _	
theatre	b) das _ _ _ _ _ _ _	
sportsman	c) der _ _ _ _ _ _ _ _	
film star	d) der _ _ _ _ _ _ _ _ _	

4 Was ist richtig? Markiere.

a) ▲ Kennst du den Schauspieler Robert Stadlober?
● Na ja, den Namen habe ich schon gehört, aber ich kenne *keinen / keine / kein* Film von ihm.
▲ Heute Abend kommt übrigens der Film „Crazy" im Fernsehen. Da spielt Stadlober mit. Der Film ist echt gut. Den musst du dir auf jeden Fall anschauen.
● Das ist blöd. Heute Abend habe ich *keinen / keine / kein* Zeit. Da ist Training.

b) ▲ Ich möchte heute Abend so gern diese Superstar-Show im Fernsehen anschauen. Aber ich darf nicht.
● Das ist doch *kein / keine / keinen* Problem. Komm einfach zu mir und wir sehen die Show zusammen an.

c) ▲ Wir haben doch bei dir den Film „Sonnenallee" gesehen. Hast du die DVD noch?
● Nein, die war von Maria. Ich habe *kein / keinen / keine* Filme auf DVD.

d) ▲ Ich kaufe Karten für das Coldplay-Konzert. Kommst du mit?
● Ah, das ist blöd. Ich kann nicht mitkommen, ich habe schon wieder *keinen / kein / keine* Geld mehr.

e) ▲ Sag mal, kennst du eigentlich den Schauspieler Kai Pflaume?
● Ja, aber er ist doch Moderator und *kein / keinen / keine* Schauspieler.

5 Träume: Schreib Sätze mit *nicht* oder *kein-*.

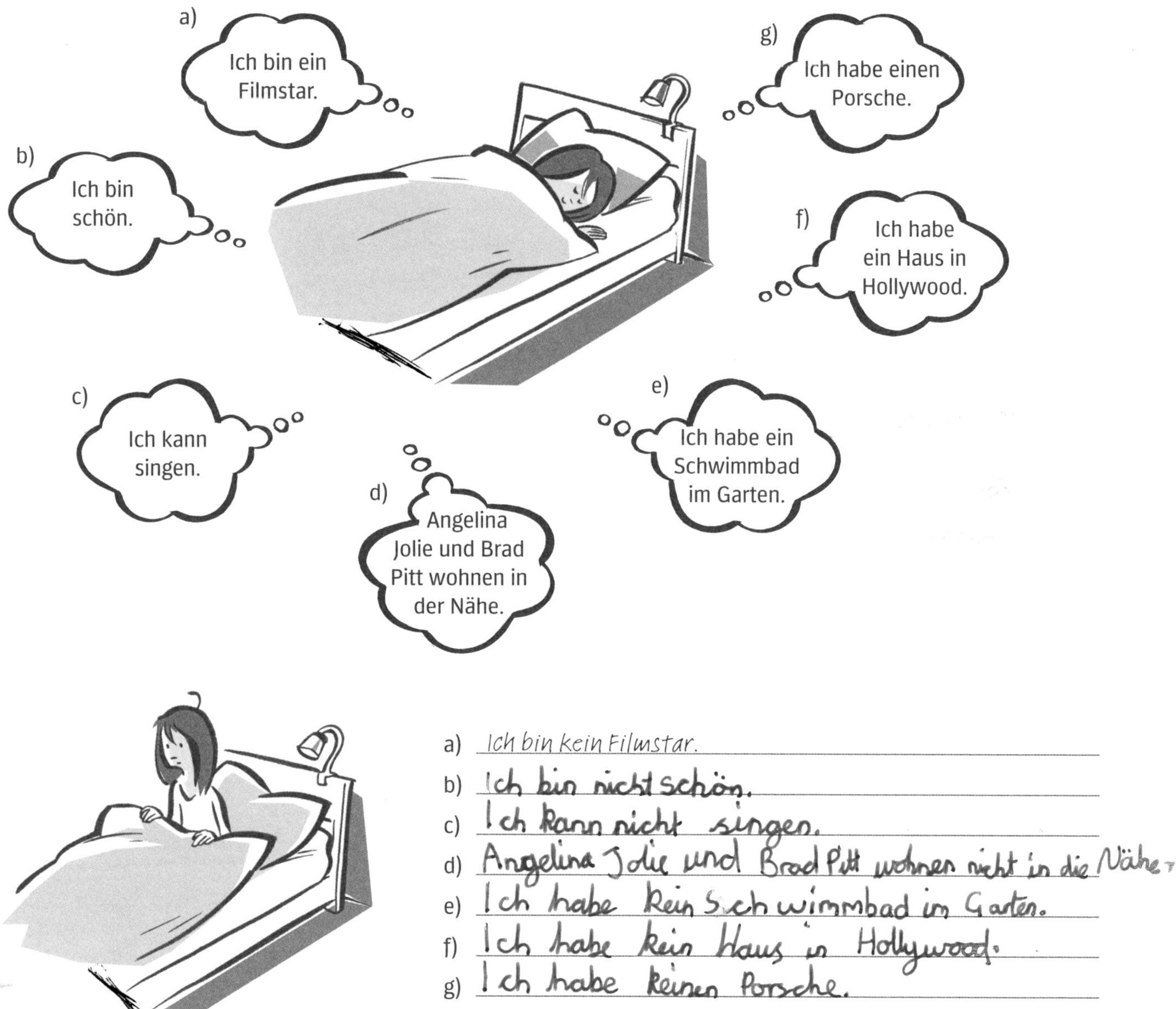

a) Ich bin ein Filmstar.
b) Ich bin schön.
c) Ich kann singen.
d) Angelina Jolie und Brad Pitt wohnen in der Nähe.
e) Ich habe ein Schwimmbad im Garten.
f) Ich habe ein Haus in Hollywood.
g) Ich habe einen Porsche.

a) Ich bin kein Filmstar.
b) Ich bin nicht schön.
c) Ich kann nicht singen.
d) Angelina Jolie und Brad Pitt wohnen nicht in die Nähe.
e) Ich habe kein Schwimmbad im Garten.
f) Ich habe kein Haus in Hollywood.
g) Ich habe keinen Porsche.

6 Ergänze *keinen, keine, kein* oder *nicht*.

a) ▲ Sag mal, wer ist eigentlich Heidi Klum? Alle reden von ihr.
● Was, die kennst du _nicht_?
▲ Nein. Was ist sie von Beruf? Ist sie eine bekannte Schauspielerin?
● Nein, sie ist doch _keine_ Schauspielerin. Na ja gut, sie spielt schon manchmal in Filmen mit, aber das ist eigentlich _nicht_ ihr Beruf. Sie ist Model und Moderatorin im Fernsehen.
▲ Ach so. Na ja, weißt du, ich sehe _nicht_ viel fern.

b) ▲ Ich finde, Lukas Podolski ist total cool. Welchen Fußballspieler findest du gut?
● Ich finde Fußball eigentlich _nicht_ so interessant. Deshalb habe ich auch _keine_ Lieblingsspieler (Pl).

c) ▲ Wir schauen uns heute Abend im Kino einen Film mit Sylvester Stallone an. Kommst du mit?
● Ach nein, ich habe _keinen_ Lust.
▲ Aber, warum denn _nicht_?
● Ich mag _keine_ Filme mit Sylvester Stallone.

nach A4 · GR

7 Ich bin kein Star: Schreib die Sätze richtig und ergänze *nicht* oder *kein-*.

a) *(cool / ich / sein)* Ich bin nicht cool

b) *(Auftritte in Fernsehshows / ich / haben)* Ich habe keine Auftritte in Fernsehshows.

c) *(ich / haben / Freunde aus Hollywood)* Ich habe keine Freunde aus Hollywood.

d) *(ich / Theaterschauspielerin / sein)* Ich bin keine Theaterschauspielerin.

e) *(ich / Interviews / geben)* Ich gebe keine interviews

f) *(meine Klamotten / sein / modern)* Meine Klamotten sind nicht modern

g) *(interessant / mein Leben / sein)* Mein Leben ist nicht interessant

nach A6 · WS

8 Mein neuer Nachbar: Ordne zu und ergänze.

bekannt • arrogant • neugierig • intelligent • witzig • korrekt • höflich

a) Er spricht nie schlecht über andere Leute.
Er ist korrekt.

b) Er grüßt immer.
Er ist höflich.

c) Leider will er immer alles wissen.
Er ist neugierig.

d) Jeder in der Straße kennt ihn.
Er ist bekannt.

e) Er erzählt gern lustige Geschichten.
Er ist witzig.

f) Er weiß sehr viel und versteht auch sehr komplizierte Sachen ganz schnell.
Er ist intelligent.

g) Aber manchmal denkt er, nur er ist toll und alle anderen Leute sind blöd.
Er ist arrogant.

nach A6 · WS

9 Welches Adjektiv passt? Kreuze an.

a) ▲ Warum lachst du denn so laut?
● Da kommt gerade „Mr. Bean" im Fernsehen. Das ist wirklich [x] lustig [ ] langweilig [ ] freundlich.

b) ▲ Müssen wir dieses blöde Fußballspiel anschauen? Das ist doch total [ ] hässlich [ ] komisch [x] langweilig. Ich schlafe gleich ein.
● Das kann schon sein, aber ich will es sehen. Da spielt Lukas Podolski mit.

c) ▲ Schau mal, hier ist ein Foto von Michael Jackson. Was ist denn mit seiner Nase los? Die ist doch nicht normal.
● Das finde ich auch. Die Nase ist wirklich ein bisschen [x] arrogant [ ] korrekt [x] komisch.

d) ▲ Also, diese neue Moderatorin von VIVA mag ich überhaupt nicht.
● Ich finde sie auch nicht [ ] nervös [ ] bekannt [x] sympathisch.

e) ▲ Schau mal. Hier auf der Seite ist Paris Hilton. Das Kleid von ihr ist ja total [ ] arrogant [x] hässlich [ ] korrekt. Es ist viel zu weit und zu kurz. So etwas kann man doch nicht anziehen.
● Na ja, schön ist es wirklich nicht.

f) ▲ Wie sieht es denn hier aus? Hier liegen ja überall Klamotten herum.
● Ja, ich weiß, es ist ein bisschen [x] chaotisch [ ] hässlich [ ] korrekt, aber ich weiß noch nicht, was ich heute zum Konzert anziehen soll.

g) ▲ Sag mal, kennst du diesen Jungen?
● Nein, warum?
▲ Er grüßt so [x] freundlich [x] bekannt [x] hässlich.

?

ch A7 · WS

10 Ergänze die Endungen *-ig, -lich* oder *-isch*.

a) lust*ig*   d) witz*ig*   g) häss*lich*   j) persön*lich*
b) freund*lich*   e) langweil*ig*   h) kom*isch*   k) iron*man*
c) chaot*isch*   f) höf*lich*   i) sympath*isch*

ch A9 · K

11 Ordne den Dialog.

[4] Wirklich? Das finde ich eigentlich nicht und Podolski finde ich überhaupt nicht langweilig. Er erzählt gern Witze und ist total lustig. Und – weißt du was? Ich habe ihn schon einmal gesehen, gleich hier in der Nähe, in der Maximilianstraße.

[3] Dann kann er wahrscheinlich sehr gut spielen. Aber ich finde Fußballspieler eigentlich langweilig.

[2] Er spielt Fußball. Er ist noch ziemlich jung und schon sehr gut. Er spielt sogar in der deutschen Nationalmannschaft.

[1] Du hast aber viele Poster von Stars. Wer ist denn der Mann mit den blonden Haaren da? Den kenne ich gar nicht.

[5] Welchen Sport macht er denn?

[6] Wow, ich habe noch nie einen Promi gesehen.

[7] Was!? Den kennst du nicht? Das ist mein Lieblingssportler, Lukas Podolski.

h A9 · K

12 Schreib einen Dialog nach der Grafik.

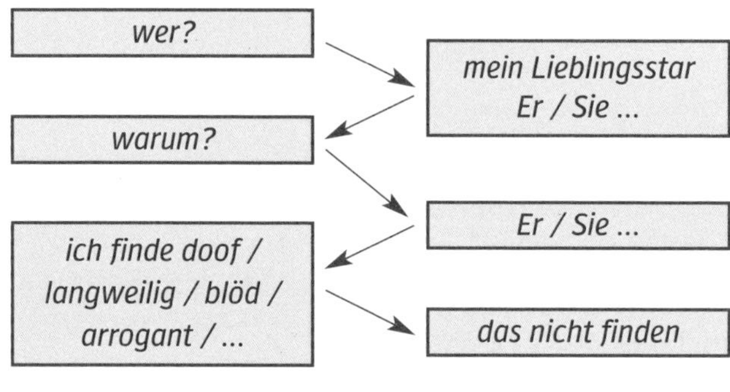

▲ Wer ist deine lieblingsstar
● Meine leiblingsstar ist Sara Rue. Sie ist eine schauspielerin.
▲ Warum ist sie die lieblings
● Weil sie ist ganz lustig
▲ Ich finde sie doof
● Das finde ich nicht!

h A9 · ch

13 Schreib eine Antwort. Die Fragen unten helfen.

Forum

Thema: **Welchen Promi magst du überhaupt nicht?**

Hallo,
also ich finde … total blöd.
Er / Sie ist Moderator/in / Sportler/in / Schauspieler/in / … von Beruf.
…

★ Wer ist er/sie?
★ Was ist er/sie von Beruf?
★ Wie ist er/sie?

14 Aussehen: Was passt nicht? Streiche.

a) **Haare:** glatt • lockig • ~~bequem~~ • lang
b) **Haarfarbe:** dunkel • blond • schwarz • gelb
c) **Kleidung:** elegant • arrogant • bequem • witzig
d) **Person:** hoch • dünn • groß • offen

nach B1

15 Der Secondhand-Laden: Ordne zu und ergänze mit Artikel.

WS

Rock • Anzug • Brille • T-Shirt • Hemd • Pullover • Hose • Mantel

a) die Hose
c) die rock
e) der mantel
g) das T-shirt

b) das hemd
d) der anzug
f) der pullover
h) die Brille

nach B3

16 Ergänze *mir, dir, ihm, uns, euch* oder *Ihnen*.

GR

a) ▲ Ich kaufe meinen Eltern zu Weihnachten ein Monopoly-Spiel. Das gefällt ihnen sicher.
● Das ist eine gute Idee. Hast du vielleicht auch einen Tipp für meine Eltern?

b) ▲ Entschuldigen Sie, können Sie mir helfen? Ich suche eine Sonnenbrille.
● Ja, gern. Da haben wir viele verschiedene (different). Probieren Sie diese hier mal aus. Die steht ihnen sicher sehr gut.

c) ▲ Jana, ich brauche deine Hilfe. Ich suche ein cooles Outfit für die Party bei Thomas. Ich möchte nicht so langweilig aussehen. Kannst du mir einen Tipp geben?
● Frag doch eine Stilistin. Die kann ihr sicher helfen.
▲ Das mache ich. Hoffentlich gefalle ich ihm dann auch.

d) ▲ Frau Roth, wir haben ein Problem. Wir können die Fragen nicht beantworten. Können Sie uns bitte helfen?
● Tut mir leid, ich habe gerade keine Zeit. Ich helfe euch später.

nach B4

HW

17 Ordne zu und ergänze die Verben in der richtigen Form.

WS

meinen • stehen • anziehen • ändern • passen • gehören • tragen

a) ▲ Komm endlich! Wir müssen gehen. Wir kommen schon wieder zu spät.
● Gleich, ich muss nur noch meinen Mantel anziehen.

b) ▲ Entschuldigung, ändern die Jacke Ihnen?
● Oh ja, vielen Dank. Das ist meine.

c) ▲ Sag mal, wie findest du das T-Shirt?
● Ist das nicht zu groß?
▲ Ja, du hast recht, das steht mir nicht.

d) ▲ Wow, du tragst ja heute einen Rock. Das sieht schick aus.
● Danke. Aber leider ist der Rock auch etwas unbequem.

e) ▲ Hey, warst du beim Friseur? Die Frisur passt dir total gut.
● Echt? Danke.

f) ▲ Ich möchte gern mein Outfit ~~meinen~~ gehören. Ich sehe so langweilig aus. Was meinst du?
● Ach, das stimmt doch gar nicht!

ch B4 GR

18 Ergänze im Dativ.

a) ▲ Deinen Rock finde ich echt cool.
● Ich finde ihn auch cool, aber leider gehört er meiner Freundin (Freundin von mir).

b) ▲ Warum hat Peter denn am Samstag keine Zeit?
● Ich glaube, er muss ihnem Eltern *(Eltern von ihm)* helfen.

c) ▲ Schau mal, glaubst du, dieses T-Shirt passt meine freund *(Freund von mir)*? Ich möchte es ihm gern zum Geburtstag kaufen.
● Ich weiß nicht, ist das nicht ein bisschen klein?

d) ▲ Hast du das Fahrrad von Claudia gesehen?
● Ja, ich finde es super. Es gehört aber ihre freund *(Freund von ihr)* und nicht ihr.

e) ▲ Das Kleid steht deine Schwester *(Schwester von dir)* echt gut. Ich finde, sie sieht heute ziemlich süß aus.
● Ich glaube, du bist in sie verliebt.

h B5 GR

19 Schreib die Sätze richtig.

a) ▲ Passen Sie die Schue oder brauchen Sie eine andere Größe?
(die Schuhe / Sie / passen)
● Ich glaube, sie sind ein bisschen klein.

b) ▲ Kann ich sie hilfen? *(Sie / ich / können / helfen)*
● Ja gerne, wo finde ich denn bei Ihnen Anzüge?

c) ▲ Habe ich dasT-shirt gehören. Das hast du aus meinem Schrank. Gib es sofort zurück!
(gehören / ich / das T-Shirt)
● Ach komm, ich möchte es doch nur heute anziehen. Ich habe ein Date. Bitte lass mich doch.

d) ▲ Du passt der Rock überhaupt nicht. Der ist doch viel zu kurz.
(passen / der Rock / überhaupt nicht / du)
● Ach was, das verstehst du nicht. Der muss so kurz sein.

e) ▲ Wow, deine Sonnenbrille ist total cool. Du steht sie wahnsinnig gut.
(sie / du / stehen / wahnsinnig gut)
● Ja, aber __________. *(gehören / sie / leider / mein Vater)*

h B6 K

20 Ordne zu und ergänze.

finde das lustig • steht ihm gar • sind hässlich • ist er auch total witzig • etwa • sieht total komisch aus

▲ Der sieht aber komisch aus. Wer ist das denn?
● Das ist Atze Schröder. Er ist Kabarettist und Schauspieler. Der kommt ziemlich oft im Fernsehen. Ich finde ihn toll.
▲ Also, ich weiß nicht. Seine Frisur a) steht ihm gar nicht. Die Brille b) ist er auch total witzig und seine Klamotten c) Sieht total komisch aus.
● Also, ich d) finde das lustig. Du musst ihn mal im Fernsehen sehen. Dann änderst du bestimmt deine Meinung. Bei seinen Auftritten e) Sind hässlich.
▲ Wie alt ist er denn?
● So f) etwa 40 Jahre alt. So genau weiß man das nicht.

nach B6

GR

21 Schreib die Sätze richtig.

a)

Na, was sagst du zu meiner neuen Frisur?

(stehen / gut / diese / Ich / sehr / Frisur / dir / finden)

Ich finde, diese Frisur steht dir sehr gut.

b)

Schau mal, ich habe mir für die Hochzeit einen neuen Rock gekauft.

(finden / ich / wirklich fantastisch / Den)

Ich finde den wirklich fantastisch.

c)

Und? Wie gefällt dir mein neues T-Shirt?

(aussehen / Das / super)

Das seht super aus

d)

Na, was sagst du zu meiner neuen Brille?

(Die / gefallen / mir / wirklich gut)

Die gefallt mir wirklich gut.

neugerig

AUSSPRACHE

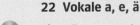

22 Vokale a, e, ä

2

a) Hör und sprich nach.

a	Haar	• fahren	•	Bahn	•	raten
a	passen	• glatt	•	Apfel	•	Flasche
e	Idee	• sehen	•	nehmen	•	geben
e	nett	• kennen	•	lernen	•	denken
ä	Nähe	• erzählen	•	erklären	•	Käse
ä	hässlich	• es gefällt	•	ändern	•	Geschäft

Ein Vokal ist lang:
- immer bei zwei gleichen Vokalen: Haar, Idee
- immer vor *h*: fahren, sehen, erzählen
- oft vor einem Konsonanten: raten, geben, erklären

Ein Vokal ist kurz:
- immer vor Doppelkonsonant: passen, nett, hässlich
- oft vor zwei (oder mehr) Konsonanten: Apfel, lernen, ändern

3

b) Vokal: lang oder kurz? Hör und markiere: lang: _ kurz: .

a	sagen •	Mann •	Nacht •	bezahlen •	ein paar
e	Tee •	geht •	leben •	schnell •	Berg
ä	später •	Länder •	März •	Sekretärin •	er verlässt

4

23 Hör und sprich nach.

1 ▲ Und? Wie ist dein Nachbar?
● Er sieht gut aus und ist sehr witzig.

2 ▲ Helle Haare stehen dir wirklich sehr gut.
● Danke, das finde ich auch.

3 ▲ Wem gehört denn die Jacke?
● Die gehört mir.

SELBSTKONTROLLE

WS

1 Kreuzworträtsel: Ergänze.

Senkrecht ↓

1 Ich kann das nicht lesen. Ich habe meine … vergessen.
2 Oh, du warst beim Friseur! Ich finde die neue … steht dir sehr gut.
3 Meine Haare sind nicht lockig. Sie sind …
4 Jens grüßt immer alle und sagt immer, „bitte" und „danke". Er ist …
5 Kennst du eigentlich Paris Hilton? – Na klar, die kennt man doch, die ist doch in aller Welt …
6 Ich weiß nicht genau, sind meine Haare schwarz oder braun? – Keine Ahnung, sie sind auf jeden Fall …

Waagerecht →

1 Sind Ihnen die Schuhe zu klein oder zu groß? – Nein, sie … mir ganz genau.
2 Na, komm, erzähl schon, in wen du verliebt bist. – Sei nicht so …
3 In Sporthallen darf man keine Straßenschuhe tragen. Man muss vor dem Training Sportschuhe …
4 Bei einer Hochzeit trägt man oft elegante Kleidung. Männer tragen dann meistens einen …

WS

2 Adjektive: *-lich, -isch* oder *-ig*? Ergänze.

a) lock_____
b) freund_____
c) kom_____
d) fantast_____
e) witz_____
f) persön_____

GR

3 Was ist richtig? Kreuze an.

a) ▲ Wie findest du eigentlich Til Schweiger?
● Den kenne ich _____.
☐ nicht ☐ kein ☐ keine

b) ▲ Warum trägst du denn immer Hosen?
● Ich mag _____ Röcke.
☐ nicht ☐ kein ☐ keine

c) ▲ Sag mal, hat Julia immer noch _____ Freund?
● Frag sie doch selbst.
☐ nicht ☐ keinen ☐ keine

d) ▲ Hast du gestern Atze Schröder im Fernsehen gesehen? Er war total witzig.
● Ich finde seine Witze eigentlich _____ lustig.
☐ nicht ☐ keinen ☐ keine

e) ▲ Warum möchtest du denn schon wieder einen Einkaufsbummel machen?
● Ich brauche unbedingt _____ Mantel.
☐ einen ☐ einem ☐ ein

f) ▲ Ich probiere mal die Jeans an. Denkst du, sie passt _____?
● Ich glaube, die ist zu groß.
☐ ich ☐ mich ☐ mir

g) ▲ Was macht denn Robert heute?
● Er hilft _____ Freund bei den Mathehausaufgaben.
☐ seinem ☐ seine ☐ ihrem

h) ▲ Klara hat immer total coole Klamotten.
● Das finde ich auch. Nur _____ Mutter gefallen sie nicht so.
☐ ihre ☐ ihrer ☐ seiner

i) ▲ John sieht in dem Anzug richtig elegant aus.
● Ja, ich finde, er steht _____ total gut.
☐ er ☐ ihn ☐ ihm

j) ▲ Ist das dein Buch?
● Nein, es _____ mir nicht.
☐ gehören ☐ gehöre ☐ gehört

4 Ordne den Dialog.

☐ Er sieht gut aus, ist cool und witzig.
☐ Kennst du den nicht? Das ist Johnny Depp. Er spielt die Hauptrolle in dem Film „Fluch der Karibik".
☐ Ach so, und warum findest du den so toll?
☐ Wer ist denn das auf dem Poster?

5 Was passt? Schreib ganze Sätze.

sehr gut stehen • überhaupt nicht finden

a) ▲ Findest du, ich sehe in der Jeans gut aus?
● 😊 ____________________.

b) ▲ Ich weiß nicht, ich sehe in dieser Jeans dick aus. Findest du nicht?
● ☹ ____________________.

20 Gesundheit

nach A3 WS

1 Wie heißen die Körperteile? Schreib die Wörter richtig und ergänze mit Artikel.

a) (pfKo) der Kopf	f) (ückRen) die Rücken	k) (ßFu) der Fuß
b) (neiB) die Beine	g) (mAr) der Arm	l) (ergFni) Die Fergin
c) (achuB) der bauch	h) (raHa) die Haar	m) (eguA) die Augen
d) (saeN) die Nase	i) (duMn) die Mund	n) (salH) der Hals
e) (nhZa) die zahn ?	j) (hOr) das Ohr	o) (siGetch) Das Gisetch

nach A3 WS

2 Ordne zu und ergänze.

Gerichte • Zahnspange • Pech • Gymnastik • Creme • Eintrittskarte • Ergebnis

a) ▲ Mein Rücken tut so weh.
● Dann mach doch Gymnastik. Das hilft.

b) ▲ Nimmst du eigentlich eine besondere ergebnis für dein Gesicht?
● Na klar, jeden Morgen und jeden Abend.

c) ▲ Ich finde das Mittagessen in meiner Schule eigentlich ganz gut. Es gibt jeden Tag mehrere creme. Man kann immer wählen.
● Das ist ja toll. Bei uns gibt es nur ein warmes Essen.

d) ▲ Wie hat denn der FC Bayern gespielt?
● Ich habe das Spiel nicht gesehen. Deshalb weiß ich das gerichte leider auch nicht.

e) ▲ Mein Zahnarzt hat gesagt, meine Zähne sind schief. Deshalb brauche ich eine Zahn spange.
● Ach, so schlimm sehen Zahnspangen gar nicht aus. Ich hatte auch mal eine.

f) ▲ Wie viel kostet eine Eintrittskarte für das Konzert?
● Zwanzig Euro und für Schüler zwölf Euro.

g) ▲ Morgen feiere ich meinen Geburtstag im Garten und es regnet wahrscheinlich.
● So ein pech!

nach A3 WS

3 Ordne zu und ergänze.

ausprobieren • probieren • tauschen • fit sein • mitmachen • mitkommen

a) ▲ Ich mache jetzt Gymnastik. Möchtest du mitmachen? Das ist gut für die Gesundheit.
● Warum nicht?

b) ▲ Wir ausprobieren die Handynummern. Dann kann ich dich morgen anrufen.
● Ja, super.

c) ▲ Ich bin heute schon zwei Stunden gejoggt.
● Was? Ich möchte auch so fit sein wie du.

d) ▲ Kannst du mal die Suppe tauschen?
● Ich glaube, da ist zu wenig Salz drin.

e) ▲ Du hast ja ein tolles Fahrrad! Darf ich das mal probieren?
● Ja, klar.

f) ▲ Morgen gehe ich ins Schwimmbad. Möchtest du mit Kommen?
● Ach nein, ich mag Schwimmbäder nicht.
▲ Schade!

h A4 GR

4 Ergänze *sein* und *haben* im Präteritum.

a) ▲ Wo warst du denn gestern?
● Ich war zu Hause. Ich hatte Kopfschmerzen.

b) ▲ Na, war das Training gestern anstrengend?
● Ja, und wie, aber am Ende hatte ich doch sehr glücklich. Denn ich war ziemlich gut.

c) ▲ Haben wir denn keinen Saft mehr?
● Ich weiß nicht, gestern hatten wir noch zwei Flaschen.

d) ▲ Wo ________ ihr denn so lange?
● Wir ________ im Yoga-Studio.
Wir ________ doch heute bis acht Uhr Yoga-Kurs.

e) ▲ Ich möchte bitte bezahlen.
● Was ________ Sie denn?
▲ Ein Mineralwasser und einen Salat.

f) ▲ Wir sind noch nicht mit der Übung fertig.
● Was? Ihr ________ doch so viel Zeit.

h A4 GR

5 Ergänze *-et* oder *-t*.

Neue E-Mail

Senden Chat Anhang Adressen Schriften Farben Als Entwurf sichern

von: sandra.beer@gmx.de **an:** andrea.jb@web.com

Hallo Andrea,

was hast Du in den Ferien a) gemacht? Hast Du auch b) gejobbt?

Ich habe 4 Wochen in einem Supermarkt c) gearbeitet. Das war ganz schön anstrengend. Eigentlich hatte ich gar keine Lust, aber jetzt bin ich doch sehr froh. Denn ich habe endlich wieder ein bisschen Geld.

Übrigens gehe ich am 14. ins Madonna-Konzert. Komm doch mit. Ich habe schon eine Eintrittskarte d) gekauft. Sie hat leider 50 € e) gekostet. ☹

Schreib mir bitte bald. Letztes Mal hast Du sehr lange nicht f) geantwortet.
Ich glaube, ich habe zwei Wochen auf eine Mail von Dir g) gewartet. ☹

Liebe Grüße

Sandra

h A4 GR

6 Schreib die Sätze richtig.

a) *(hast / Warum / gelacht / du)*
Warum hast du gelacht?

b) *(ihr / habt / gelernt / lange / Wie)*
Wie lange habt ihr gelernt?

c) *(Am / habe / ich / gehört / Musik / Abend)*
Am Abend, ich habe Musik gehört.

d) *(er / vegetarisch / Hat / gekocht / gestern)*
Hat er vegetarisch gestern gekocht?

e) *(Wir / Rezepte / haben / getauscht)*
Wir haben Rezepte getauscht.

f) *(Peter / die / Fotos / du / Hast / gezeigt)*
Hast du Peter die Fotos gezeigt?

g) *(Was / Sie / haben / gesagt)*
Was haben Sie gesagt?

h) *(Am / hat / Nachmittag / Fußball / Lukas / gespielt)*
Am Nachmittag, Lukas hat Fußball gespielt.

nach A5

GR

7 Ergänze *haben* und das Partizip Perfekt in der richtigen Form.

a) ▲ Was habt ihr denn gestern Abend gekocht *(kochen)*?
● Wir haben eine vegetarische Pizza gemacht *(machen)*.
Es hat super lecker geschmeckt *(schmecken)*.

b) ▲ Und geht's dir wieder gut?
● Ja, ich bin sehr froh, endlich habe ich keine Rückenschmerzen mehr. Mein Fitnesstrainer hat mir ein paar Gymnastikübungen gezeigt *(zeigen)*. Die habe ich jeden Tag gemacht *(machen)* und jetzt bin ich wieder ganz fit.

c) ▲ Das ist ja ein tolles Yoga-Buch. Wo hast du denn das gekauft *(kaufen)*?
● Auf einer Gesundheitsmesse. Es hat nicht mal viel gekostet *(kosten)*.

d) ▲ Habt ihr eigentlich letztes Jahr auch auf der Messe gearbeitet *(arbeiten)*?
● Ja, letztes Jahr waren wir auch hier.

nach A7

GR

8 Schreib die Sätze im Perfekt.

a) *(gestern / Informationen über Zahnspangen / ich / suchen)*
Gestern habe ich Informationen über Zahnspangen gesucht?

b) *(ihr / Telefonnummern / tauschen)*
Habt ihr Telefonnummern getauscht ?

c) *(wie viel / die Eintrittskarte / kosten)*
Wie viel hat die Eintrittskarte gekostet ?

d) *(wir / hören / schon / die neue CD von Eminem)*
Wir haben schon die neue CD von Eminem gehört .

e) *(Elke und Silvia / machen / gestern / Sport)*
Gestern habt Elke und Silvia sport gemacht .

f) *(wie / schmecken / der Fisch)*
Wie hast der Fisch geschmeckt ?

g) *(in der Disco / ihr / tanzen)*
Habt ihr in der Disco getanzt ?

nach B3

WS

9 Krank sein: Ordne zu und ergänze.

Tabletten nehmen • Kopfschmerzen haben • Schnupfen haben • Grippe haben • Fieber haben

a) Grippe haben
b) Fieber haben
c) Schnupfen haben
d) Tabletten nehmen
e) Kopfschmerzen haben

nach B3

10 Was ist denn mit dir los? Ergänze *haben*, *tun* oder *sein* in der richtigen Form.

a) Ich bin krank.
b) Mein Rücken tut so weh.
c) Ich habe solche Rückenschmerzen.
d) Meine Füße tut weh.
e) Ich bin müde.
f) Ich habe Grippe.

11 Finde noch 11 Partizipien.

R	G	E	G	A	N	G	E	N	U	G	E	M	A	C	H	T
C	W	E	F	M	E	X	S	G	D	Q	L	H	D	H	M	E
X	U	L	P	T	U	J	G	E	F	A	H	R	E	N	M	X
G	E	K	A	U	F	T	Z	J	F	J	H	U	S	K	R	I
O	R	U	V	A	S	Y	Q	L	U	G	E	L	E	S	E	N
R	H	W	S	S	G	E	R	U	F	E	N	D	S	J	V	X
S	G	E	G	E	S	S	E	N	H	G	E	S	A	G	T	C
G	T	N	Y	W	H	P	O	O	W	Q	C	G	S	B	X	H
H	G	E	T	R	U	N	K	E	N	S	K	M	I	P	I	S
Z	C	K	G	M	W	E	V	A	H	G	E	S	E	H	E	N
G	E	A	N	T	W	O	R	T	E	T	V	U	V	Q	P	M
Z	L	S	C	V	G	G	E	N	O	M	M	E	N	R	O	O

12 Ergänze die Partizipien aus Ü 11 mit dem Infinitiv.

ge...(e)t	ge...en	
machen – gemacht	trinken - getrunken	gehen - gegangen
antworten - geantwortet	sehen - gesehen	fahren - gefahren
kaufen - gekauft	kommen - gekommen	lesen - gelesen
sagen - gesagt	essen - gegessen	rufen - gerufe

13 Ergänze *sein, haben* und das Partizip Perfekt in der richtigen Form.

a) Thomas hat das Buch immer noch nicht gelesen. *(lesen)*
b) Elke und Thomas hat nach Berlin gefahren. *(fahren)*
c) Wir haben ein Glas Milch getrinkt. *(trinken)*
d) Hast du nach dem Arztbesuch die Tabletten genehmt? *(nehmen)*
e) Hast du die Schokolade gegessen? *(essen)*
f) Habt ihr noch ins Café gegangt? *(gehen)*
g) Wann habt ihr denn den Test geschreibt? *(schreiben)*
h) Wie lange hast Daniel gestern gearbeitet? *(arbeiten)*
i) Ich habe nach dem Training sofort nach Hause gefahren. *(fahren)*

14 Ordne zu und ergänze.

heiß • schwach • schädlich • sauer • vorsichtig • furchtbar

a) ▲ Kann ich auch eine Tasse Tee haben?
● Ja klar. Hier bitte, aber sei vorsichtig. Der Tee ist noch sehr swach.

b) ▲ Du darfst von diesen Tabletten nicht so viele nehmen. Das ist schädlich.
● Ich weiß. Das hat der Arzt auch schon gesagt.

c) ▲ Und was hat deine Mutter zu deiner schlechten Mathe-Note gesagt?
● Na was wohl? Sie war richtig Sauer.

d) ▲ Na, bist du wieder gesund?
● Es geht so. Ich bin noch etwas heiß.
▲ Was hattest du denn?
● Es war furchtbar, mir hat eine Woche alles total wehgetan, der Kopf, der Hals und auch der Bauch.

nach B8 · GR

15 Ergänze die Verben im Perfekt.

Hi, ich a) habe dir gestern Abend eine SMS geschrieben (schreiben). Warum b) hast du nicht geantwortet (antworten)? ☹

Sorry, ich c) habe das Handy nicht gehört (hören). Ich d) habe zuerst gebadet (baden) und dann e) habe ich ins Bett gegangen (gehen) und f) habe gleich geschlafen (schlafen).

nach B8 · GR

16 Ordne zu und ergänze *haben* oder *sein* im Präteritum und die anderen Verben im Perfekt.

sein (3x) • haben (3x) • baden • sagen • machen • schlafen • fahren (2x) • essen • trinken • lesen • hören

Neue E-Mail

Senden · Chat · Anhang · Adressen · Schriften · Farben · Als Entwurf sichern

Liebe Klara,

wie geht es Dir?

Ich a) ________ Grippe. Jetzt geht es mir aber wieder gut. Schon am Montag b) ________ ich Kopf- und Halsschmerzen. Ich c) ______ schon nach der zweiten Stunde von der Schule nach Hause ____________.
Ich d) ________ gleich ganz heiß ____________. Am nächsten Tag e) ________ ich auch noch Fieber. Deshalb f) ________ mein Vater mit mir zum Arzt ____________. Der Arzt g) ________ ____________, ich muss Tabletten nehmen und im Bett bleiben. Das h) ________ ich dann auch ____________. Ich i) ______ so schwach und müde. Deshalb j) ________ ich die ganze Zeit fast nur ____________. Drei Tage lang k) ________ ich nur Suppe ____________ und Kamillentee l) ____________. Ein einziges Mal m) ________ ich ein bisschen in einem Buch ____________. Manchmal n) ________ ich Radio ____________, aber meistens o) ________ auch das zu anstrengend für mich. Ich kann dir sagen, es p) ________ ziemlich langweilig.

Jetzt bin ich aber wieder ganz fit und kann Dir schreiben.

…

nach B9 · WS

17 Ordne zu und ergänze.

Puzzles • Tropfen • Spaziergang • Rat • Romane • Medikamente

a) ▲ Meine Eltern wollen jeden Sonntag einen Spaziergang im Park machen. Das finde ich total langweilig.
● Ich gehe auch nicht gern spazieren.

b) ▲ Meine Ohren tun so weh. Kannst du mir bitte die Tropfen gegen Ohrenschmerzen holen? Die stehen da auf dem Tisch.
● Ja, klar. Da sind aber auch noch Tabletten und viele andere Medikamente. Musst du die alle nehmen?

c) ▲ Hast du eigentlich alle Harry Potter-Romane gelesen?
● Ja klar, das sind meine Lieblingsbücher.

d) ▲ Ich möchte so gern Peter zu meiner Geburtstagsparty einladen, aber wie mache ich das denn? Ich kann ihn doch nicht einfach fragen, oder? Kannst du mir einen Rat geben?
● Schreib ihm doch einfach eine E-Mail.

e) ▲ Was ist eigentlich dein Lieblingsspiel?
● Ich mag puzzels ganz gern. Man kann sie allein oder mit anderen machen und am Ende hat man dann ein tolles Bild.

B9 **18 Ordne zu und ergänze.**

K

brauche viel Ruhe • mach doch ein Puzzle • gute Besserung • Lies doch einen Roman • tut mir leid • muss auch Tropfen nehmen

Chat

Kathie13: Ich habe Grippe.

Leslie: Das a) tut mir leid. Warst du schon beim Arzt?

Kathie 13: Ja. Er hat gesagt, ich b) brauche viel Ruhe. Deshalb muss ich im Bett bleiben. Ich c) muss auch Tropfen nehmen, aber die schmecken furchtbar. Und weißt du was, es ist total langweilig.

Leslie: Ich weiß, Kranksein ist wirklich langweilig. d) Lies doch einen Roman. Mein Tipp: „Herr der Ringe", das Buch ist super, aber ziemlich dick.

Kathie13: Ich weiß nicht, Lesen ist zu anstrengend.

Leslie: Dann e) mach doch ein Puzzle.

Kathie13: Puzzles mag ich eigentlich nicht so. Ich sehe lieber fern. Heute Abend kommt „Star Wars Episode III" im Fernsehen.

Leslie: Oh super, den Film möchte ich auch sehen. Entschuldigung, aber ich muss einkaufen gehen. Meine Mutter kommt gleich.

Kathie13: O.k., dann chatten wir morgen wieder.

Leslie: Ja, dann bis morgen und f) gute Besserung.

B9 **19 Ordne das Telefongespräch.**

K

- 8 Na dann gute Besserung. Tschüss.
- 1 Marc Müller.
- 3 Doch, Lust hatte ich schon, aber ich bin total krank.
- 4 Oh, das tut mir leid. Was hast du denn?
- 7 Ich muss dreimal am Tag Tropfen nehmen. Der Arzt glaubt, ich bin in einer Woche wieder ganz fit.
- 2 Hallo Marc. Hier ist Stefan. Wir hatten doch gestern Training. Hattest du keine Lust?
- 6 Was hat der Arzt denn gesagt?
- 5 Ich habe Grippe und am Sonntag hatte ich Fieber. Ich war auch schon beim Arzt.

B9 **20 Schreib ein Telefongespräch nach der Grafik.**

K

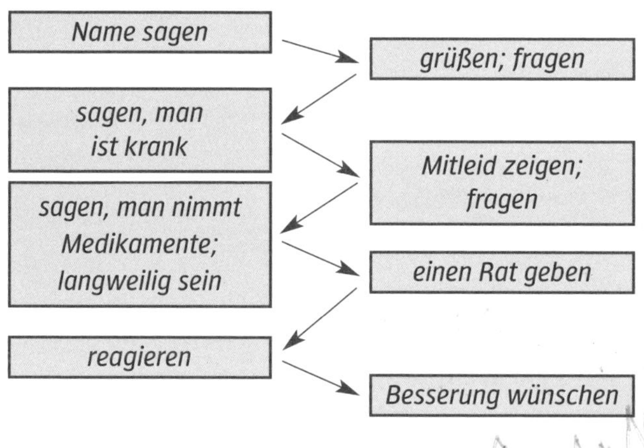

▲ Hallo. Ich heiße Evie.

● Hallo Evie. Was ist die problem?

▲ Ich bin krank. Ich habe fieber und schnumpfen.

● Dass ist total schlecht. wie lange hast du das für?

▲ 4 Täge. Ich finde es total langweilig.

● Du sollst 2 Täge ins Bett bleiben.

▲ OK, danke schön

● Gute Besserung!

nach B9

21 Schreib einen Blog-Eintrag. Achte auf die Zeitformen. Die Stichwörter helfen dir. Du kannst die Sätze mit *und, oder, aber, deshalb, zuerst, dann* verbinden.

in der Schule einen Test geschrieben • sicher eine schlechte Note bekommen • hatte Kopfschmerzen • von der Schule nach Hause gegangen • eine Tablette genommen • nach einer Stunde war es immer noch nicht besser • ins Bett gegangen • fünf Stunden geschlafen • es war langweilig • einen Film im Fernsehen gesehen • deshalb war meine Mutter sauer • Mutter nicht glauben, ich krank sein • Mutter gesagt, morgen wieder in die Schule müssen • immer noch krank sein • keine Hausaufgaben machen können

Blog

Heute war es furchtbar 

20:33, 12.01.

Mir geht es gerade total schlecht. Der ganze Tag war furchtbar.

Zuerst habe ich in der Schule einen Test geschrieben. Sicher bekomme ich eine schlechte Note. Ich hatte Kopfschmerzen. Deshalb bin …

AUSSPRACHE

22 Vokale i, u, ü

5

a) Hör und sprich nach.

i	ihr	er sieht	Kino	Fieber
i	Grippe	schlimm	du hilfst	Finger
u	Uhr	Ruhe	rufen	Schule
u	Suppe	furchtbar	Schnupfen	gesund
ü	früh	Kühlschrank	Schüler	müde
ü	tschüss	Mülleimer	Rücken	hübsch

Die Regeln dazu findest du im Arbeitsbuch in Lektion 19 unter „Aussprache".
Aber Achtung: Auf Deutsch gibt es keine Wörter mit *ii*, sondern nur mit *ie*! *ie* spricht man wie ein langes *i*!

6

b) Vokal: lang oder kurz? Hör und markiere: lang: _ kurz: .

i	lieben	Brille	Ring	Bild	Tier
u	Schuh	Kuchen	Hund	Fluss	Lust
ü	Gemüse	glücklich	Mütter	müssen	spülen

7

23 Hör und sprich nach.

1 ▲ Warst du letztes Jahr auch schon auf der Messe?
● Ja, ich habe letztes Mal schon hier gejobbt.

2 ▲ Und was hast du am Wochenende gemacht? Erzähl mal!
● Entschuldigung, ich muss gehen, ich habe leider überhaupt keine Zeit.

3 ▲ Was hast du denn?
● Ich habe Kopfschmerzen und Fieber.
▲ Na dann, gute Besserung.

SELBSTKONTROLLE

GANZE ZEITE HA

1 Ergänze fünf Wörter oder Ausdrücke.

VS

Welche Körperteile kennst du?	Du bist krank. Was hast du?	Du bist krank. Was machst du?

2 Was ist richtig? Kreuze an.

GR

a) ▲ Die Eintrittskarte ________.
● Was, so teuer?
☐ 15 Euro gekostet hat
☒ hat 15 Euro gekostet
☐ hat gekostet 15 Euro

b) ▲ Heute habe ich Mark eine E-Mail geschrieben.
● Und hat er schon ________?
☒ geantwortet ☐ antworten ☐ antwortet

c) ▲ Hast du endlich Lillys Handynummer?
● Ja, wir ________ die Handynummern gestern ________.
☐ sind ... getauscht ☒ haben ... getauscht
☐ haben ... tauschen

d) ▲ Was ________ du denn zu Mittag ________?
● Eine Pizza.
☒ hast ... gegessen ☐ bist ... gegessen
☐ hast ... essen

e) ▲ ________ du am Samstag ins Kino gegangen?
● Ja.
☒ Hast ☐ Bist ☐ Ist

f) ▲ Welchen Film ________?
● High School Musical.
☐ du hast gesehen ☒ hast du gesehen
☐ du gesehen hast

g) ▲ Warum kommst du denn so spät? Was hast du denn so lange gemacht?
● Ich ________.
☒ habe gebadet ☐ bade ☐ baden

h) ▲ Gestern ________.
● Na, endlich.
☐ schreibe ich Karin eine E-Mail
☒ habe ich Karin eine E-Mail geschrieben
☐ ich schreibe Karin eine E-Mail

i) ▲ Ich brauche mein Buch wieder. ________ du es schon ________?
● Ja. Ich bringe es dir morgen mit.
☒ Hast ... gelesen ☐ Bist ... gelesen
☐ Ist ... gelesen

j) ▲ Was habt ihr denn am Wochenende gemacht?
● Wir ________ nach Dresden ________.
☐ ist ... gefahren ☒ haben ... gefahren
☐ sind ... gefahren

3 Ordne zu und ergänze das Telefongespräch.

gute Besserung • tut weh • geh doch zum Arzt • hast du denn gemacht • muss vorsichtig sein • hat der Arzt gesagt

▲ Hallo Jürgen. Wo bleibst du denn? Das Fußballtraining beginnt gleich.
● Ich kann nicht kommen. Mein rechter Fuß a) ________________.
▲ Was b) ________________________________?
● Ich weiß es auch nicht. Ich habe gestern eigentlich nur Tennis gespielt. Aber da hat mir nichts wehgetan.
▲ Dann c) ________________________________.
● Da war ich doch schon.
▲ Und was d) ________________________________?
● Ich e) ________________________________ und darf zwei Wochen nicht Fußball spielen.
▲ Was? Dann kannst du ja am Samstag gar nicht mitspielen.
● Ja, das ist echt blöd.
▲ Schade! Oh, der Trainer kommt. Ich muss jetzt Schluss machen. Na dann, f) ________________________. Tschüss.
● Tschüss.

21 Sport

nach A4

1 Sport: Ergänze das Kreuzworträtsel.

Waagerecht →

1 In dieser Sportart muss man zum Beispiel werfen und laufen. Man macht diese Sportart auch oft in der Schule.
2 Das spielt man an einem Tisch mit einem kleinen weißen Ball.
3 Das ist gut für den Rücken. Man kann es auch zu Hause machen.
4 Für diese Sportart braucht man Schnee und Skier, aber keine Berge.
5 Das kann man am Strand mit einem Ball in zwei Mannschaften spielen.
6 Für diese Sportart braucht man Wasser. Besonders viel Spaß macht es im Sommer am Meer oder im See.

Senkrecht ↓

Du kannst einen ... gewinnen oder verlieren.

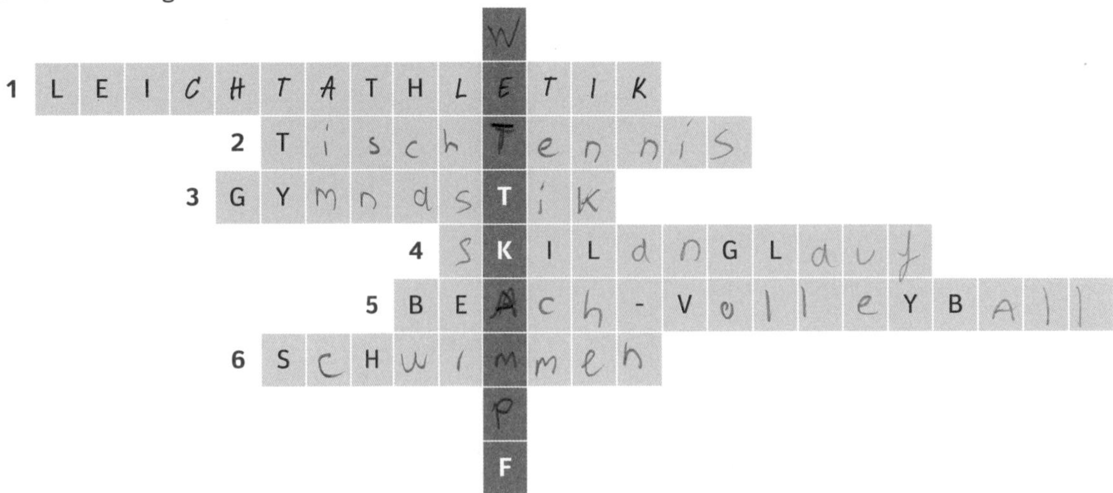

nach A4

2 Die Bundesjugendspiele: Ergänze die Sätze mit *ersten, zweiten, dritten* oder *vierten*.

Die Bundesjugendspiele sind ein Sport-Wettbewerb (Geräteturnen, Leichtathletik, Schwimmen) für Kinder und Jugendliche. Das Sportereignis findet ein- oder zweimal im Jahr (Frühjahr und/oder Winter) in den Schulen statt.

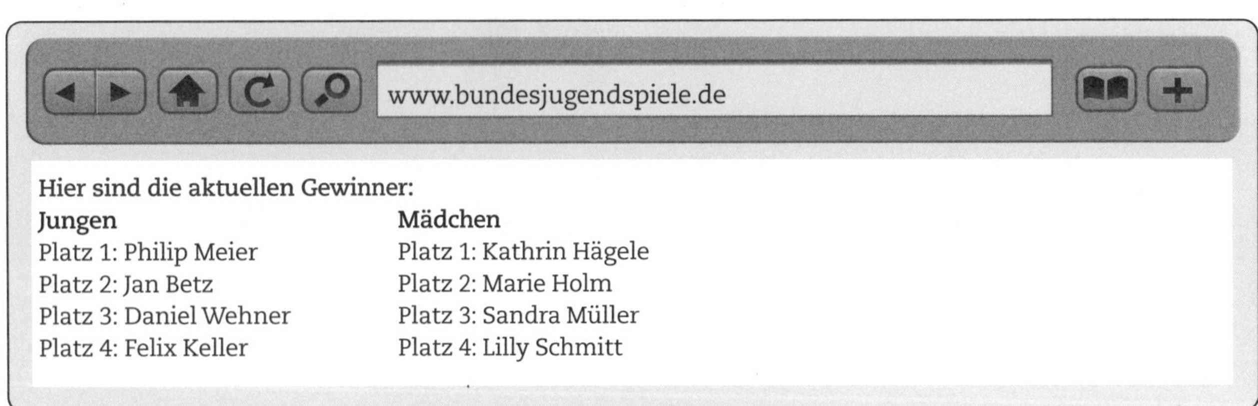

Hier sind die aktuellen Gewinner:

Jungen	**Mädchen**
Platz 1: Philip Meier	Platz 1: Kathrin Hägele
Platz 2: Jan Betz	Platz 2: Marie Holm
Platz 3: Daniel Wehner	Platz 3: Sandra Müller
Platz 4: Felix Keller	Platz 4: Lilly Schmitt

a) Bei den Jungen hat Felix Keller den *vierten* Platz erreicht.
b) Bei den Mädchen hat Kathrin Hägele den *ersten* Platz erreicht.
c) Sandra Müller hat den *dritten* Platz erreicht.
d) Jan Betz hat den *zweiten* Platz erreicht.
e) Philip Meier hat den *ersten* Platz erreicht.
f) Lilly Schmitt hat den *vierten* Platz erreicht.
g) Daniel Wehner hat den *dritten* Platz erreicht.
h) Marie Holm hat den *zweiten* Platz erreicht.

h A4

3 Ordne zu und ergänze die Verben in der richtigen Form.

teilnehmen • zusehen • stattfinden • mitspielen • einladen • bekommen • gewinnen • verlieren

a) ▲ Nächste Woche habe ich doch Geburtstag. Ich mache eine Party und möchte gern Rafael einladen.
● Ist das der Junge aus dem Tischtennisklub?

b) ▲ Nächsten Monat ist der Schwimm-Wettbewerb. Nimmst du teil?
● Ja, klar. Ich trainiere ja schon.

c) ▲ Am Samstag ist das nächste Fußballturnier. Spielst du wieder mit oder tut dein Bein immer noch weh?
● Ja, es tut noch immer weh. Ich kann die nächsten zwei Wochen nur zusehen.

d) ▲ Sag mal, wo findet denn die nächsten Olympischen Spiele statt?
● Ich habe keine Ahnung.

e) ▲ Wir müssen den Wettkampf am Samstag gewinnen. Wir dürfen nicht schon wieder verlieren.
● Dann müssen wir aber endlich mal gut spielen.

f) ▲ Bekommst denn die Gewinner auch einen Preis?
● Ich weiß es nicht. Frag doch den Trainer.

A4

4 Was passt nicht? Streiche.

a) **anmelden:** eine Mannschaft • den ersten Platz • meinen Bruder
b) **einladen:** die Mannschaft • die Freunde • den Wettbewerb
c) **erreichen:** die Leichtathletik • den ersten Platz • das Finale
d) **stattfinden:** ein Wettkampf • ein Gewinner • ein Wettbewerb

A4

5 Sport: Ordne zu und ergänze.

der Ball • der Profi-Sportler • die Schwimmbrille • das Finale • der Sportminister • der erste Platz • der Ski • der Wettkampf • der Trainer • das Fahrrad • der Spieler • die Badehose • die Mannschaft

Personen	Wettbewerbe	Sportartikel
der Profi-Sportler	das Finale	der Ball
der Sportminister	der Wettkampf	die Schwimmbrille
der Spieler	der erste Platz	der Ski
die Mannchaft		das Fahrrad
der Trainer		die Badehose

nach A5 GR

6 Finde 11 Partizipien.

ANGEMELDET|BEKOMMENEINGELADENERREICHTZUGESEHENVERLORENMITGESPIELTGEWONNENANGERUFEN
TEILGENOMMENSTATTGEFUNDEN

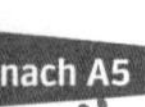

nach A5 GR

7 Ergänze die Partizipien aus Ü6 mit dem Infinitiv.

...|ge|...|(e)t	...|ge|...|en	...|t	...|en
anmelden – angemeldet			

nach A7 GR

8 SMS: Ergänze die Verben in der richtigen Form.

Hast du auch am Wettkampf a) teilgenommen (teilnehmen)? → Nein ich habe nur b) zugesehen (zusehen). → Hat deine Mannschaft c) gewonnen (gewinnen)? → Nein, leider d) verloren (verlieren). ☹

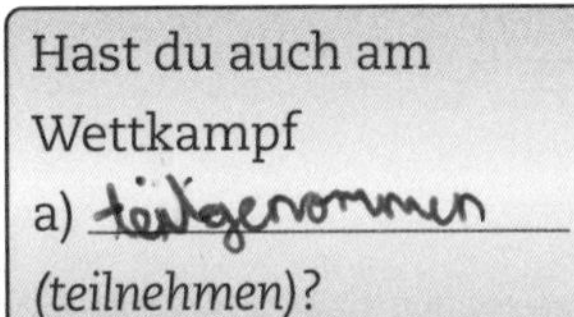

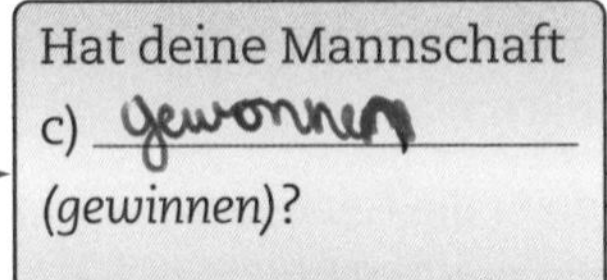

Hat dich Peter auch zur Party e) eingeladen (einladen)? → Ja, ich habe auch eine Einladung f) bekommen (bekommen). → Warum hast du mich nicht g) angerufen (anrufen)? → Tut mir leid. Ich habe dich nicht h) erreicht (erreichen).

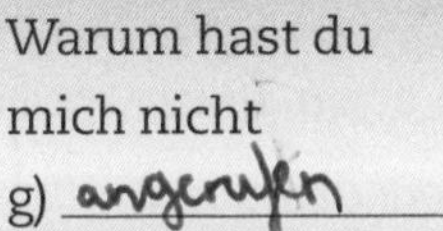

Hast du dich schon für den Kurs i) angemeldet? (anmelden)? → Ja, klar.

nach A7 GR

9 Schreib die Sätze im Perfekt.

a) (**Zuerst** / ich / beim Beach-Volleyball / zusehen)
Zuerst habe ich beim Beach-Volleyball zugesehen.
(**Dann** / ich / mitspielen)
Dann habe ich mitgespielt.
(erreichen / leider nur / den letzten Platz / **Meine Mannschaft**)
Meine Mannschaft hat leider nur den letzten platz erreicht.
(der Trainer / bloß / **Warum** / uns / anmelden)
Warum hat der Trainer uns bloß angemeldet?

b) (ich / **Letzten Monat** / Sportschuhe / im Internet / kaufen)
Letzten Monat habe ich Sportschue im internet gekauft.
(**Ich** / immer noch / sie / bekommen / nicht)
Ich habe sie immer noch nicht bekommt.

c) (anrufen / **Gestern Abend** / meine Freundin Petra / ich)
Gestern Abend ich habe meine Freundin Petra angerufen.
(**Ich** / zum Essen / sie / einladen)
Ich habe sie zum essen eingeladen.

10 Ergänze die Sportarten und vergleiche.

a) Turnen
(engl: gymnastics)
Turnen

c) handball
(engl: handball)
Handball

e) basketball
(engl: basketball)
Basketball

b) boxen
(engl: boxing)
Boxen

d) Eishockey
(engl: ice hockey)
Eishockey

f) Eislaufen
(engl: ice-skating)
Eislaufen

11 Fußball-Weltmeisterschaften: Schreib noch sechs Quizfragen und die Antworten.

Championship

- ★ Wie oft • Brasilien / Deutschland / Frankreich /… • von 1990 bis 2010 • bei der Fußballweltmeisterschaft • gewinnen
- ★ Wo • 1990 / 1994 / 1998 / 2002 / 2006 / 2010 • die Fußballweltmeisterschaft • stattfinden
- ★ Wer • 1990 / 1994 / 1998 / 2002 / 2006 / 2010 • beim Endspiel • verlieren
- ★ Welche Mannschaft • in Deutschland / Frankreich / Italien • im Endspiel mitspielen
- ★ Welche Mannschaft • 1990 / 1994 / 1998 / 2002 / 2006 / 2010 • das Finale • erreichen

Jahr	Land	Finale	
		Weltmeister	2. Platz
1990	Italien	Deutschland	Argentinien
1994	USA	Brasilien	Italien
1998	Frankreich	Frankreich	Brasilien
2002	Südkorea, Japan	Brasilien	Deutschland
2006	Deutschland	Italien	Frankreich
2010	Südafrika	Spanien	Niederlande

a) ▲ Wie oft hat Brasilien von 1990 bis 2006 bei der Fußballweltmeisterschaft gewonnen?
● Zweimal.

b) ▲ Wer hat 1998 beim Endspiel verloren?
● Brasilien.

c) ▲ Wo hat das 2006 Finale stattgefunden?
● Deutschland.

d) ▲ ?
● .

e) ▲ ?
● .

f) ▲ ?
● .

g) ▲ ?
● .

h) ▲ ?
● .

nach A8 · Sch

12 Schreib einen Blog-Eintrag über die Fußballnationalmannschaft von deinem Land. Die Fragen unten helfen dir.

Blog

Meine Nationalmannschaft

18:52, 10.12.

...

★ Wann / Wo ... bei der Weltmeisterschaft mitgespielt?

★ Wie oft / wann / wo ... verloren / gewonnen?

★ Wann im Finale mitgespielt?

nach B3 · WS

13 Ordne zu und ergänze.

das Motorrad • die Bahn • das Spielzeug • der Unfall

a) die Bahn b) das Spielzeug c) der Unfall d) das Motorrad

nach B3 · WS

14 Interview: Ordne zu und ergänze.

gefährlich • verletzt • vorsichtig • hoch • schlimm • erfolgreich

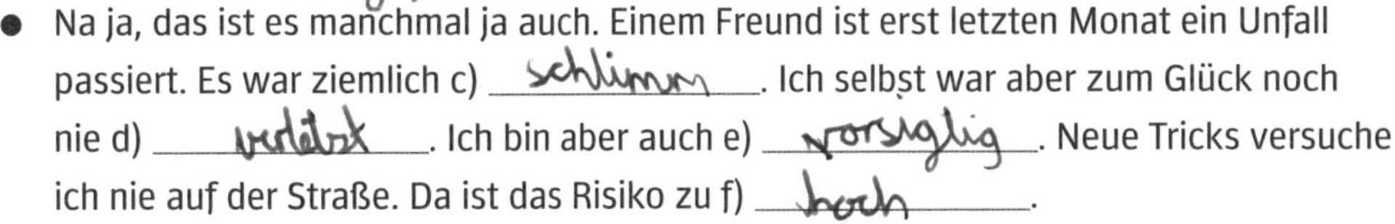

▲ Du fährst BMX-Rad und bist sehr a) erfolgreich. Deine Tricks in der Luft sehen total b) gefährlich aus.

● Na ja, das ist es manchmal ja auch. Einem Freund ist erst letzten Monat ein Unfall passiert. Es war ziemlich c) schlimm. Ich selbst war aber zum Glück noch nie d) verletzt. Ich bin aber auch e) vorsiglig. Neue Tricks versuche ich nie auf der Straße. Da ist das Risiko zu f) hoch.

▲ Danke für das Gespräch. Viel Glück und sei vorsichtig!

nach B5 · WS

15 Ordne die Verben zu und ergänze das Partizip Perfekt.

studieren • passieren • organisieren • gratulieren • ausprobieren • fotografieren • trainieren

a) Martin ist Ingenieur. Er hat fünf Jahre Informatik studiert.
b) Vor dem Volleyball-Wettkampf hat Sven jeden Tag zwei Stunden mit seiner Mannschaft trainiert.
c) Beim Eislaufwettbewerb hat mein Vater viel fotografiert.
d) Petra hat beim Skilanglauf den ersten Preis gewonnen. Der Sportminister hat ihr gratuliert.
e) Heute ist auf der Hauptstraße ein Unfall passiert.
f) Der Trainer hat einen Wettkampf organisiert.
g) Heute habe ich eine neue Sportart ausprobiert: Ich bin zum ersten Mal Quad gefahren.

16 Motorräder sind nicht nur für Jungs! Ordne zu und ergänze die Verben im Perfekt.

trainieren • erreichen • teilnehmen • bekommen

Stephanie Laier ist 24 Jahre alt und Deutsche Meisterin, Europameisterin und Weltmeisterin im Motocross. Sie a) hat im Motocross schon viel erreicht. Schon zu ihrem vierten Geburtstag b) hat sie ein Motorrad bekkomt. Sie c) hat damals viel trainiert und ein halbes Jahr später an ihrem ersten Wettkampf d) teitgenommen. Natürlich ist das Cross-Fahren gefährlich. „Man muss sehr vorsichtig sein. Ein Motorrad ist kein Spielzeug", sagt Stephanie. Auch sie hatte schon Unfälle und Verletzungen. Aber sie findet, Motocross macht total viel Spaß.

17 Am Telefon: Was war am Samstag oder Sonntag? Ergänze im Perfekt.

▲ Sag mal, hattest du nicht letzten Sonntag einen Wettkampf im Stadion?
a) Wir haber noch gar nicht telefoniert. Wie war es denn?
(wir / noch gar nicht / telefonieren)

● Also am Samstag b) habe ich noch traniert.
(ich / noch / trainieren)
Und c) dann es ist passiert. Ich hatte beim Training einen Unfall.
(dann / es / passieren)

▲ Oh je, bist du verletzt?

● Zum Glück nur leicht am Fuß. Aber zuerst d) hat ist ziemlich schlimm ausgesehen.
(es / ziemlich schlimm / aussehen)
Am Sonntag war dann der Wettkampf. Ich hatte ein bisschen Schmerzen. Aber e) ich habe teilgenommen
(ich / teilnehmen)
Und, Überraschung: f) ich habe gewonnen und alle haben mir gratuliert!
(ich / gewinnen / und / alle / gratulieren / mir)

18 Bring die Wörter in eine richtige Reihenfolge.

gestern • vor drei Monaten • letzte Woche • letztes Jahr • heute • vorgestern • letzten Monat • vor zwei Jahren

heute
gestern
vorgestern
letzte woche
letzten monat
vor dreimonaten
letztes jahr
vor zwei jahren

ie Klasse 8a ist beim Skifahren in Österreich und berichtet: Schreib Bildunterschriften. Die Notizzettel zu den Fotos helfen.

a) Wir sind ca. fünf Stunden mit dem Bus nach Schladming gefahren.

mit dem Bus fünf Stunden nach Schladming fahren

d) ____________

am Abend: das Essen allen schmecken

b) ____________

das Hotel erreichen

e) ____________

Herr Maier: immer fotografieren

c) ____________

Jenny: Snowboard zu Weihnachten bekommen, testen

f) ____________

Ski-Wettkampf am Ende: Leo gewinnen

AUSSPRACHE

20 Endung ie

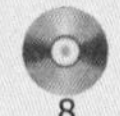
8

a) Hör und sprich nach.

ie Chemie • Biografie • sie • Strategien • Fantasien

ie Familie • Linie • Serie • Ferien • Spanien

Betontes *ie* oder *ien* am Wortende spricht man wie ein langes *i* oder wie ein langes *i*/*n*: Chemie, *Strategien*.

Unbetontes *ie* oder *ien* am Wortende spricht man wie *je* oder *jen*: Familie, Familien.

9

b) Was hörst du? Kreuze an.

		ie *(Chemie, Strategien)*	je *(Familie, Familien)*			ie *(Chemie, Strategien)*	je *(Familie, Familien)*
1	Italien			5	nie		
2	Geografie			6	Medien		
3	Partizipien			7	Biologie		
4	Kroatien			8	Industrien		

10

21 Hör und sprich nach.

1 ▲ Wo warst du gestern?
● Bei Britta, sie hatte Geburtstag.

2 ▲ Morgen gehe ich wieder reiten!
● Sei vorsichtig! Das ist gefährlich!

3 ▲ Was ist passiert? Bist du verletzt?
● Nur leicht. Ich hatte einen Unfall mit dem Auto.

SELBSTKONTROLLE

1 Sport: Finde sieben Wörter. Ergänze.

D	Q	E	F	I	N	A	L	E	Z	O	C	I	W	I
H	Y	M	X	K	Y	I	L	M	O	Z	D	S	L	B
F	M	A	N	N	S	C	H	A	F	T	A	V	T	L
X	J	G	N	M	N	L	S	E	V	M	A	M	B	I
V	L	E	I	C	H	T	A	T	H	L	E	T	I	K
B	B	X	H	P	C	V	R	W	R	K	U	H	N	L
O	G	E	T	S	C	H	W	I	M	M	E	N	B	N
B	D	L	L	E	E	Y	V	I	E	M	P	N	U	S
S	K	I	L	A	N	G	L	A	U	F	D	K	I	O
E	N	U	O	E	G	V	P	N	L	O	P	Q	F	B
G	Y	W	E	T	T	B	E	W	E	R	B	F	P	X
Q	Q	P	I	S	N	G	E	A	I	K	D	S	S	D
W	U	I	O	D	X	D	E	J	P	C	X	W	L	A
T	I	S	C	H	T	E	N	N	I	S	X	U	G	D

1 finale
2 mannschaft
3 Athletik
4 tischtennis
5 schwimmen
6 ski langlauf
7 wettbewerb

2 Was ist richtig? Kreuze an.

a) ▲ Morgen fangen die Wettkämpfe an. Wie viele Sportler _______ denn _______? Weißt du das?
☒ finden … statt ☒ nehmen … teil
☐ melden … an

b) ▲ Was hast du denn zum Geburtstag _______?
● Sportschuhe.
☐ bekommst ☒ bekommen ☒ bekommt

c) ▲ Warum bist du denn so sauer?
● Meine Mannschaft hat 2:0 _______.
☐ verlieren ☐ verliert ☒ verloren

d) ▲ Wann haben die Olympischen Sommerspiele in China _______?
● Das war 2008.
☒ stattgefunden ☐ teilgenommen
☐ angemeldet

e) ▲ Gestern war hier ein Unfall.
● Was _______ denn passiert?
☒ ist ☐ hat ☐ sein

f) ▲ Hast du dich schon für den Wettbewerb _______?
● Nein, noch nicht.
☒ angemeldet ☐ ausprobiert ☐ passiert

g) ▲ Hast du letzte Woche viel _______?
● Es geht so.
☐ trainieren ☒ trainiert ☐ trainierst

h) ▲ Wen hast du zur Party _______?
● Alle aus der Mannschaft.
☐ einlädt ☒ eingeladen ☐ einladen

i) ▲ Weißt du was, wir haben gestern _______!
● Super.
☐ gewinnt ☐ gewinnen ☒ gewonnen

3 Sport-Quiz: Schreib die Fragen im Perfekt.

wer dieses Jahr bei den Wimbledon Championships gewinnen • wann Deutschland bei der Fußballweltmeisterschaft gewinnen • welches Land bei der Fußballweltmeisterschaft 2006 den zweiten Platz erreichen • wo die Olympischen Sommerspiele 2008 stattfinden • wie oft Italien bei der Fußballweltmeisterschaft gewinnen

a) ▲ *Wann hat Deutschland bei der Fußballweltmeisterschaft gewonnen*?
● Das war 1990.

b) ▲ Wo hat die Olympischen Sommerspiele 2008 stattgefunden?
● Das war in China.

c) ▲ Wie oft hat Italien bei der Fußballweltmeisterschaft gewonnen?
● Ich glaube viermal.

d) ▲ Welches land hat bei der fußballweltmeisterschaft 2006 der 2nd platz erreichen?
● Frankreich.

e) ▲ *Wer* _______?
● Oh, das weiß ich nicht.

LESEN

Vor dem Lesen

1 Schau den Werbeprospekt in 3 an: Wo kannst du solche Prospekte finden? Sammle Ideen.

in Briefkästen
in Geschäften ...

Achte auf die Textsorte! So verstehst du den Text schneller!

2 Lies den Text schnell durch. Konzentriere dich auf das, was du kennst. Was verstehst du?

Du musst nicht jedes Wort verstehen! Viele Wörter verstehst du auch mithilfe der Fotos (klettern, Seil, Helm).

Lesen 1

3 In welchen Abschnitten gibt es Antworten auf die Fragen? Ordne zu.

	Abschnitt
a) Wann ist der Seilgarten geöffnet?	4
b) Was kann man im Seilgarten machen?	1
c) Wo liegt der Seilgarten?	3
d) Wer kann mitmachen?	2

Strukturiere den Text in Abschnitte!

Der Klettergarten mit Herz: Zeit für Abenteuer!

1 

Herzlich willkommen im Seilgarten *Prora,* dem riesigen Klettergarten auf der Insel Rügen! Wollten Sie nicht schon immer einmal von Baum zu Baum über verschiedene Brücken balancieren oder mit einer Seilbahn durch die Luft sausen? Wir bieten Ihnen mit unseren 9 Parcours und 13 Seilbahnen ein ganz besonderes Abenteuer!

2 

Jung oder alt, klein oder groß – von 6 bis 66 Jahren kann jeder in bis zu 10 Metern Höhe seinen Mut bei vielen Übungen testen! Und das Ganze ist absolut sicher: Sie tragen immer einen Helm und sind voll gesichert. Auch ein top ausgebildetes Trainerteam ist immer für Sie da!

3 

Der Seilgarten *Prora* ist ca. 40.000 qm groß und liegt direkt am Strand. Nach den vielen Abenteuern im Klettergarten können Sie also in der Ostsee baden und am Strand relaxen!

4 

Unser Seilgarten ist von März bis Oktober für Sie geöffnet, in den Sommermonaten sogar jeden Tag von 10 bis 20 Uhr. Die Eintrittskarten kosten 14 Euro für Kinder und 19 Euro für Erwachsene. Wir haben natürlich auch Eintrittspreise speziell für Familien und Gruppen.
Wir freuen uns auf Ihren Besuch!

Ihr Trainerteam vom Seilgarten *Prora*

Lesen 2

4 Diese Sätze sind falsch. Korrigiere sie.

1 Im Seilgarten dürfen alle klettern. Von 6-66 jahren klettern kann
2 Der Seilgarten liegt an der Nordsee. Der Seilgarten liegt an strand
3 Das Klettern im Seilgarten ist sehr gefährlich. Das Klettern ist sehr sicher
4 Der Seilgarten ist von März bis Oktober von 10 bis 20 Uhr geöffnet. NUR im sommer
5 Im Sommer gibt es besondere Eintrittskarten. Wir haben besondere eintritts karte für gruppe

SCHREIBEN

Anfrageformular: Um eine Auskunft bitten

Vor dem Schreiben

1 Du möchtest mit deiner Schulklasse in den Seilgarten gehen und möchtest dich informieren. Schau das Formular in 2 an. Was möchtest du fragen? Sammle Ideen.

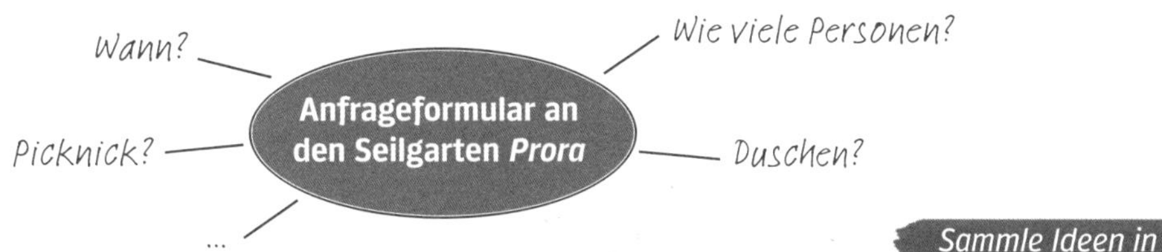

Sammle Ideen in Mindmaps!

Schreiben

2 Füll das Anfrageformular aus. Der Kasten hilft!

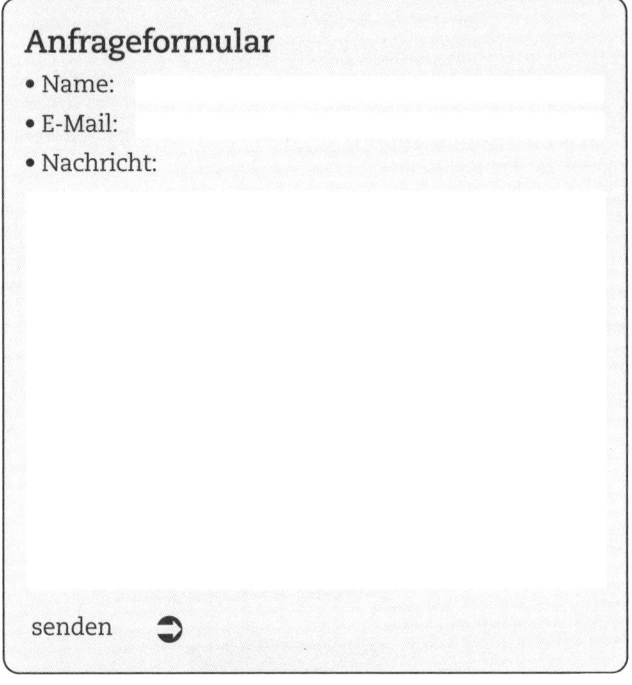

Sehr geehrte Damen und Herren,

wir möchten gern am ... um ... den Seilgarten besuchen.

Wir sind eine Gruppe von ... Schülern.

Ist das möglich? / Geht das? / Können / Dürfen wir ...?

Gibt es bei Ihnen auch ...?

Haben wir das richtig verstanden? Sie ...

In Ihrem Prospekt schreiben Sie, ... Dazu möchten wir etwas fragen: ...

...

Viele Grüße,

Nach dem Schreiben

3 Lies deinen Text noch einmal und kontrolliere.

Kontrolliere deinen Text! Diese Punkte helfen dir!

Grammatik:
Verbform richtig?
Artikel richtig?
Kasus richtig?
Präposition richtig?
Modalverb + Infinitiv richtig?
Wortstellung richtig?

Orthografie:
Nomen groß?
Punkt und Komma richtig?

Stil:
Satzanfang variiert?
Konjunktionen variiert?
Wörter nicht zu oft wiederholt?

Meine Strategien beim Lesen und Schreiben: ______________________________

____

PROJEKT

Umfrage: „Wie fit bist du?"

1 Bildet Gruppen. Wählt ein Thema, sammelt drei bis vier Fragen und jeweils drei mögliche Antworten zu jeder Frage.

Gruppe 1: Essen und Trinken
Gruppe 2: Sport
Gruppe 3: Alltag

Gruppe 1: Essen und Trinken

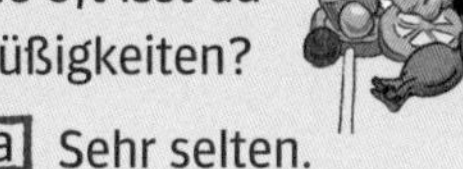

1. Wie oft isst du Süßigkeiten?

[a] Sehr selten.
[b] ...
[c] ...

Gruppe 2: Sport

1. Wie findest du Sport?

[a] Furchtbar! Ich hasse Sport.

...

Gruppe 3: Alltag

1. Wie oft hast du Stress?

[a] Ich? Niemals!

...

2 Macht einen Fragebogen und interviewt die Schüler aus den anderen Gruppen.

3 Was haben die anderen Schüler geantwortet? Macht Grafiken und präsentiert sie in der Klasse.

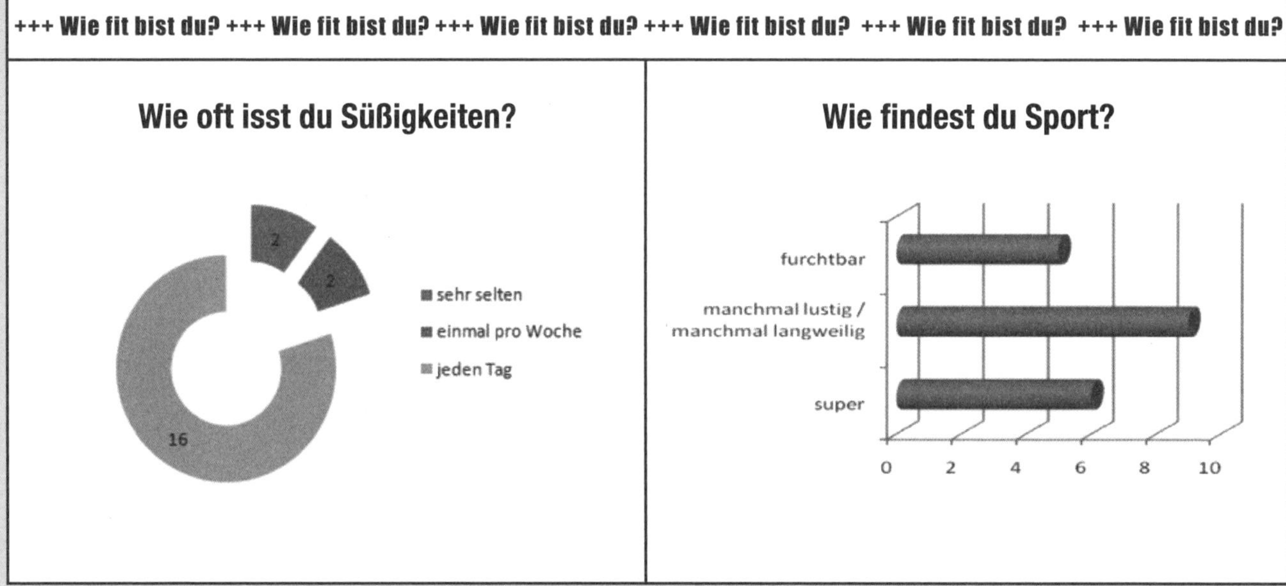

Unser Thema ist: ...
Zuerst haben wir gefragt: ... Die zweite Frage war: ...
Und zuletzt haben wir gefragt: ...
Wir haben ... Schüler interviewt:
... Jungen und ... Mädchen.
Hier sehen wir: ... / Die Grafik zeigt, ...
... Schüler und Schülerinnen finden ...
Alle / Fast alle / Einige / Keine Schüler und Schülerinnen ...

DAS KANN ICH JETZT!

		Ja	Es geht	Nein
Ich kann mich und andere vorstellen:	*_____ kenne _________. _____ wohnt _________.* *_____ ist _______________.*	☐	☐	☐
Ich kann etwas benennen oder identifizieren:	▲ *Was ist er _____ Beruf?* ● *Er ist _______________.*	☐	☐	☐
Ich kann mich selbst oder jemanden beschreiben:	*Ich sehe _____________ aus.* *Er ist _____________.*	☐	☐	☐
Ich kann etwas verneinen:	*Ich kenne sie _______!* *Wir sind _________ Freunde!*	☐	☐	☐
Ich kann Wissen und Unwissen ausdrücken:	*Frag doch deinen Bruder! Er kann dir _______ helfen!* *Kerstin war heute nicht da. ______ hatte sie keine Zeit.*	☐	☐	☐
Ich kann ein Kompliment machen:	*Ich finde, die Frisur _______ dir _____!*	☐	☐	☐
Ich kann Gefallen / Missfallen ausdrücken:	*Der Anzug ________ mir _____ _____!* *Die Brille ________ mir _____ _____!*	☐	☐	☐
Ich kann Besitz ausdrücken:	*Die Brille _________ meiner Oma.*	☐	☐	☐
Ich kann zustimmen und ablehnen:	*Ja, das _____ _____ _____!* *Nein, das _____ _____ _____!*	☐	☐	☐
Ich kann Freude ausdrücken:	*Ich bin sehr _____________!*	☐	☐	☐
Ich kann über das Befinden sprechen:	*Ich bin ganz _____!*	☐	☐	☐
Ich kann über die Vergangenheit sprechen:	*Ich habe nur ___________________.* *Am Vormittag bin ich zum Arzt _________.*	☐	☐	☐
Ich kann eine Äußerung abschließen:	*____________, ich muss gehen.*	☐	☐	☐
Ich kann sagen, dass jemand nicht da ist:	*Anne ist _______ da, aber sie kommt ________.*	☐	☐	☐
Ich kann Überraschung ausdrücken:	*Das ist __________! Ich bin auch krank!*	☐	☐	☐
Ich kann gute Wünsche ausdrücken:	*Gute ________________!*	☐	☐	☐
Ich kann Zeitangaben machen:	*________ ⊂ heute ⊃ ________* *Der Kurs dauert ein ______ Jahr. (= 6 Monate)*	☐	☐	☐
Ich kann jemanden warnen:	*_____ ist ____________!* *Man _____ ______________ sein!*	☐	☐	☐
Ich kann Geschehen ausdrücken:	▲ *Was ist __________?* ● *Ich hatte einen kleinen Unfall.* *Ich war nur leicht __________.*	☐	☐	☐

22 Sprachen

nach A3

1 Was passt nicht? Streiche.

a) **einen Fehler** finden • verbessern • machen • ~~beantworten~~
b) **das Zertifikat** machen • bekommen • mitspielen • brauchen
c) **eine Fremdsprache** lernen • sprechen • unterrichten • zuhören
d) **Ausländer** wissen • kennen • kennenlernen • unterrichten
e) **einen Text** abschreiben • verbessern • aussprechen • lesen
f) **eine Klassenarbeit** schreiben • zurückbekommen • unterrichten • korrigieren
g) **eine Frage** zuhören • notieren • beantworten • abschreiben
h) **ein Wort** nachschlagen • passieren • aussprechen • notieren
i) **Sprachkenntnisse** tun • haben • verbessern • brauchen
j) **Tipps** haben • geben • erreichen • bekommen
k) **einen Satz** lesen • abschreiben • zuhören • notieren
l) **einen Aufsatz** unterrichten • korrigieren • schreiben • lesen

nach A3 K

2 Was sagen die Personen? Ordne zu und ergänze.

~~Ich wünsche dir viel Glück. Du schreibst bestimmt eine super Note.~~ • Gute Reise! • Ich drücke dir die Daumen. • Ich wünsche euch viel Spaß.

a)
TOKIO HOTEL
b)
EDERS SPRACHREISEN
c) Ich wünsche dir viel Glück. Du schreibst bestimmt eine super Note.
d)
Ich schreibe in Latein gleich eine Klassenarbeit.

nach A4

3 Ergänze *sollen* in der richtigen Form.

a) Der Lehrer sagt, wir sollen uns Filme im Original anschauen.
b) Mein Vater sagt, ich __________ meine Noten verbessern.
c) Der Lehrer hat gesagt, die Schüler __________ neue Methoden ausprobieren.
d) Frau Imhoff, Sie __________ Frau Müller anrufen.
e) Mama hat gesagt, ihr __________ mir helfen.
f) Petra hat gesagt, du __________ ihr die DVD mitbringen.
g) Die Lehrerin sagt zu Robert, er __________ seinen Mitschülern zuhören.
h) Unsere Klavierlehrerin hat gesagt, wir __________ mehr üben.

h A4 GR

4 Im Deutschkurs: Was sagt Jonas zu Tim? Ergänze den Satz.

Wie bitte?
Was sollen wir tun?

Lehrerin:	**Jonas:** *Tim, die Lehrerin hat gesagt, …*
a) Schreibt den Satz ab.	wir sollen den Satz abschreiben.
b) Notiere unbekannte Wörter.	du sollst ______
c) Sprecht mit den Mitschülern Deutsch.	______
d) Sprich das Wort richtig aus.	______
e) Pass auf!	______
f) Hört endlich zu.	______
g) Mach im Unterricht aktiv mit.	______
h) Schlagt im Wörterbuch nach.	______

A5 VS

5 Ergänze *dürfen, müssen* oder *können* in der richtigen Form.

a) Jetzt darf ______ man nicht über die Straße gehen. Man ______ warten.

b) Jetzt ______ die Leute gehen.

c) ▲ Schnell, der Zug fährt gleich ab.
● Warte doch, ich ______ erst eine Fahrkarte kaufen.
▲ Im Zug gibt es doch auch Fahrkarten. ______ du die Karte nicht da kaufen? Wir haben jetzt keine Zeit.
● Aber hier steht, ohne Fahrkarte ______ ich nicht in den Zug einsteigen.

d) ▲ Wie komme ich denn zum Marktplatz? ______ Sie mir das erklären?
● Nein, tut mir leid. Das weiß ich auch nicht.

A5 GR

6 Was ist richtig? Markiere und ergänze die Modalverben in der richtigen Form.

Chat

Li09: Hi Susa! Am 17. November spielt „Wir sind Helden". Ich habe zwei Karten für das Konzert. a) Möchtest ______ (möchten / müssen) du mitkommen? Du b) ______ (möchten / mögen) doch die Band so gern und unser Deutschlehrer sagt, wir c) ______ (wollen / sollen) deutsche Musik hören. 🙂 Du d) ______ (können / wollen) eine Karte haben.

Susa: Super Idee! Das einzige Problem sind meine Eltern, aber ich frag gleich mal. Warte kurz!

Susa: ☹ Ich e) ______ (müssen / dürfen) leider nicht mitkommen.

Li09: Was?? Warum denn nicht?

Susa: Meine Eltern haben gesagt, der 17. ist ein Sonntag und ich f) ______ (dürfen / müssen) am nächsten Tag in die Schule gehen. Deshalb g) ______ (dürfen / müssen) ich nicht ins Konzert gehen.

Li09: Schade, dann h) ______ (müssen / sollen) ich jemand anderen finden.

nach A5 GR

7 Ordne zu und ergänze die Modalverben in der richtigen Form.

können • sollen • müssen • wollen • mögen • dürfen (2x)

a) ▲ Entschuldigen Sie, hier im Museum __________ Sie nicht fotografieren.
● Oh, tut mir leid, das habe ich nicht gewusst.

b) ▲ Isst du gern Eis?
● Ja, sehr gern, nur Schokoladeneis __________ ich nicht. Das ist mir zu süß.

c) ▲ Gleich beginnt der Unterricht. Wir __________ gehen!
● Ja, ich komme ja schon.

d) ▲ Was heißt denn das da auf dem Blatt? __________ du das lesen?
● Nein, wer hat das geschrieben?

e) ▲ Ihr seid erst 12 Jahre alt. Ihr __________ noch nicht in die Disco gehen.
● Warum denn nicht? Wir bleiben doch nur bis 10 Uhr.

f) ▲ Welche Fremdsprache gefällt dir?
● Italienisch finde ich toll. Das __________ ich nächstes Jahr lernen, aber meine Mutter sagt, ich __________ lieber Spanisch lernen.

nach A6 WS

8 Das kann man lesen: Ordne zu und ergänze.

der Roman • ~~das Gedicht~~ • die Einkaufsliste • der Zettel

(…)
Im wunderschönen Monat Mai,
Als alle Knospen sprangen,
Da ist in meinem Herzen
die Liebe aufgegangen.
(…)
Heinrich Heine (1797–1856)

Glas

Orangensaft
Äpfel
Milch
Schokolade

BENJAMIN LEBERT
Crazy
ROMAN

a) *das Gedicht* b) __________ c) __________ d) __________

nach A6 Sch

9 Schreib eine Antwort auf Adams Frage.

Forum

Thema: **Tipps für Deutsch**	
Adam am 16.1. um 12.33	Hallo, ich bin Adam und bin 14 Jahre alt. Ich lerne schon fast ein Jahr Deutsch. Aber ich kann immer noch nicht gut sprechen. Was soll ich machen? Habt ihr vielleicht Tipps für mich?
AW: Thema: **Tipps für Deutsch**	
Sven am 16.1. um 14.59	Hallo Adam, ich hatte das gleiche Problem. Mein Lehrer hat mir viele Tipps gegeben. Er sagt, man soll … __________ __________ __________ Und diese Methode(n) habe ich selbst ausprobiert: Ich habe zum Beispiel … __________ __________ __________

Tipps von deinem Lehrer:

mit den Mitschülern oft Deutsch sprechen • Zettel mit Vokabeln aufhängen • Gedichte lernen und aufsagen • deutsche Freunde im Internet suchen und mit ihnen chatten • deutsche Liedtexte übersetzen …

Deine Tipps:

____
____
____
____
____

A6 VS

10 Eine Einkaufsliste auf Deutsch: Ergänze.

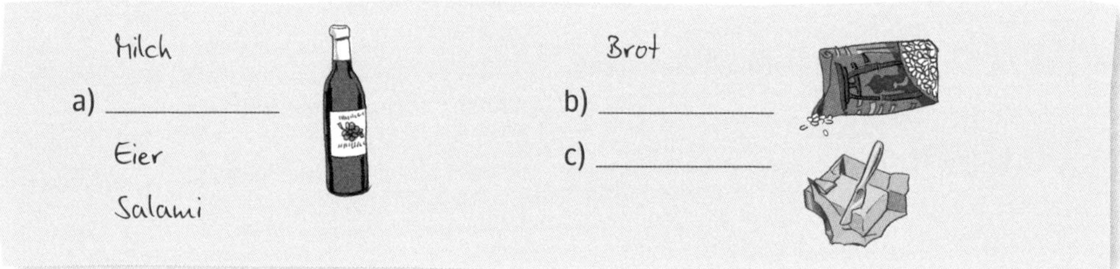

B2 VS

11 Ordne zu und ergänze die E-Mail.

Stammtisch • Kneipe • Gäste • ~~Sprachkurs~~ • Gastfamilie • Treffpunkt

Neue E-Mail

Senden Chat Anhang Adressen Schriften Farben Als Entwurf sichern

Betreff: Grüße aus Berlin

Hallo Olga,

wie geht es Dir?

Mir geht es prima. Der a) *Sprachkurs* in Berlin macht total viel Spaß. Nur am Anfang hatte ich ein bisschen Heimweh. Ich habe ja keinen gekannt. Zum Glück wohne ich bei einer sehr netten b) ______.

Nach dem Unterricht gehe ich mit meinen Mitschülern oft noch in das Café neben der Sprachenschule. Meistens sind da nicht viele andere c) ______ und wir machen gleich dort die Hausaufgaben.

Wir Schüler aus der Sprachenschule haben auch regelmäßig einen d) ______. Wir treffen uns jeden Mittwochabend. Unser e) ______ ist das „Kleisther", eine sehr nette f) ______. Dort essen und trinken wir etwas und sprechen meistens viel Deutsch. Na ja, manchmal reden wir auch Englisch.

…

B4 S

12 Was ist das Gegenteil? Ordne zu und ergänze.

schwierig • bekannt • schlecht • ~~langweilig~~

das Ausland • die Muttersprache • am Anfang

a) interessant ⟷ *langweilig*
b) gut ⟷ ______
c) unbekannt ⟷ ______
d) einfach ⟷ ______
e) die Fremdsprache ⟷ ______
f) die Heimat ⟷ ______
g) am Ende ⟷ ______

B5

13 Im Deutschkurs. Warum? Ordne zu.

1 Ich verstehe den Lehrer nicht, → b)
2 Wir lachen viel,
3 Peter ist heute müde,
4 Andrea hat eine schlechte Note im Vokabeltest,

a) denn er war gestern zu lange in der Kneipe.
b) denn er spricht sehr schnell.
c) denn der Unterricht ist lustig.
d) denn sie hat die Wörter nicht gelernt.

nach B5 GR

14 Warum lernen Jugendliche Deutsch? Schreib die Sätze richtig.

a) John lernt Deutsch, denn *es macht ihm Spaß*.
(ihm / Spaß / machen / es)

b) Jonas macht in den Ferien einen Sprachkurs in Deutschland, denn ______________________.
(gefallen / das Land / ihm)

c) Eva hat in der Schule Deutsch gewählt, denn ______________________.
(sie / eine deutsche Tante / haben)

d) Marie möchte ihre Deutschkenntnisse verbessern, denn ______________________.
(sie / in Deutschland / arbeiten / wollen)

e) Jorge hört im Unterricht gut zu, denn ______________________.
(die Texte von der Band „Rammstein" / verstehen / möchten / er)

nach B6 GR

15 Auch Ewelina lernt Deutsch. Was ist richtig? Markiere.

a) Ich lerne jeden Tag eine halbe Stunde Vokabeln, *denn / aber* ich möchte meine Deutschnote verbessern.

b) Im Unterricht schreibe ich immer alle neuen Wörter auf *dann / und* ich höre gut zu.

c) Ich möchte einen Sprachkurs im Ausland machen, *aber / deshalb* Sprachkurse sind sehr teuer.

d) Nach der Schule mache ich ein Praktikum in Deutschland *deshalb / oder* ich jobbe in Deutschland.

e) Ich möchte Deutsch besser verstehen, *deshalb / und* schaue ich mir deutsche Filme an.

f) Zuerst muss ich meine Hausaufgaben machen, *dann / denn* chatte ich mit meiner Freundin aus Deutschland.

nach B6 GR

16 Ergänze aus Ü15.

	Position 0	Position 1	Position 2	...
a) *Ich lerne jeden Tag eine halbe Stunde Vokabeln,*	*denn*	*ich*	*möchte*	*meine Deutschnote verbessern.*
b) Im Unterricht schreibe ich immer alle neuen Wörter auf				
c) Ich möchte einen Sprachkurs im Ausland machen				
d) Nach der Schule mache ich ein Praktikum in Deutschland				
e) *Ich möchte Deutsch besser verstehen,*		______	*schaue*	*ich mir deutsche Filme an.*
f) Zuerst muss ich meine Hausaufgaben machen				

h B6 GR

17 Verbinde die Sätze mit a) *denn* und b) *deshalb*.

1 Ich will Reiseleiterin werden. Ich finde fremde Länder interessant.

a) *Ich will Reiseleiterin werden, denn ich finde fremde Länder interessant.*

b) *Ich finde fremde Länder interessant, deshalb will ich Reiseleiterin werden.*

2 Heute gehe ich in die Kneipe. Es gibt einen Stammtisch für Deutschlerner.

a) ______

b) ______

3 Ich lerne die neuen Vokabeln. Ich möchte keine schlechte Note in der Deutschklassenarbeit bekommen.

a) ______

b) ______

4 Ich schreibe Gedichte. Ich bin verliebt.

a) ______

b) ______

B6 GR

18 Verbinde die Sätze.

a) Ich möchte einen Sprachkurs machen. So kann man viele nette Leute kennenlernen. *(denn)*

______

______

b) Ericas Deutsch ist noch nicht so gut. Sie möchte es verbessern. *(deshalb)*

______

c) Am Nachmittag höre ich Musik. Ich mache Hausaufgaben. *(oder)*

______

d) Am Vormittag habe ich Unterricht. Wir essen zusammen Mittag. *(dann)*

______

e) Ich möchte in Deutschland arbeiten. Ich muss zuerst meine Schule fertig machen. *(aber)*

______

______

B8 S

19 Markiere die Verben und die Adjektive, ordne zu und ergänze.

reagiert|bestellekompliziertregelmäßig

a) Meine Freundin ist nett, aber manchmal *reagiert* sie sehr schnell sauer. Sie ist ein bisschen ______.

b) Peter macht ______ Sport. Er geht einmal pro Woche zum Fußballtraining.

c) In den Ferien in Italien ______ ich das Essen im Restaurant immer auf Italienisch.

B8

20 Unterwegs in München. Ordne den Dialog.

☐ ▲ Ach so, du meinst, hier dürfen nur Fahrräder fahren.

☐ ● Das bedeutet, das ist ein ... Ich weiß das Wort nicht mehr – also eine Straße für Fahrräder. Ach ja, ein Fahrradweg.

☑ 1 ▲ Schau mal, der Weg ist hier rot markiert. Was bedeutet das?

☐ ● Ja, genau.

nach B8

K

21 In der Sprachenschule: Ordne zu und ergänze.

1 heißt auf Deutsch „Kneipe" • Verstehst du, was ich meine • Was ist das deutsche Wort für • das bedeutet • Was ~~bedeutet~~ das

▲ Heute Abend ist Stammtisch. Kommst du mit?

● „Stammtisch"? a) Was bedeutet das ?

▲ Na ja, b) ________________, wir treffen uns einmal pro Woche mit anderen Sprachschülern. Wir bestellen etwas zum Trinken und Essen und haben Spaß. c) ________________________________?

● Ach so, wir gehen zusammen in ein ..., ääh ... d) ________________________________ „Pub"?

▲ „Pub" e) ________________________________.

● Also du meinst, wir Sprachschüler gehen regelmäßig zusammen in eine Kneipe, oder?

▲ Ja genau.

2 weiß das Wort nicht mehr • meinst du das • heißt das auf Deutsch • auf Englisch sagt man

▲ Du bist heute so komisch.

● Wie a) ________________?

▲ Na ja, du lachst nicht und siehst so traurig aus. Was ist denn los?

● Ich weiß auch nicht. Ich glaube, ich bin ein bisschen ... ähh ... b) ________________ „homesick". Wie c) ________________? Ich d) ________________.

▲ Ach, du meinst, du hast Heimweh. Oh, das tut mir leid.

AUSSPRACHE

22 Vokale o, ö

11

a) Hör und sprich nach.

o	doof	Sohn	wohnen	Methode
o	sollen	Sonntag	Kopf	Dorf
ö	Söhne	hören	Französisch	lösen
ö	können	Göttingen	Wörter	möchten

Die Regel dazu findest du im Arbeitsbuch in Lektion 19 unter „Aussprache".

12

b) Vokal: lang oder kurz? Hör und markiere: lang: _ kurz: .

o	Hose	Sport	froh	Zoo	toll
ö	Körper	mögen	zwölf	geöffnet	böse

13

23 Hör und sprich nach.

1 ▲ Mein Englisch ist so schlecht. Was soll ich nur machen? Hast du vielleicht einen Tipp für mich?
● Ich schaue mir oft englische Filme im Original an. Das hilft!

2 ▲ Morgen schreibe ich in Mathe einen Test.
● Viel Glück! Ich drücke dir die Daumen.

3 ▲ Ich mache im Sommer einen Sprachkurs in Salamanca, denn ich will Spanisch studieren.
● Toll! Ich wünsch dir viel Spaß.

SELBSTKONTROLLE

1 Du möchtest deine Deutschnoten verbessern. Notiere mindestens sechs Aktivitäten.

Vokabeln abschreiben,

2 Was ist richtig? Kreuze an.

a) ▲ Warum singst du nicht mit?
● Ich bin krank. Der Arzt hat gesagt, ich __________ nicht laut singen und sprechen.

☐ mag ☐ soll ☐ will

b) ▲ Warum schreibt Peter denn alle Wörter ab?
● Der Lehrer hat gesagt, er __________ das machen.

☐ sollen ☐ sollt ☐ soll

c) ▲ Was hat der Lehrer gesagt? Was __________ wir machen?
● Ihr __________ zuhören.

☐ soll ... sollen ☐ sollen ... sollt ☐ sollen ... soll

d) ▲ Warum hast du eigentlich hier Zettel mit Vokabeln aufgehängt?
● Das mache ich immer so, __________ so lernt man die Wörter ganz schnell.

☐ aber ☐ oder ☐ denn

e) ▲ Warum machen so viele Leute einen Englischkurs?
● Man spricht in vielen Ländern Englisch, __________ lernen viele diese Sprache.

☐ denn ☐ deshalb ☐ dann

f) ▲ Warum kommst du heute Abend eigentlich nicht mit in die Kneipe?
● Ich muss lernen, denn __________.

☐ ich eine Klassenarbeit schreibe
☐ schreibe ich eine Klassenarbeit
☐ ich schreibe eine Klassenarbeit

3 Ordne zu und ergänze.

bedeutet das • weiß das Wort nicht mehr • drücke dir die Daumen • ist das deutsche Wort • wünsch dir viel Spaß • heißt auf Deutsch

a) ▲ Morgen schreibe ich eine Klassenarbeit. Hoffentlich bekomme ich keine schlechte Note.
● Ach was, du bekommst doch bestimmt wieder eine Eins. Ich ______________________________.

b) ▲ Es ist schon Viertel vor acht. Der Film fängt gleich an. Ich muss gehen. Tschüss.
● Ich ______________________________ im Kino. Tschüss.

c) ▲ Was ______________________________ für *question*? Ich ______________________________.
● *Question* ______________________________ *Frage.*

d) ▲ Der U-Bahn-Fahrer hat gesagt: „Bitte zurückbleiben.“ Was ____________________?
● Das heißt, man darf nicht mehr einsteigen.

23 Schulgeschichten

nach A2 WS

1 Schule und Bildung in Deutschland: Ordne zu und ergänze.

Gesamtschule • Abitur • Grundschule • ~~Hauptschule~~ • Gymnasium • Realschule • Ausbildung

a) Auf dieser Schule macht man nach der 9. Klasse den Schulabschluss: *Hauptschule*

b) Mit diesem Schulabschluss kann man studieren: ____________

c) Auf dieser Schule macht man nach der 10. Klasse den Abschluss: ____________

d) Auf diese Schule gehen die Kinder von der 1. bis zur 4. Klasse: ____________

e) Auf diese Schule geht man von der 5. bis zur 12. oder 13. Klasse: ____________

f) Auf dieser Schule kann man verschiedene Abschlüsse machen. Man geht bis zur 9., 10. oder 13. Klasse auf diese Schule: ____________

g) Das kann man nach der Schule machen: ____________

nach A3 WS

2 Markiere die Berufe und ergänze.

sportler|bankkaufmannparlamentarierschriftstellerministerreiseleiter

a) *Sportler* c) ____________ e) ____________

b) ____________ d) ____________ f) ____________

nach A3 WS

3 Ordne zu und ergänze die Verben in der richtigen Form.

erfinden • rennen • wechseln • verlassen • verändern • ~~besuchen~~ • malen • mitarbeiten

a) ▲ Welche Schule hast du eigentlich früher *besucht* ?
● Ich war auf der Realschule.

b) ▲ Haben Sie immer schon gern geschrieben?
● Ja, als Kind habe ich gern Geschichten ____________ und später im Gymnasium bei der Zeitung ____________.

c) ▲ Warum hast du das Gymnasium nach der 10. Klasse ____________ und nicht das Abitur gemacht?
● Ich hatte einfach keine Lust mehr. Die Ausbildung macht mir mehr Spaß.

d) ▲ Warum sind Sie eigentlich Künstler geworden?
● Ich habe mein Hobby zum Beruf gemacht. Ich habe schon immer gern ____________.

e) ▲ Vor einem Jahr hast du deine Ausbildung angefangen. Gefällt dir das Berufsleben?
● Ja, schon, aber die Arbeit hat mein Leben sehr ____________.

f) ▲ Du warst auf dem Gymnasium und jetzt gehst du auf die Realschule. Warum hast du die Schule ____________?
● Ich hatte einfach zu schlechte Noten.

g) ▲ Warum findest du denn Fußballspielen so blöd?
● Ach, ich kann das einfach nicht. Heute bin ich beim Spiel die ganze Zeit wieder nur ____________, aber den Ball habe ich fast nie bekommen.

nach A3 WS

4 Ordne zu und ergänze.

Traum • Unterschriften • Erfolg • Fantasie • Politik • Menschen • Verein • Enkel • Ziel • Kindheit • ~~Mitglied~~ • Natur • Magazin

a) ▲ Ich bin bei Greenpeace.
● Das finde ich gut. Da möchte ich auch *Mitglied* werden.

b) ▲ Gestern Nacht hatte ich einen tollen ____________. Ich war ein bekannter Fußballer und hatte gerade ein wichtiges Spiel.
● Du hast ziemlich viel ____________!

c) ▲ Warum spricht Daniel eigentlich so gut Englisch?
● Er hat in seiner ____________ und Jugend ein paar Jahre in England gelebt.

d) ▲ Ich möchte mehr Sport machen und neue Leute kennenlernen.
● Geh doch in einen ____________, das kostet meistens auch nicht so viel.

e) ▲ Kennst du die Schriftstellerin J.K. Rowling?
● Klar, die hat doch mit ihren Harry Potter-Büchern großen ___________.

f) ▲ Nach dem Abitur will ich Schauspielerin werden. Ich hoffe, ich kann dieses _________ erreichen.
● Warum nicht?

g) ▲ Warst du am Wochenende wieder in den Bergen?
● Ja, ich bin sehr gern in der ________________.

h) ▲ Weißt du was, ein Mädchen aus meiner Klasse schreibt schon Texte für ein Jugend-_____________!
● Das ist toll!

i) ▲ Ich möchte gern einmal Minister werden. ___________ finde ich sehr interessant.
● Das ist doch langweilig!

j) ▲ Herr Fischer geht jeden Sonntag mit seinem ____________ in den Park. Das ist doch nett.
● Ja, das finde ich auch.

k) ▲ Du sammelst _______________ für eine Aktion von den „Jungen Grünen". Bist du gern politisch aktiv?
● Ja, viele junge ____________ interessiert das nicht. Mir macht das aber Spaß.

A4

5 Diese Schüler! Verbinde die Sätze.

1 Luisa möchte ihre Deutschkenntnisse verbessern, → c)
2 Handys sind im Unterricht verboten,
3 Ich verstehe im Deutschkurs etwas nicht,
4 Nicht alle Schüler sind in der Schule gut,

a) trotzdem können sie im Beruf Erfolg haben.
b) trotzdem schreibt Eva immer SMS.
c) trotzdem lernt sie keine Vokabeln.
d) trotzdem frage ich nicht nach.

A4

6 Herr Roth, mein Lieblingslehrer: Schreib die Sätze richtig.

a) Ich mag Physik nicht, trotzdem _ist der Physiklehrer Herr Roth mein Lieblingslehrer_.
(der Physiklehrer Herr Roth / mein Lieblingslehrer / sein)

b) Ich finde Physik eigentlich langweilig, trotzdem ______________________________.
(gehen / in den Unterricht / ich / gern)

c) Die Physikaufgaben sind meistens schwer, trotzdem ______________________________.
(sie fast alle / lösen / ich / können)

d) Herr Roth gibt nicht viele Hausaufgaben, trotzdem ______________________________. *(wir / viel / lernen)*

e) Die letzte Klassenarbeit war sehr schwer, trotzdem ______________________________.
(ich / eine gute Note / bekommen / haben)

A5

7 Ergänze *deshalb* oder *trotzdem*.

a) Timo ist krank, _deshalb_ geht er nicht in die Schule.

b) Anja ist krank, ____________ geht sie in die Schule.

c) John schreibt morgen eine Klassenarbeit, ____________ sieht er den ganzen Tag fern.

d) Heidi schreibt morgen eine Klassenarbeit, ____________ lernt sie heute viel.

A5

8 Markiere die Verben und vergleiche.

Englisch	Deutsch	Meine Sprache
I'm very tired, but I'm still doing my homework.	a) Ich bin sehr müde, trotzdem mache ich meine Hausaufgaben.	
The book is too expensive, so I won't buy it.	b) Das Buch ist zu teuer, deshalb kaufe ich es nicht.	

nach A5 GR

9 Verbinde die Sätze mit *trotzdem* oder *deshalb*.

a) Kathrin hat Kopfschmerzen. Sie geht nicht in die Schule.

Kathrin hat Kopfschmerzen, deshalb geht sie nicht in die Schule.

b) Luis macht nie Hausaufgaben. Er hat gute Noten.

____

c) Marlene treibt gern Sport. Sie möchte auf ein Sport-Gymnasium gehen.

____

d) Elenas Weg zur Schule ist sehr weit. Sie will die Schule nicht wechseln.

____

nach A6 GR

10 Einsteins Schulbiografie: Was ist richtig? Kreuze an und ergänze die Sätze.

Der Physiker Albert Einstein ist sehr bekannt, a) ☐ dann ☐ denn ☐ trotzdem ______________________________ *(Er hat 1921 den Nobelpreis für Physik bekommen.)* Er war nicht so gut in der Schule, b) ☐ trotzdem ☐ deshalb ☐ denn ______________________________ *(Er war später sehr erfolgreich.)* Einstein hat ein Gymnasium in München besucht. Dort hatte er Probleme mit den Lehrern, c) ☐ trotzdem ☐ denn ☐ deshalb ______________________________ *(Er hat die Schule 1894 ohne Abschluss verlassen.)* In der Kantonsschule Aarau in der Schweiz hat es ihm besser gefallen, d) ☐ denn ☐ trotzdem ☐ deshalb ______________________________ *(Er ist dort geblieben und hat 1896 das Abitur gemacht.)* Dann hat er am Polytechnikum in Zürich studiert. Er ist nicht immer zu den Kursen gegangen, e) ☐ denn ☐ trotzdem ☐ deshalb ______________________________ *(Er hat 1900 seinen Abschluss mit der Note „gut" gemacht.)* Das Jahr 1905 war für Einstein sehr wichtig, f) ☐ dann ☐ denn ☐ trotzdem ______________________________ *(Er hat in diesem Jahr wichtige Arbeiten geschrieben.)*

nach A6

11 Schreib einen Forumsbeitrag zum Thema Schule. Die Fragen unten helfen.

Forum

Thema: **Deine Schule**	
Dak2m Fr 10. März 18:22 Uhr	Hallo, erzählt doch mal: Welche Schule besucht ihr und wie ist es da so? Ich selbst besuche eine Gesamtschule. Ich bin in der 10. Klasse. Leider sind meine Noten nicht so gut. Trotzdem möchte ich das Abitur machen. Eigentlich finde ich meine Schule ganz o.k. Die Lehrer sind nett und ich habe viele Freunde. Ich treibe gern Sport, deshalb ist das mein Lieblingsfach. Tschüss

- ★ Welche Schule / Klasse besuchst du?
- ★ Welchen Abschluss machst du?
- ★ Hast du ein Lieblingsfach? Welches?
- ★ Wie lange musst du noch in die Schule gehen?
- ★ Was gefällt dir an deiner Schule (nicht)?

B1 VS

12 Finde noch sechs Schulsachen: Ergänze mit Artikel.

H	K	U	G	E	L	S	C	H	R	E	I	B	E	R
E	S	C	X	N	L	K	D	L	U	R	C	H	L	L
R	A	D	I	E	R	G	U	M	M	I	P	S	M	I
H	C	Y	K	L	T	Y	X	T	H	Q	O	C	R	N
E	W	L	G	S	N	Q	M	O	G	M	K	H	O	E
F	J	W	U	Z	R	P	V	G	T	H	B	E	B	A
T	N	F	G	J	V	U	W	S	W	W	M	R	F	L
I	B	L	E	I	S	T	I	F	T	X	D	E	F	W
L	A	R	D	R	V	C	J	X	O	H	L	P	I	M
T	A	S	C	H	E	N	R	E	C	H	N	E	R	S

1 *der Kugelschreiber*
2 ____________
3 ____________
4 ____________
5 ____________
6 ____________
7 ____________

B3 VS

13 Mein Klassenzimmer: Ordne zu und ergänze.

hinten • vorn • links • rechts • ~~vorn~~

a) Die Tafel steht *vorn*.
b) Ich sitze ganz ____________.
c) ________ an der Wand ist ein Bücherregal.
d) Die Fenster sind ____________.
e) Im Klassenzimmer gibt es auch einen Fernseher. Der steht auch ____________.

B3 S

14 Ordne zu und ergänze die Verben in der richtigen Form.

stören • warten • Lust haben • denken • ~~lösen~~ • sprechen • zufrieden sein • passen

a) ▲ Hast du die Mathehausaufgaben schon gemacht?
● Nur die erste Aufgabe, die zweite kann ich nicht *lösen*. Die ist zu schwierig.
▲ Und ich habe gedacht, ich kann die Lösung von dir abschreiben.

b) ▲ Findest du, die Schuhe ____________ zu meinem Rock?
● Ich weiß nicht, vielleicht ziehst du besser andere an.

c) ▲ Maria, jetzt ist es aber genug. Sei endlich ruhig. Du ____________ den Unterricht.
● Ich habe Annika doch nur etwas gefragt.

d) ▲ Sandra, kannst du bitte an mein Buch ____________? Ich brauche es morgen wieder.
● Ja klar, ich vergesse es nicht.

e) ▲ Wo bleibst du denn so lange? Ich ____________ schon eine halbe Stunde auf dich.
● Tut mir leid, ich weiß, ich bin zu spät aufgewacht.

f) ▲ Ich glaube, Eva hat Probleme. ____________ doch bitte mal mit ihr!
● Glaubst du, das hilft?

g) ▲ ____________ Sie jetzt ____________ mit mir, Herr Meier?
● Ja, Sie haben Ihre Arbeit gut gemacht.

h) ▲ Ich ____________ ____________ auf Eis.
● Oh ja, ein Eis möchte ich jetzt auch gern essen.

nach B4 K

15 Zwei Dialoge: Schreib Dialog a) und Dialog b).

Oh ja. Das ist nett. • Ich verstehe die Mathe-Hausaufgabe nicht. Sag mal, weißt du, wie das geht? • Wir sollen doch für morgen diese schwierige Physikaufgabe lösen. Wollen wir das gemeinsam machen? • Nein danke, ich kann das schon alleine. • Ja, das ist gar nicht so schwer. Soll ich dir helfen?

Dialog a)

▲ Wir sollen ____________________

____

● ____________________

Dialog b)

▲ ____________________

● ____________________

▲ ____________________

nach B4 K

16 Schreib einen Dialog nach der Grafik.

für Deutsch Text lesen sehr schwierig → *helfen?* → ☺

▲ ____________________

____

____

● ____________________

▲ ____________________

nach B5 GR

17 Akkusativ oder Dativ? Kreuze an.

a) Ich bin mit ☐ meine Arbeit ☒ meiner Arbeit zufrieden.
b) Ich warte auf ☐ meine Freunde. ☐ meinen Freunden.
c) Heute habe ich Lust auf ☐ einem Stück Kuchen. ☐ ein Stück Kuchen.
d) Die Schuhe passen gut zu ☐ dein Kleid. ☐ deinem Kleid.
e) Ich denke immer an ☐ die Ferien. ☐ den Ferien.
f) Ich spreche mit ☐ meiner Lehrerin. ☐ meine Lehrerin.

nach B5 GR

18 Verliebt in eine Mitschülerin: Ordne zu.

1 Ich denke immer	a) zu mir?
2 Passt sie überhaupt	b) auf eine Cola im Café.
3 Morgen spreche ich	c) auf sie.
4 Ich warte einfach nach dem Unterricht	d) mit ihr.
5 Vielleicht hat sie ja Lust	e) an sie.

B7

19 Ein Schultag: Ergänze die Präpositionen.

Neue E-Mail

Senden Chat Anhang Adressen Schriften Farben Als Entwurf sichern

Hallo Lara,

wie war Dein Tag?
Bei mir war es heute nicht so toll.
Heute morgen habe ich mal wieder 20 Minuten a) *auf* den Schulbus gewartet.
Ich war noch total müde und hatte überhaupt keine Lust b) ______ den Unterricht. Deutsch war besonders langweilig. Ich habe die Grammatik nicht kapiert. Dann habe ich ein paar Mal c) ______ Luisa gesprochen. Deshalb war Herr Lang sauer. „So, jetzt ist es aber genug!", hat er gesagt und mir eine Extra-Hausaufgabe gegeben.

Übrigens: Luisa hat gesagt, meine neue Frisur passt nicht d) ______ mir. Das stimmt doch nicht, oder?
Im Matheunterricht haben wir die Klassenarbeit zurückbekommen. e) ______ meiner Note bin ich zufrieden.
Jetzt muss ich eigentlich Hausaufgaben machen, aber ich muss immer wieder f) ______ Tim denken. Das ist der Junge aus der 10. Klasse. Den treffe ich morgen nach der Schule. Dann lädt er mich vielleicht zu einer Portion Pommes ein.

Liebe Grüße und bis morgen

Ulrike

B8

20 Ordne zu und ergänze die Präpositionen und die Personalpronomen.

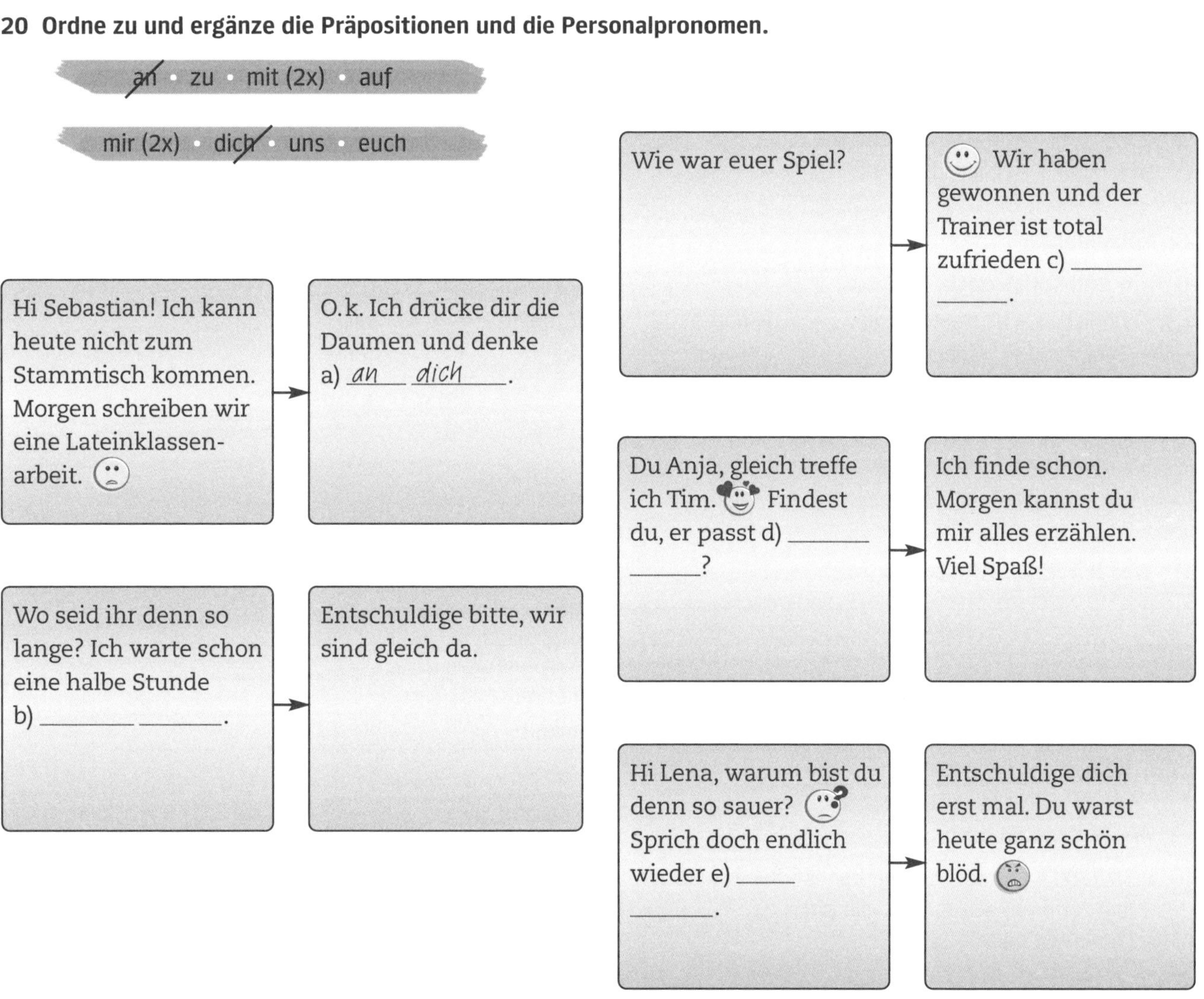

~~an~~ • zu • mit (2x) • auf

mir (2x) • ~~dich~~ • uns • euch

Hi Sebastian! Ich kann heute nicht zum Stammtisch kommen. Morgen schreiben wir eine Lateinklassenarbeit. → O.k. Ich drücke dir die Daumen und denke a) *an* *dich*.

Wo seid ihr denn so lange? Ich warte schon eine halbe Stunde b) ______ ______. → Entschuldige bitte, wir sind gleich da.

Wie war euer Spiel? → Wir haben gewonnen und der Trainer ist total zufrieden c) ______ ______.

Du Anja, gleich treffe ich Tim. Findest du, er passt d) ______ ______? → Ich finde schon. Morgen kannst du mir alles erzählen. Viel Spaß!

Hi Lena, warum bist du denn so sauer? Sprich doch endlich wieder e) ______ ______. → Entschuldige dich erst mal. Du warst heute ganz schön blöd.

nach B8 GR

21 Dativ oder Akkusativ? Ergänze die Präposition und das Nomen mit Artikel.

a) ▲ Was hast du denn? Bist du böse?
● Ich muss in den Ferien jeden Tag eine Stunde lernen. Meine Eltern sind ________________ ________________ *(mein Zeugnis)* nicht zufrieden.

b) ▲ Was brauchen wir für den Ausflug morgen?
● Bringt etwas zu essen mit und denkt bitte ________________ *(das Geld)* für den Eintritt.

c) ▲ Was ist denn heute mit dir los? Hast du Stress?
● Ja leider. Ich habe zweimal die Hausaufgabe nicht gemacht. Jetzt möchte mein Lehrer ______ ________________ *(meine Eltern)* sprechen.

d) ▲ Wo warst du denn gestern?
● Ich hatte keine Lust ________________ *(das Fußballtraining)*.

e) ▲ Musst du nach der Schule immer so lange ________________ *(der Bus)* warten?
● Ja, leider.

f) ▲ Wie findest du meine neue Brille?
● Die ist super und sie passt sehr gut ________________ *(dein Gesicht)*.

AUSSPRACHE

22 Konsonant h

14

a) Hör und sprich nach.

h höflich • Hauptschule • gehören • Sporthalle • Kindheit
– Fehler • gehen • wohnen • Jahre • aufstehen

h spricht man am Wort- und Silbenanfang vor einem Vokal: *h*öflich, ge*h*ören.

Nach einem Vokal spricht man das *h* nicht: Fe*h*ler.

15

b) Was hörst du? Kreuze an.

		h *(höflich)*	– *(Fehler)*			h *(höflich)*	– *(Fehler)*
1	Nähe			5	Gesundheit		
2	früh			6	Lehrer		
3	zuhören			7	Inhalt		
4	Gefahr			8	Handy		

16

23 Hör und sprich nach.

1 ▲ So, jetzt ist es aber genug! Kannst du mir mal zuhören? Ich spreche mit dir!
● Ja, was ist denn?

2 ▲ Soll ich dir bei Mathe helfen?
● Nein danke, ich kann das schon allein.

3 ▲ Und? Bist du zufrieden mit deinem Zeugnis?
● Na ja, es geht so.

1 Die Schule in Deutschland: Ergänze.

Welche Schulen gibt es in Deutschland?

Welche Schulabschlüsse gibt es?

Was gibt es in der Schule?

2 Was ist richtig? Kreuze an.

a) ▲ War die Klassenarbeit schwer?
● Ja ziemlich, ______ habe ich eine gute Note bekommen.
☐ deshalb ☐ denn ☐ trotzdem

b) ▲ Warum geht Lisa eigentlich nicht mehr in unsere Schule?
● Sie hatte Probleme mit den Lehrern, ______ hat sie die Schule gewechselt.
☐ deshalb ☐ denn ☐ trotzdem

c) ▲ Du siehst so traurig aus. Was ist denn los?
● Ach, ich habe so viel für die Klassenarbeit gelernt, trotzdem ______.
☐ habe ich eine schlechte Note bekommen
☐ ich habe eine schlechte Note bekommen
☐ ich eine schlechte Note bekommen habe

d) ▲ Findest du, diese Stiefel passen ______ Schuluniform?
● Ich weiß nicht. Zieh doch lieber die schwarzen Schuhe an.
☐ zur ☐ mit der ☐ an die

e) ▲ Ich habe so Lust ______ Schokolade. Kann ich ein Stück haben?
● Ja, klar.
☐ an ☐ auf ☐ für

f) ▲ Warum sprichst du nicht mehr ______ mir?
● Ich bin sauer.
☐ mit ☐ an ☐ auf

g) ▲ Bist du mit ______ Schule zufrieden?
● Ja, sie ist super.
☐ deine ☐ deiner ☐ deinen

h) ▲ Denkst du schon wieder an Thomas?
● Ja, ich muss fast immer an ______ denken.
☐ er ☐ ihm ☐ ihn

i) ▲ Warte bitte auf ______.
● Ja, natürlich.
☐ mir ☐ mich ☐ ich

3 Ordne zu und ergänze.

Soll ich dir helfen • Wollen wir das gemeinsam machen • das ist nett • Nein danke, ich kann das schon alleine

a) ▲ Wir müssen doch für Sozialkunde ein Interview mit einem Parteimitglied machen.
________________________________?
● Ja, gern. Kennst du jemand aus einer Partei?

b) ▲ Ich habe schon wieder ein Problem mit meinem Computer.
● ________________________________?
▲ Oh ja, ________________.

c) ▲ Du bist ja immer noch nicht mit der Hausaufgabe fertig. Komm, ich helfe dir.
● ________________________________.

24 Berufe

nach A3 WS

1 Berufe: Ordne zu und ergänze.

Hausfrau • Sekretärin • Journalist • ~~Künstler~~ • Architekt • Krankenpfleger • Ingenieur

a) Er ist kreativ, macht Zeichnungen, malt Bilder oder fotografiert: *Künstler*

b) Diese Person plant, konstruiert und baut Gebäude: ______

c) In diesem Beruf hilft man Patienten, zum Beispiel bereitet man sie für Operationen vor: ______

d) Ohne ihn gibt es keine Nachrichten. Er schreibt Artikel, Reportagen und andere Texte, macht Interviews, arbeitet zum Beispiel für eine Zeitschrift: ______

e) Diese Person konstruiert z. B. Autos oder schreibt Software: ______

f) In diesem Beruf schreibt man Briefe und E-Mails, telefoniert, notiert Termine im Kalender und organisiert viel: ______

g) Sie arbeitet zu Hause, räumt auf, kauft ein: ______

nach A3 

2 Interview: Ordne zu und ergänze.

Studium • ~~Schülerzeitung~~ • Zivildienst • Abitur

▲ Hallo Thomas, ich mache ein Interview für die a) *Schülerzeitung* „Pluspunkt". Du hast im Sommer das b) ______ gemacht. Jetzt machst du gerade deinen c) ______ im Krankenhaus. Gefällt dir die Arbeit?

● Ja, sie gefällt mir ziemlich gut. Ich helfe gern anderen Menschen.

▲ Ist die Arbeit eigentlich anstrengend?

● Na ja, heute ist es ganz ruhig, sonst ist aber immer ziemlich viel los.

▲ Was möchtest du denn danach machen?

● Ich möchte Arzt werden. In zwei Monaten fange ich schon mit dem d) ______ an.

nach A4 

3 Interviews auf der Straße: „Was sind Sie von Beruf und warum ist Ihr Beruf genau der richtige für Sie?" Lies die Antworten und ordne zu.

1 Also, ich bin Reiseleiterin geworden,

2 Ich bin Lehrer geworden,

3 Also, ich möchte mal Fußballprofi werden,

a) weil ich in der Jugendmannschaft des SC Kaiserslautern spiele und mir das total viel Spaß macht.

b) weil ich einfach gern unterrichte.

c) weil ich schon immer gern ins Ausland gefahren bin.

nach A4 

4 Markiere die Verben und ergänze.

	Position 1	Position 2	...	am Ende
a) Ich arbeite als Erzieher,	weil *(Ich*	*ich* *(mag)*	*Kinder* *Kinder.)*	*mag* .
b) Ich bin Journalistin vom Beruf,	weil *(Ich*	______ *kann*	______ *gut*	______ . *schreiben.)*
c) Ich bin Sängerin geworden,	weil *(Ich*	______ *habe*	______ *schon immer gern*	______ . *gesungen.)*

h A5 GR

5 Markiere die Verben und vergleiche.

Englisch	I'm working in a hospital **because** I like to help people.
Deutsch	a) Ich arbeite im Krankenhaus, weil ich gern Menschen helfe.
	b) Ich arbeite im Krankenhaus, denn ich helfe gern Menschen.
Meine Sprache	

h A5 GR

6 Schreib die Antworten richtig.

a) ▲ Warum möchten Sie bei uns in der Tierarztpraxis ein Praktikum machen?
● Weil ich Tiere sehr gern mag.
(Tiere / Weil / sehr gern mögen / ich)

b) ▲ Warum möchten Sie Ihren Zivildienst im Jugendzentrum machen?
● ______________________
(Weil / finden / ich / die Arbeit / interessant)

c) ▲ Warum möchten Sie als Sekretärin arbeiten?
● ______________________
(können / planen und organisieren / gut / Weil / ich)

d) ▲ Warum möchten Sie ein Volontariat bei MTV machen?
● ______________________
(ich / werden / möchten / Weil / Moderator)

A5 R

7 Verbinde die beiden Sätze mit *weil, deshalb* und *denn*. Ergänze und vergleiche.

Ich kann nicht arbeiten. Ich bin krank.

a) Ich kann nicht arbeiten, weil ich krank bin.
b) ______________ denn ______________
c) ______________ deshalb ______________

A5 R

8 Der erste Tag vom Praktikum: Ergänze *weil, deshalb* oder *denn*.

▲ Heute habe ich mit dem Praktikum angefangen. Leider hat der erste Tag überhaupt keinen Spaß gemacht.

● Aber warum denn? Was ist passiert?

▲ Zuerst gab es Stress, a) denn ich bin nicht ganz pünktlich gekommen. Dann habe ich eine Stunde gewartet, b) __________ die Sekretärin so lange mit ihrer Freundin telefoniert hat. Später habe ich am Computer Adressen abgeschrieben. Ich bin eigentlich ziemlich schnell, c) __________ ich habe in der Schule einen Schreibkurs gemacht. Aber die Sekretärin war nicht zufrieden mit mir. Sie hat gesagt, ich muss morgen alles korrigieren, d) __________ ich zu viele Fehler gemacht habe. Ich kann dir sagen, der erste Tag war furchtbar, e) __________ habe ich eigentlich jetzt schon keine Lust mehr auf dieses Praktikum.

nach A5 GR

9 Berufe: Ergänze und vergleiche.

Englisch	Deutsch	Meine Sprache
mechanic (m/f)	a) der M e c h a n i k e r die _ _ _ _ _ _ _ _ _ _ _ _ _ _ _	
baker (m/f)	b) der _ _ _ _ _ _ _ die _ _ _ _ _ _ _ _ _ _	
politician (m/f)	c) der _ _ _ _ _ _ _ _ _ _ _ _ die _ _ _ _ _ _ _ _ _ _ _ _ _ _	
policeman / policewoman	d) der _ _ _ _ _ _ _ _ _ _ die _ _ _ _ _ _ _ _ _ _ _ _ _	

nach A7 GR

10 Traumberufe? Schreib die Sätze richtig.

Forum

Thema: **Traumberuf**	
Luisa 20. Okt. 10:13 Uhr	Hallo, ich bin Luisa. Ich bin 14 Jahre alt. Mein Traumberuf ist Friseurin, denn a) ____. *(Mode und Frisuren / für mich total wichtig / sein).* Was möchtest du werden oder vielleicht arbeitest du schon in deinem Traumberuf?
Felix 20. Okt. 11:55 Uhr	Ich möchte Handwerker werden, denn b) ____. *(gern mit den Händen / arbeiten / ich)*
Sabine 20. Okt. 13:44 Uhr	Also, ich möchte mal Journalistin werden, weil c) ____. *(Reportagen / ich / gern schreiben)*
Malte 21. Okt. 22:45 Uhr	Also, ich erfinde gern neue Kuchenrezepte, deshalb d) ____. *(werden / möchten / ich / Bäcker)*

nach A7 K

11 Jobsuche: Ordne zu und ergänze.

gehe ich ja sonst auch oft ins Café • ist interessant • ist besonders wichtig • finde ich trotzdem nicht so toll • ist bestimmt ~~sehr~~ anstrengend

Supermarkt sucht für Samstagvormittag
Schüler, Studenten und Hausfrauen.
Ihre Aufgabe: Regale einräumen
Bezahlung: 8€/Stunde

Wir brauchen Hilfe in unserem Café!
Sind Sie Schüler oder Student?
Haben Sie zwei Abende pro Woche (Freitag- und Samstagabend) Zeit?
Bezahlung: 7€/Stunde

▲ Du suchst doch einen Job. Hier ist eine Anzeige von einem Supermarkt. Sie suchen Leute für Samstagvormittag.

● Im Supermarkt? Ich weiß nicht, das a) *ist bestimmt sehr anstrengend*.

▲ Da verdienst du aber acht Euro pro Stunde. Das ist nicht so wenig.

● Ja, aber den Job b) ______________________________.

▲ Sei doch nicht immer so negativ! Schau mal, hier gibt es etwas in einem Café.

● Zeig mal. Das c) ______________________________. Freitag- und Samstagabend, da habe ich Zeit. Da d) ______________________________.

▲ Da musst du aber sicher viel stehen und du verdienst nur sieben Euro die Stunde.

● Stimmt, aber das ist kein Problem und sieben Euro sind auch o.k. Das Geld ist nicht alles. Der Job muss auf jeden Fall ein bisschen Spaß machen. Das e) ______________________________ für mich.

h A7 ch

12 Schreib eine Antwort.

Forum

Thema: **Was willst du einmal werden?**	
Bianca14 Status: Gast 3. Juli 13:55 Uhr	Hallo Leute! Ich möchte euch etwas fragen: Was wollt ihr eigentlich mal werden? Also, ich möchte später als Politikerin arbeiten. Das ist mein Traumberuf, weil ich Politik sehr spannend finde. Ich möchte etwas verändern und als Politiker kann man viel entscheiden. Ich arbeite schon jetzt in der Jugendorganisation „Grüne Jugend" mit. Als Politiker kann man auch ziemlich bekannt werden. Aber das ist nicht so wichtig für mich.

B4

13 Schreib die Berufe richtig.

a) (kaufhomanntel) *Hotelkaufmann*

b) (mannkaufbank) ________________

c) (kenterschweskran) ________________

d) (frausereikauf) ________________

e) (rufsbeterrabe) ________________

B4

14 Ordne zu und ergänze.

Bereich • Arbeitsamt • Technik • Team • ~~Möglichkeiten~~ • Pflanzen

a) ▲ Eigentlich möchte ich das Abitur nicht machen.
● Mit dem Abitur kannst du aber viel mehr machen. Da gibt es viel mehr *Möglichkeiten*.

b) ▲ Ich suche eine neue Arbeit.
● Geh doch mal zum ________________. Vielleicht können sie dir dort helfen.

c) ▲ Arbeitest du gern mit anderen zusammen?
● Ja, ich finde, in einem ________________ kann man sehr kreativ sein.

d) ▲ Interessieren Sie sich für Computer?
● Nein, ________________ interessiert mich nicht so. In dem ________________ möchte ich eigentlich nicht arbeiten.

e) ▲ Ich arbeite gern im Garten. Ich mag ________________.
● Ich auch.

B4

15 Materialien: Ordne zu und ergänze.

Metall • ~~Papier~~ • Holz • Glas

a) Das Magazin ist aus *Papier*.

b) Die Flasche ist aus ________________.

c) Das Auto ist aus ________________.

d) Der Schreibtisch ist aus ________________.

nach B5

16 Ergänze den Imperativ.

?	!
a) Treibst du Sport?	*Treib Sport!!*
b) Denkst du nach?	
c) Nimmst du den Fotoapparat mit?	
d) Bist du aktiv?	
e) Fängst du heute an?	
f) Antwortest du mir?	

?	!
g) Füllt ihr das Formular aus?	*Füllt das Formular aus!*
h) Seid ihr nett?	
i) Kommt ihr morgen vorbei?	
j) Entscheidet ihr?	
k) Kommt ihr herein?	
l) Arbeitet ihr morgen?	

nach B5

17 Der erste Tag im Job: Schreib die Sätze im Imperativ.

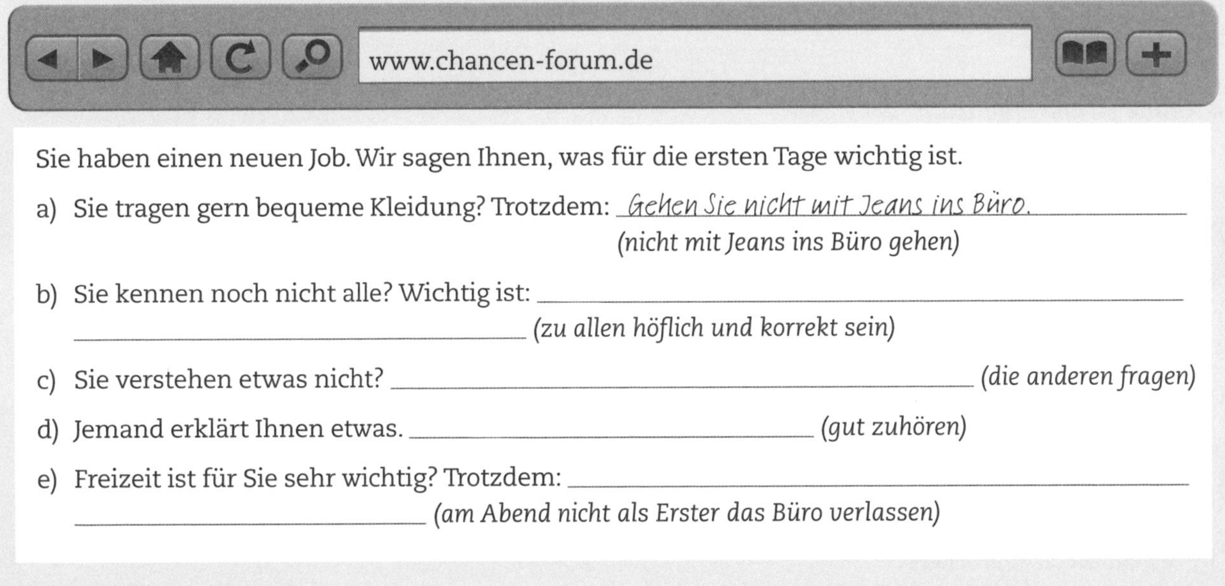

www.chancen-forum.de

Sie haben einen neuen Job. Wir sagen Ihnen, was für die ersten Tage wichtig ist.

a) Sie tragen gern bequeme Kleidung? Trotzdem: *Gehen Sie nicht mit Jeans ins Büro.* *(nicht mit Jeans ins Büro gehen)*

b) Sie kennen noch nicht alle? Wichtig ist: ______ *(zu allen höflich und korrekt sein)*

c) Sie verstehen etwas nicht? ______ *(die anderen fragen)*

d) Jemand erklärt Ihnen etwas. ______ *(gut zuhören)*

e) Freizeit ist für Sie sehr wichtig? Trotzdem: ______ *(am Abend nicht als Erster das Büro verlassen)*

nach B5

18 Schreib Sätze im Imperativ.

a) Ihr seid müde? Dann ______. *(ein bisschen / schlafen / doch)*

b) Guten Tag, Herr Diller. ______. *(Platz / hereinkommen / und / nehmen)*

c) Tschüss, Klara. ______. *(anrufen / mal / morgen / mich)*

d) Du verstehst nichts? Dann ______. *(endlich / doch / lernen / die Vokabeln)*

e) Ihr wollt schon nach Hause fahren? ______. *(vorsichtig / fahren)*

f) Ich habe Sie nicht gut verstanden. ______. *(Namen / bitte / buchstabieren / Ihren)*

g) Holger schläft. Du bist so laut. ______. *(bitte / sein / ruhig / mal)*

B5

19 Zivildienstberatung: Ordne zu und ergänze.

kommen Sie dann noch einmal vorbei • Welche Fremdsprachen sprechen Sie denn • Was kann ich für Sie tun • Darf ich Ihnen ein paar Fragen stellen • ~~kommen Sie doch herein~~ • Was interessiert Sie denn besonders • finde ich spannend • Das ist sehr nett • nehmen Sie Platz • denke noch darüber nach

▲ Guten Tag, Frau Hüller. Ich bin Daniel Benz. Ich habe einen Termin bei Ihnen.
● Guten Tag, Herr Benz, a) *kommen Sie doch herein*. Hier bitte, b) ______________.
▲ Danke.
● c) ______________?
▲ Ich bin bald mit der Berufsschule fertig und möchte dann meinen Zivildienst machen, aber ich habe noch keine Idee. d) ______________?
● Natürlich.
▲ Welche Möglichkeiten gibt es eigentlich?
● Na ja, man kann z. B. im Krankenhaus arbeiten, etwas für die Natur tun oder auch ins Ausland gehen. e) ______________?
▲ Zivildienst im Ausland f) ______________.
● g) ______________?
▲ Na, ja. In der Schule habe ich Englisch und Französisch gelernt.
● Dann können Sie z. B. in Afrika arbeiten und den Menschen dort helfen.
▲ Hmm, ich weiß noch nicht. Ich h) ______________.
● Tun Sie das. Schauen Sie, hier habe ich ein Informationsblatt und Adressen für den Zivildienst im Ausland. Da finden Sie alle Informationen. Lesen Sie das und i) ______________ ______________.
▲ Ah, super. Danke. j) ______________. Auf Wiedersehen.
● Auf Wiedersehen. Alles Gute.

B8

20 Ergänze die Endungen *-lich, -ig* oder *-isch*.

a) chaot*isch*
b) regelmäß______
c) stress______
d) körper______
e) unmög______
f) handwerk______
g) schwier______
h) typ______
i) romant______

B8

21 Beim Berufsberater: Ordne zu und ergänze.

hat mir überhaupt nicht • war sehr nützlich • ~~finde ich sehr gut~~ • finde ich nicht so interessant • verstehe ich eigentlich nicht so viel • bin ich in Kunst und Musik eigentlich auch ganz gut

▲ Arbeiten Sie gern mit anderen zusammen in einem Team?
● Ja, auf jeden Fall, das a) *finde ich sehr gut*.
▲ Wie ist es mit Technik und Mathematik? Interessiert Sie das?
● Davon b) ______________. Ich kann auch nicht so gut rechnen.
▲ Mögen Sie Kunst und Musik?
● Ja, das finde ich sehr spannend und in der Schule c) ______________ ______________.
▲ Mögen Sie Haustiere? Sind Sie gern in der Natur und auch körperlich aktiv?
● Hm, nein, eigentlich nicht. Haustiere d) ______________.
▲ Möchten Sie vielleicht eine Ausbildung als Mechaniker machen?
● Nein, Mechaniker möchte ich auf keinen Fall werden. Denn ich habe in den Ferien mal in einer Werkstatt gearbeitet und der Job e) ______________ gefallen.
...
● Vielen Dank für das Beratungsgespräch. Es f) ______________.
▲ Alles Gute und auf Wiedersehen!

nach B8

WS

22 Markiere, ordne zu und ergänze.

religion|erdkundefahrradphilosophiegeschichtemotorrollerzugsozialkundebus

Verkehrsmittel	Schulfächer
	Religion

AUSSPRACHE

23 Vokalneueinsatz (|) und Konsonantenbindung (‿)

17

a) Hör und sprich nach.

Vokalneueinsatz	eine | E-Mail •	Un | ordnung •	ich | auch •	Kauf | ein!
	Wochen | ende •	sage | euch •	bin | ich •	Ruf | an!
Konsonanten-bindung	mein‿Name •	der‿richtige •	mit‿Tieren •	und‿danach
	kurz‿zeigen •	aus‿Salzburg •	Beruf‿für •	mag‿gern

Vokale oder Diphthonge am Wort- oder Silbenanfang spricht man mit Neueinsatz: eine | E-Mail, ich | auch.

Gleiche Konsonanten an Wortgrenzen spricht man fast wie einen Konsonanten aus: mein‿Name, kurz‿zeigen.

18

b) Vokalneueinsatz oder Bindung? Hör und markiere | oder ‿.

1 beantworten
2 genug Geld
3 hat es
4 am Mittwoch
5 Räum auf!
6 bin nicht
7 der Ring
8 hatte eigentlich
9 ist interessant
10 Spül ab!
11 der Chef findet
12 Schokoladeneis

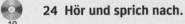

19

24 Hör und sprich nach.

1 ▲ Warum kommst du nicht mit ins Schwimmbad?
● Weil ich keine Zeit habe.

2 ▲ Möchten Sie nach der Schule ein Jahr ins Ausland gehen?
● Ich weiß nicht. Ich denke noch darüber nach.

3 ▲ Möchten Sie vielleicht gern im Büro arbeiten?
● Nein, auf keinen Fall.

SELBSTKONTROLLE

1 Was macht man in diesen Berufen? Notiere zwei Aktivitäten für jeden Beruf.

Journalist	Krankenpfleger	Architekt
Interviews machen,		

2 Welche Berufe kennst du noch? Notiere mindestens sechs Berufe.

Reiseleiter

3 Bei der Berufsberatung: Notiere Sätze.

Welche Fragen stellt der Berater?	Was sagt der Berater noch?
Arbeiten Sie gern im Team?	*Kommen Sie herein.*

4 Was ist richtig? Kreuze an.

a) ▲ Warum willst du Künstler werden?
● Weil ________.
☐ ich habe schon als Kind gern gemalt
☐ habe ich schon als Kind gern gemalt
☐ ich schon als Kind gern gemalt habe

b) ▲ Warum willst du denn nicht Krankenpfleger bleiben?
● ________ der Beruf einfach zu stressig ist.
☐ Denn ☐ Weil ☐ Deshalb

c) ▲ Warum möchtest du denn in die Politik gehen?
● Ich möchte die Welt verändern, ________ möchte ich Politiker werden.
☐ weil ☐ deshalb ☐ denn

d) ▲ Brauchen Sie noch etwas von mir?
● Ja, ________ bitte Ihre Zeugnisse.
☐ schicken Sie ☐ schicken ☐ schickt

e) ▲ Haben Sie morgen Zeit für ein Gespräch?
● Ja, ________, so um 10.00 Uhr.
☐ kommen Sie vorbei
☐ vorbeikommen Sie
☐ kommen vorbei

f) ▲ Entschuldigen Sie, wohnt hier Familie Becker?
● Ja, aber ________ vorsichtig. Familie Becker hat einen großen Hund.
☐ sein ☐ seien Sie ☐ sind Sie

5 Beim Berufsberater: Ordne zu und ergänze.

finde ich • interessiert mich • bin ich ganz gut • mache ich das nicht so gern • macht mir

▲ Was interessiert Sie denn besonders?
● Technik a) ________________ interessant, besonders Computer. Ein bisschen am PC basteln, das b) ________________ Spaß.
▲ Na, dann gibt es sicher im Technik-Bereich ein paar Möglichkeiten für Sie. Ich finde, Computer-Techniker passt gut zu Ihnen.
● Oh ja, dieser Beruf c) ________________ sehr.
▲ Arbeiten Sie eigentlich gern mit Menschen zusammen?
● Eigentlich d) ________________.
▲ Können Sie eigentlich Fremdsprachen?
● Ja, in Englisch und Französisch e) ________________.

HÖREN

Vor dem Hören

1 a) Schau das Bild an und lies den Titel der Radioreportage. Worum geht es in der Reportage?

b) Was glaubst du? Welche Fragen stellt der Reporter? Notiere drei bis vier Fragen.

____

____

____

____

____

____

Radio deutsch com

JETZT IM PROGRAMM:

⇨ Traumjob: Schäferin

Bilde Hypothesen und stell Fragen. Was kommt im Hörtext?

20

Hören 1

2 Beantworte die Fragen.

a) Wie viele Personen sprechen? ______________

b) Wo findet das Interview statt? ______________

Beim 1. Hören: Konzentriere dich auf die Fragen: Wer spricht? Was passiert? Wo?

Vor dem 2. Hören: Lies zuerst die Aufgaben.

20

Hören 2

3 Was ist richtig? Kreuze an.

1 Linda
[a] macht eine Ausbildung zur Schäferin.
[b] studiert an der Uni im 6. Semester.

2 Linda findet den Beruf Schäferin interessant, weil sie
[a] gern in der Natur ist und die Arbeit mit Tieren sehr mag.
[b] zu Hause drei Schafe hat.

3 Die Schäfer verdienen heute ihr Geld
[a] mit dem Fleisch und der Wolle.
[b] nur mit dem Fleisch.

4 Herr Wegener sagt, dass der Beruf für eine Frau
[a] nicht so einfach ist.
[b] ganz leicht ist.

5 Als Lehrerin hat Linda
[a] einen sicheren Job.
[b] keine Zeit für sich.

6 Für den Beruf Schäferin
[a] findet man leicht eine Ausbildungsstelle.
[b] dauert die Ausbildung 3 Jahre.

7 Linda
[a] weiß schon, sie will Schäferin werden.
[b] braucht noch Zeit für die Entscheidung.

SPRECHEN

Fragen stellen und beantworten

Vor dem Sprechen

1 Arbeitet zu zweit. Schreibt drei verschiedene Fragewörter zu jedem Thema auf Kärtchen – wie im Beispiel zum Thema Berufe.

☒ Berufe ☐ Schule ☐ (Fremd)Sprachen

Beispiel:

Thema: Berufe	Thema: Berufe	Thema: Berufe
Was ...?	Mit wem ...?	Wann ...?

Die Fragewörter beginnen mit „W-“: Was? Wohin? Warum? Welcher, -e, -es? ...

Sprechen

2 Mischt die Kärtchen und zieht. Bildet eine Frage zum Thema. Nehmt eure Fragen und Antworten auf.

Thema: Berufe

Was ...?

Beispiel: *Was ist dein Traumjob?*

Achte auf das Thema! Du musst deine Frage mit dem Thema verbinden!

3 Antwortet auf die Frage von eurem Partner/eurer Partnerin.

Beispiel: *Astronautin.*

Hast du etwas nicht verstanden? Frag nach!
Diese Sätze helfen:
– Entschuldigung, wie bitte?
– Kannst du das bitte noch einmal sagen?
– Kannst du bitte langsamer/lauter sprechen?

Nach dem Sprechen

4 Hört die Aufnahme und kontrolliert. Diese Punkte helfen:

Verb → Position 2?
Verb → Endung richtig?
Verb → trennbar oder untrennbar?
trennbares Verb → Präfix richtig?
Modalverb + Infinitiv richtig?
Präposition richtig?
Kasus richtig?

Überleg dir in Prüfungen: Sind deine Fragen/Antworten korrekt?
Achte auf Präpositionen, trennbare bzw. untrennbare Verben usw.

Meine Strategien beim Hören und Sprechen: ______________________________

____

PROJEKT

Poster: Traumjobs vorstellen

1 Bildet Jungen- bzw. Mädchengruppen: max. 4 Schüler/Schülerinnen pro Gruppe.

Findet in der Gruppe heraus:
Wer hat welchen Traumjob?
Recherchiert im Internet oder in Zeitschriften und sammelt Informationen und Fotos.

2 a) Schreibt kleine Texte zu euren Traumjobs. Beachtet folgende Punkte:

- ★ Was brauchst du für den Beruf?
- ★ Wie lange ist die Ausbildung?
- ★ Was sind die Aufgaben?
- ★ Wo arbeitet man?
- ★ Was ist gut?
- ★ Was ist nicht so gut?

b) Welchen Wortschatz / Welche Grammatik braucht ihr für a)? Wiederholt.

Wortschatz:

den Beruf/die Arbeit beschreiben:	Adjektive	→ *interessant, spannend, anstrengend, …*
die Person beschreiben:	Adjektive auf *-ig, -lich, -isch*	→ *witzig, höflich, chaotisch, …*

Grammatik:

Notwendigkeit ausdrücken:	Modalverb *müssen*	→ *Ein Arzt muss … Jahre studieren.*
		→ *Für den Beruf … muss man … sein.*
Möglichkeit ausdrücken:	Modalverb *können*	→ *Ein Schriftsteller kann zu Hause arbeiten.*
		→ *Als … kann man viel Geld verdienen.*
Verbot ausdrücken:	Modalverb *dürfen*	→ *Ein … darf (nicht) …*
einen Rat wiedergeben	Modalverb *sollen*	→ *Ein … soll …*
Begründen:	Nebensatz mit *weil*	→ *Als … muss man …, weil …*
	Nebensatz mit *denn*	→ *Ein Polizist …, denn er ist …*

3 Macht ein Poster mit den Texten und den Fotos.

4 Stellt eure Poster in der Klasse vor. Überlegt euch etwas Witziges für eure Präsentation: Kleidung, Musik, Fotos etc.

In unserer Gruppe gibt es diese Traumjobs: …
Zuerst sprechen wir über Anjas Traumjob: …
Man braucht für diesen Beruf …
Anja mag diesen Beruf, weil …
Anja findet … sehr spannend, weil …
Der Beruf … ist wichtig / interessant / anstrengend, weil …

DAS KANN ICH JETZT!

		Ja 🙂	Es geht 😐	Nein 🙁
Ich kann um einen Rat bitten und einen Rat wiedergeben:	*Was ______ ich machen?* *Peter sagt, ich ________ Wortfamilien bilden.* *So kann ich besser lernen.*	☐	☐	☐
Ich kann gute Wünsche ausdrücken:	*Ich ______________________________.* *Ich wünsche dir ________________.* */______________. / ______________.*	☐	☐	☐
Ich kann etwas begründen:	*Ich lerne Deutsch, ________ ich möchte …* *Ich lerne Deutsch, weil ich ______________________________.* *Ich möchte in Deutschland studieren, _________ lerne ich Deutsch.*	☐	☐	☐
Ich kann nachfragen, ob man mich versteht:	*___________ ______, was ich meine?*	☐	☐	☐
Ich kann etwas benennen / identifizieren:	*Auf Englisch ______________ _________ „goodbye".*	☐	☐	☐
Ich kann um Erläuterung bitten:	*Was _______________ das?* *Wie ____________ du ______?*	☐	☐	☐
Ich kann sagen, dass ich ein Wort nicht kenne oder vergessen habe:	*Was ist das deutsche Wort _______ …?* *Ich _________ das Wort nicht mehr.*	☐	☐	☐
Ich kann eine Situation erklären:	*Mario steht immer zu spät auf, ___________ kommt er in der Schule pünktlich an.*	☐	☐	☐
Ich kann Ärger ausdrücken:	*So, jetzt _____ _____ _____ ________!*	☐	☐	☐
Ich kann Hilfe anbieten / ablehnen:	▲ *______ ich dir _________?* ● *Nein ________, ich ______________________________.*	☐	☐	☐
Ich kann Zufriedenheit ausdrücken / nachfragen:	*Ich bin _____________ ______ dir.* *Sind Sie jetzt ____________ ______ mir?*	☐	☐	☐
Ich kann etwas benennen / identifizieren:	*Mein Vater ist Lehrer ______ ___________.* *__________ Interessen haben Sie?*	☐	☐	☐
Ich kann etwas verneinen:	*Ich möchte ____________________ mit Menschen arbeiten.*	☐	☐	☐
Ich kann Gefallen / Missfallen ausdrücken:	*Das Lied __________ ich gut!* *Die Aufgabe ________ schwierig!*	☐	☐	☐
Ich kann Grade ausdrücken:	*Das ist ______ interessant.* 🙂 🙂 🙂 *Das ist ________ _____ interessant.* 😐 *Das ist _____ _______ interessant.* 🙁 🙁	☐	☐	☐
Ich kann Wichtigkeit ausdrücken:	*Das ist _____ /___________ wichtig!!!!* *Das ist ___________ _______ wichtig.* 🙁	☐	☐	☐
Ich kann jemanden auffordern:	*____________________!* *____________________!*	☐	☐	☐
Ich kann Höflichkeit ausdrücken:	*________ ich ____________ etwas fragen?*	☐	☐	☐
Ich kann Interesse / Desinteresse ausdrücken:	*Sport _____________ ______ ______!* 🙂 🙂 *Chemie _____________ _____ _______.* 🙁	☐	☐	☐
Ich kann Zögern ausdrücken:	*Ich __________ ________.* *Ich ________ noch darüber ________.*	☐	☐	☐

25 Medien

nach A3 WS

1 Medien: Ordne zu und ergänze die Verben.

nutzen • spielen • antworten • ~~schicken~~

a) E-Mails *schicken* ______

b) auf eine SMS ______

c) am Computer ______

d) Medien ______

nach A3 WS

2 Ordne zu.

1 Rechnungen
2 einen Termin mit
3 andere Aktivitäten für
4 etwas aus
5 mit einem virtuellen Freund
6 eine große Gefahr für
7 einen Plan für

a) chatten
b) den Medien erfahren
c) die Gesundheit sein
d) die Freizeit finden
e) nicht mehr bezahlen können
f) die Zeit am Computer machen
g) einem Psychologen ausmachen

nach A3 GR

3 Ordne zu und ergänze die Modalverben in der richtigen Form.

wollen • können (~~2x~~) • sollen • dürfen • müssen

a) ▲ *Kannst* ______ du mit deinem Handy nicht ins Internet gehen?
● Doch natürlich, aber es ist ziemlich teuer.

b) ▲ Ich habe ein neues Computerprogramm, das ______ ihr unbedingt ausprobieren!
● Oh ja, gern.

c) ▲ Warum hast du denn eine Extra-Aufgabe bekommen? Hast du im Unterricht gestört?
● Nein, ich habe in der Mathestunde eine SMS geschrieben und das ______ man im Unterricht natürlich nicht.

d) ▲ Wie ist denn der neue Terminator-Film?
● Ich weiß nicht, aber Felix hat er nicht gefallen. Er hat gesagt, ich ______ ihn lieber nicht anschauen.

e) ▲ Ah, Paul, die Fotos möchte ich auch gern haben.
● Kein Problem, ich ______ sie dir per E-Mail schicken.

f) ▲ Kommen John und Daniel auch mit in die Kneipe?
● Nein, sie haben keine Lust, sie ______ lieber Computer spielen.

nach A4 GR

4 Was ist richtig? Markiere.

a) ▲ Warum *musste / musstest / mussten* Sie denn gestern so früh weg?
● Ich hatte einen Termin.

b) ▲ Als Kind *durftet / durften / durfte* ich nie am Computer spielen.
● Aber jetzt spielst du ziemlich viel.

c) ▲ Warum hast du mich nicht angerufen?
● Ich *wollte / wolltet / wollten* dich anrufen. Aber ich *konntet / konnte / konntest* nicht, weil mein Telefon kaputt war.

d) ▲ *Wolltet / Wolltest / Wollte* ihr gestern nicht ins Kino gehen?
● Ja, aber leider *musstet / musste / mussten* wir zu Hause bleiben, weil Tom krank war.

e) ▲ *Konntet / Konnte / Konnten* Anne am Wochenende deinen Computer reparieren?
● Sie hat es probiert. Aber sie *konnten / konntet / konnte* den Fehler auch nicht finden.

f) ▲ *Musstest / Musste / Mussten* du bei deinem Praktikum viel am Computer arbeiten?
● Ja, aber ich *durftet / durften / durfte* nicht im Internet surfen.

A5 **5 Computerspiele: Welches Modalverb passt? Ergänze das Modalverb im Präteritum.**

Chat

Lu19: Ich glaube, ich kann nicht ohne Computerspiele leben. :(

Cat88: Das Problem kenne ich sehr gut. Ich hatte das die letzten zwei Jahre auch. Ich a) wollte *(wollen / müssen / dürfen)* eigentlich nur noch am Computer sitzen und spielen. Manchmal b) ________ *(dürfen / können / müssen)* ich nicht einmal mehr Tag und Nacht unterscheiden, weil ich zu lange gespielt habe. Termine habe ich meistens vergessen. Meine Freunde c) ________ *(wollen / dürfen / müssen)* in dieser Zeit oft auf mich warten.

Lu19: Ja genau, so ist das bei mir auch. Und was hast du gemacht?

Cat88: Na ja, ich war ja glücklich so, aber meine Eltern natürlich nicht. Ich d) ________ *(müssen / dürfen / wollen)* dann nur noch eine Stunde pro Tag spielen. Das war ziemlich schlimm für mich.

Lu 19: Ich habe auch Ärger mit den Eltern!

Cat88: Und weißt du was, meine Eltern e) ________ *(können / dürfen / wollen)* mich sogar zu einem Psychologen schicken! Da war mir klar, ich f) ________ *(müssen / dürfen / wollen)* dringend etwas ändern.

A5 **6 Das erste Handy: Ergänze *können, wollen* oder *müssen* im Präteritum.**

Der Ingenieur Martin Cooper hatte eine Idee: Er a) ________ ein Telefon für unterwegs erfinden. Das war aber nicht so leicht und Cooper b) ________ mehrere Jahre an diesem Traum arbeiten. Das Ergebnis sieht man auf dem Foto: das DynaTAC 8000X. Es war das erste Handy. Ab 1983 c) ________ man es kaufen. Mit diesem Handy d) ________ man maximal eine halbe Stunde telefonieren. Das DynaTAC 8000X war mit seinen 800 Gramm ziemlich schwer und es war auch ziemlich teuer. Man e) ________ für dieses Handy 4000 Dollar bezahlen, trotzdem hat man im ersten Jahr schon 300000 DynaTAC 8000X verkauft, denn viele Leute f) ________ dieses Handy haben.

A6 **7 Ergänze und vergleiche.**

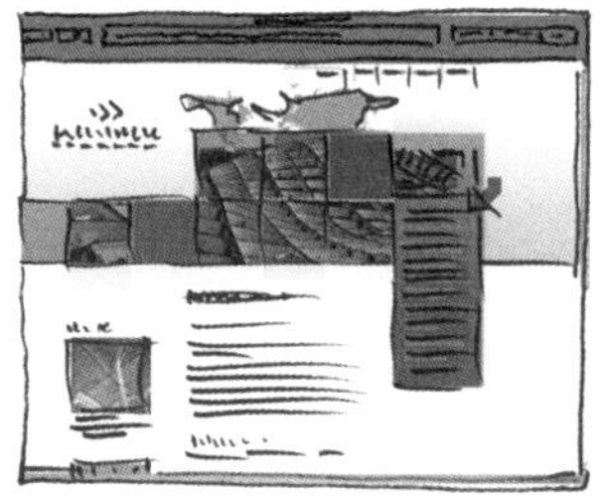

a) der Computer (engl: computer) ________

b) _ _ _ _ _ _ _ _ _ _ _ _ (engl: website) ________

c) _ _ _ _ _ _ _ _ _ (engl: forum) ________

d) _ _ _ _ _ _ _ _ _ _ _ (engl: internet) ________

A6 **8 Ordne zu und ergänze.**

a) Ich rufe meine Freundin vielleicht fünfmal am Tag mit dem Handy an.

b) Peter sitzt ungefähr 5 Stunden am Tag ______ dem Fernseher.

c) Meine Freundin Lisa surft ungefähr 3 Stunden pro Tag ______ Internet.

d) Leo verbringt täglich ungefähr 6 Stunden ______ Computer.

nach A6 WS

9 Medien: Schreib die Verben richtig.

a) Filme _anschauen_ __________ (schauanen)
b) beim Chatten __________ (tenflir)
c) nach Informationen __________ (chensu)
d) ein Computerspiel __________ (grampromieren)
e) in einem Forum __________ (kurendistie)
f) mit einem Brieffreund Informationen __________ (schentauaus)
g) die Freunde per SMS __________ (forreninmie)
h) viel Zeit am Computer __________ (brinvergen)
i) Musik __________ (renhö)
j) Fremdsprachen __________ (nenler)
k) SMS __________ (enschick)

nach A6 K

10 Schreib einen Dialog nach der Grafik.

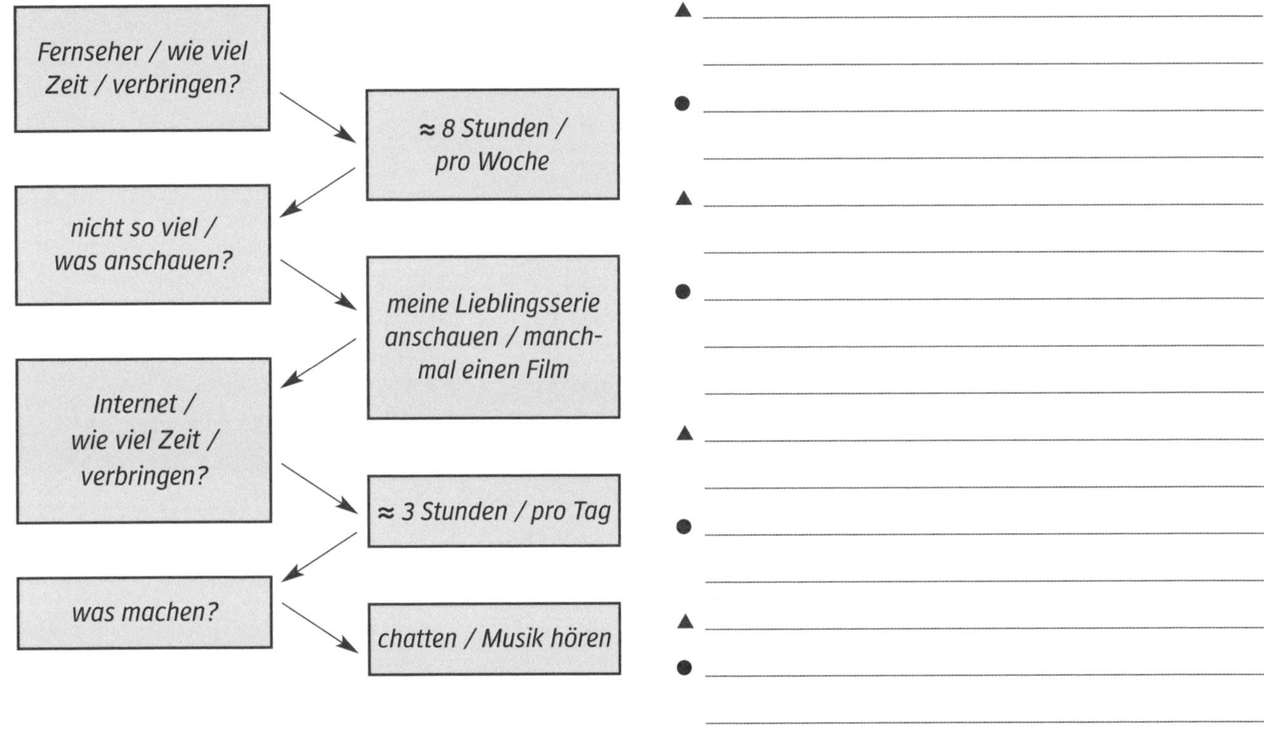

nach A7

11 Ergänze.

Sind Computerspiele gefährlich? Was denken die Personen?

a) ▲ Computerspiele sind s _e_ _h_ r gefährlich.
b) ● Ich denke auch, sie sind g _ n _ gefährlich.

c) ▲ Computerspiele sind v _ _ _ z _ gefährlich für die jungen Leute.
d) ● Das stimmt. Die Spiele sind w _ _ k _ _ _ _ gefährlich.

e) ● Nein, Computerspiele sind doch nicht _ _ gefährlich.
f) ▲ Ach was, sie sind ü _ _ _ h _ u _ t n _ c _ t gefährlich.

A7

12 Schreib eine Antwort und gib Ratschläge. Die Stichwörter unten helfen.

Neue E-Mail
Senden Chat Anhang Adressen Schriften Farben Als Entwurf sichern

Hallo Miriam,

wie geht's Dir?

Mir geht es leider nicht gut. ☹ Ich bin sehr traurig. Ich habe Dir doch von meinem Freund erzählt. Du weißt doch, ich war wahnsinnig verliebt in ihn. Wir haben uns täglich viele SMS geschrieben, aber er wollte mich nie treffen. Und weißt Du, warum? Dieser Freund war nur virtuell! Das habe ich aber erst sehr spät herausgefunden. Zu spät, denn jetzt habe ich eine Handy-Rechnung von 250 € und meine Eltern sind auch noch total sauer. Deshalb soll ich mit dem SMS-Schreiben aufhören. Das musste ich meiner Mutter versprechen.

...

Du traurig sein • weil Dein Freund nur virtuell sein • ich gut verstehen können • ihn vergessen müssen • das wichtig sein • ich nächstes Wochenende ins Kino gehen • Du mitgehen wollen? • vielleicht dann nicht immer an ihn denken müssen • nächstes Mal bei Freunden aus dem Internet vorsichtig sein! • nicht so viele SMS schreiben! • das teuer sein • hoffentlich Dir bald wieder gut gehen

Neue E-Mail
Senden Chat Anhang Adressen Schriften Farben Als Entwurf sichern

Hallo Petra,

Du bist traurig, weil ...

Mach's gut. Bis bald

Miriam

B2

13 Interview: Ordne zu und ergänze.

Inhalt • Meinung • Bilder • Schülerzeitung • Überschrift • Titel • Redakteure • Titelseite • Artikel

▲ Daniel, du schreibst und fotografierst für die a) *Schülerzeitung* von deiner Schule. Wie heißt denn die Zeitung überhaupt?
● „Fragezeichen".
▲ Oh, das ist ein interessanter b) ______. Wie viele Leute arbeiten bei euch eigentlich mit?
● Wir sind acht c) ______. Bis vor Kurzem hat uns auch noch ein Deutschlehrer geholfen.
▲ Ich habe ein paar d) ______ aus dem „Fragezeichen" gelesen, die Texte waren wirklich interessant. Wie arbeitet ihr eigentlich?
● Wir diskutieren immer im Team über den e) ______ von der Zeitung. Die Texte im „Fragezeichen" sollen informieren. Bei uns darf man aber auch kritisch sein und seine f) ______ schreiben.
▲ Was ist denn wichtig für eine gute Schülerzeitung?
● Also die g) ______ ist total wichtig. Die sieht man ja zuerst. Wichtig finde ich aber auch die h) ______ von einem Text. Ist sie langweilig, dann lesen die meisten gar nicht erst weiter. Natürlich soll es nicht nur Text geben, wir suchen für das „Fragezeichen" auch immer tolle i) ______.

B3

14 Was passt? Kreuze an.

Ein Jugendmagazin von 1956

Hamburg – Der 26. August 1956 war ein wichtiger Tag für die Jugendkultur in Deutschland. Denn an diesem Tag konnte man zum ersten Mal die „Bravo" kaufen. „Bravo" ist eine a) ☒ Zeitschrift ☐ Zeitung nur für Jugendliche. Bis heute hat „Bravo" großen b) ☐ Inhalt ☐ Erfolg. Jugendliche mögen „Bravo", denn die Redakteure schreiben über Stars wie zum Beispiel Tokio Hotel und sie geben Ratschläge für das Leben. Einmal im Jahr findet der „Bravo Otto Award" statt. Das ist c) ☐ ein Wettbewerb ☐ eine Rolle: Die Lieblingsstars der „Bravo"-Leser bekommen in einer großen Fernsehshow einen d) ☐ Moderator ☐ Preis. Zu dieser Show lädt die „Bravo" immer viele deutsche Promis als e) ☐ Gäste ☐ Redakteure ein.

nach B4

15 Bei der Schülerzeitung: Ordne zu.

1	aktuelle Informationen aus dem Internet	a)	informieren
2	Kontakt mit Leuten	b)	sammeln
3	für Montag ein Treffen	c)	vorschlagen
4	mit anderen aus der Redaktion im Team	d)	kontrollieren
5	die Mitschüler über Kulturveranstaltungen	e)	aufnehmen
6	alle Artikel am Ende noch einmal	f)	zusammenarbeiten

nach B5

16 Die Schulwebseite: Ordne zu und ergänze.

macht uns einfach total viel Spaß • Man muss kreativ sein und Ideen mitbringen • für die Einladung • Vielleicht kannst du • arbeiten alle zusammen • Die Koordination ist • ~~mein Name ist Ben und ich bin~~ • ich schlage vor

▲ Hallo, a) *mein Name ist Ben und ich bin* von der Schülerzeitung „Forum“. Seid ihr Claudia und Robert von der AG Schulwebseite?

● Ja, hallo. Ach ja, du hast uns eine E-Mail geschrieben, weil du mehr über unsere AG wissen willst, oder?

▲ Ja genau. Darf ich euch ein paar Fragen stellen?

◆ Ja, klar. Wir sind bereit.

▲ Also, ihr macht die Webseite von unserer Schule und habt vor Kurzem sogar einen Preis bekommen. Die Webseite macht doch sicher sehr viel Arbeit. Wie schafft ihr das neben der Schule?

● Na ja, die Webseite macht ja nicht eine Person alleine. Unsere Redaktion ist ein großes Team und wir b) ________________. Jeder hat seine Aufgaben.

▲ c) ________________ bei euch also sehr wichtig, oder?

◆ Ja klar! Aber das ist nicht alles. Unsere Redaktionstreffen sind immer sehr lustig und unsere Arbeit d) ________________.

▲ Kann ich da auch mitmachen? Geht das? Was muss man können?

◆ Ja, natürlich geht das. e) ________________. Natürlich muss man auch etwas von Technik und Computern verstehen. Weißt du was, f) ________________, du kommst einfach mal vorbei und schaust dir alles an. g) ________________ gleich zu unserem nächsten Redaktionstreffen am Mittwoch kommen?

▲ Ja gerne. Danke h) ________________.

nach B5

17 Probleme: Ergänze *mein(e), dein(e), sein(e)* oder *ihr(e)*.

a) Jan ist sauer, denn er hat *sein* Handy verloren.

b) Sandra kann nicht im Internet surfen, weil ________ Computer kaputt ist.

c) Was, du musst 150 Euro bezahlen? Ist ________ Handyrechnung immer so hoch?

d) Ich habe auf dem Computer einen Artikel für die Schülerzeitung geschrieben, aber jetzt ist ________ Text plötzlich weg.

e) Julia, ________ Freund hat angerufen. Er kann heute nicht zu dir kommen.

f) Hey, das ist ________ Zeitung, die kannst du nicht einfach mitnehmen. Die will ich jetzt selbst lesen.

g) Heike möchte Schriftstellerin werden, aber niemand liest ________ Texte.

h) Philip will ein Fußballspiel im Fernsehen sehen, aber ________ Schwester möchte lieber einen Film sehen.

B5 R

18 Ordne zu und ergänze.

~~ihre~~ • Ihre • eure • unsere

a)
Die Jungs können nicht ohne *ihre* Handys leben.
b)
Lars und Bettina, warum habt ihr _______ Bücher nicht mitgebracht?
c)
Herr Müller, das ist _______ Rechnung.
d)
Wir können doch __________ Fotos austauschen.

B5 R

19 Praktikum bei einer Zeitung: Was ist richtig? Markiere.

Juliana und Andy machen gerade ein Praktikum bei einer Neustädter Zeitung. Wir haben sie besucht.

▲ Macht euch a) *unser* / *<u>euer</u>* / *ihr* Praktikum Spaß?
● Ja, ich finde, es ist wirklich interessant.
◆ Mir gefällt es auch sehr gut.
▲ Was sind denn b) *unsere* / *eure* / *ihre* Aufgaben?
● Wir müssen Informationen sammeln, mit Leuten Kontakt aufnehmen, Termine ausmachen und Texte schreiben.
▲ Ihr dürft selbst Texte schreiben?
◆ Ja, gestern war c) *unser* / *euer* / *Ihr* erster Artikel in der Zeitung. Natürlich kontrollieren die Redakteure d) *eure* / *seine* / *unsere* Texte, erst dann kommen sie in die Zeitung.
▲ Herr Müller, Sie sind Redakteur bei der Neustädter Zeitung und helfen den beiden. Wie finden Sie e) *Ihre* / *ihre* / *seine* Praktikanten?
■ Ich bin sehr zufrieden mit Juliana und Andy. Denn sie machen f) *ihre* / *seine* / *Ihre* Arbeit ziemlich gut.

B5 R

20 Ergänze die Possessivartikel.

a) ▲ Was habt ihr denn so lange in der Schule gemacht?
● Wir mussten ____________ Artikel (Pl) für die Schülerzeitung noch fertig schreiben.

b) ▲ Vergessen Sie ____________ Brille nicht, Herr Heller.
● Oh ja, danke.

c) ▲ Kommen Peter und Felix auch mit?
● Ja, sie sind nur schnell nach Hause gegangen und holen ____________ Fahrräder.

d) ▲ Christoph und Luis, wartet mal. Sind das nicht ____________ Jacken?
● Nein, die gehören uns nicht.

e) ▲ Gehört euch die Katze da auf der Straße?
● Nein, ____________ Katze ist doch schwarz und nicht so klein.

f) ▲ Frau Heuer, kommt ____________ Mann auch zum Schulfest?
● Ich glaube schon.

g) ▲ Habt ihr ____________ Taschengeld schon bekommen?
● Nein, wir bekommen es erst morgen.

h) ▲ Hast du schon die Fotos von Annika und Lilly gesehen? Die sind echt toll.
● Nein, noch nicht, aber ich finde ____________ Fotos fast immer super.

nach B7

21 Ordne zu.

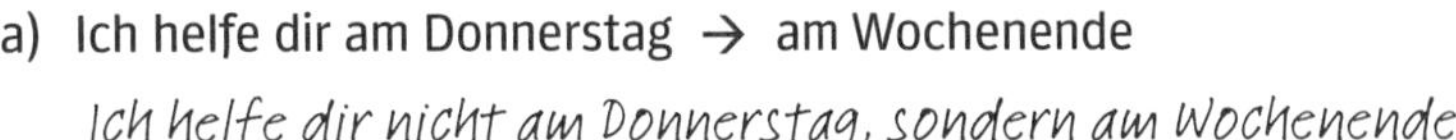

1 Mein Computer war leider nicht billig,
2 Unsere Schülerzeitung sollen nicht die Lehrer,
3 Ich schreibe keine E-Mails,
4 Dieses Computerspiel macht nicht dumm,

a) sondern die Schüler lesen.
b) sondern man lernt sehr viel.
c) sondern ziemlich teuer.
d) sondern SMS.

nach B7 GR

22 Verbinde mit *nicht … sondern*. Der erste Satzteil stimmt nicht.

a) Ich helfe dir am Donnerstag → am Wochenende

Ich helfe dir nicht am Donnerstag, sondern am Wochenende.

b) Über Sport schreiben die Jungs in unserer Redaktion → die Mädchen

____

c) Ich mache gern Interviews → ich fotografiere lieber

____

d) Die Koordination machen wir allein → unser Lehrer hilft uns

____

AUSSPRACHE

23 Konsonanten j, g

21

a) Hör und sprich nach.

j, g (Wörter aus dem Deutschen) Jacke • jemand • Gefahr • Ärger

g, j (Wörter aus dem Französischen) Ingenieur • Genie • Etage • Jury

j, g (Wörter aus dem Englischen) Job • Jazz • Jeans • Manager

Auf Deutsch spricht man *j* wie in *J*acke und *g* wie in *G*efahr.

Wörter aus dem Französischen mit *g* oder *j* spricht man wie in In*g*enieur.

Wörter aus dem Englischen mit *g* oder *j* spricht man wie in *J*ob.

22

b) Was hörst du? Kreuze an.

		j *(Jacke)*	g/j *(Ingenieur)*	j/g *(Job)*			j *(Jacke)*	g/j *(Ingenieur)*	j/g *(Job)*
1	Reportage				5	orange			
2	jobben				6	jetzt			
3	jung				7	joggen			
4	Journalist				8	Jahr			

23

24 Hör und sprich nach.

1 ▲ Wie viel Zeit verbringst du am Computer?
● Ungefähr dreißig Minuten am Tag, nicht länger.

2 ▲ Mein Freund spielt so oft am Computer. Ich bin total sauer!
● Das kann ich sehr gut verstehen!

3 ▲ Darf ich auch mitspielen?
● Klar! Du musst nur kurz warten.

SELBSTKONTROLLE

1 Medien: Notiere jeweils drei Beispiele.

So kann man Medien nutzen:
am Computer spielen

Diese Gefahren gibt es:
keine Freunde mehr haben

Das kann man bei Problemen mit Medien tun:

2 Was macht man in der Redaktion von einer Schülerzeitung? Notiere drei Beispiele.

mit anderen aus der Redaktion zusammenarbeiten,

3 Diese Medien nutze ich im Alltag: ____________________

Und das mache ich gern mit diesen Medien: ____________________

4 Was ist richtig? Kreuze an.

a) ▲ Hat dir der Psychologe geholfen?
● Ach nein. Er __________ mir auch keinen Ratschlag geben.
☐ konntet ☐ konntest ☐ konnte

b) ▲ Warum bist du denn am Montag nicht gekommen?
● Ich hatte keine Zeit. Ich __________ für die Klassenarbeit lernen.
☐ musste ☐ müsst ☐ muss

c) ▲ Warum hast du nicht auf meine SMS geantwortet?
● Entschuldige, ich __________ dir schreiben, aber ich habe es vergessen.
☐ konnte ☐ wollte ☐ musste

d) ▲ Ihr habt schon so viele Preise gewonnen. Wie schafft ihr das?
● Weil __________ Redaktion viele Ideen hat.
☐ unsere ☐ eure ☐ seine

e) ▲ Herr Braun, Sie sind Psychologe. Was machen Sie genau?
● Ich helfe Jugendlichen bei __________ Problemen mit Medien.
☐ ihren ☐ Ihren ☐ seinen

f) ▲ Schau dir mal diese Rechnung an! Sara, hast du so viel telefoniert?
● Nein, das war nicht ich, __________ Peter.
☐ sondern ☐ aber ☐ und

g) ▲ Wann hast du denn mit Klara telefoniert?
● Ich habe nicht mit ihr telefoniert, sondern __________.
☐ ich mit ihr gechattet habe
☐ ich habe mit ihr gechattet
☐ habe ich mit ihr gechattet

5 Ordne zu und ergänze.

Was machst du denn am Computer • sechs Stunden pro Tag • Könnt ihr mir helfen • Ich kann dich gut verstehen • Wie viel Zeit verbringst du denn am Computer

Chat

bill33: Hallo, ihr! Ich glaube, ich habe ein Problem. Ich kann nicht mehr ohne Computer leben.
a) ____________________?
blu: b) ____________________?
bill 33: Hmm, ich weiß nicht genau, ungefähr c) ____________________.
blu: Na ja, das ist schon viel. d) ____________________?
bill33: Manchmal chatte ich 😎, aber meistens spiele ich.
blu: e) ____________________, denn ich spiele auch gern, aber das ist zu viel. Vielleicht kannst du ja aufschreiben, wie lange du am Computer sitzt. Verbring deine Freizeit wieder mal anders, triff deine Freunde oder mach Sport.

26 Mitmachen

nach A2 WS

1 Was ist das? Ordne zu und schreib die Wörter richtig. Ergänze mit Artikel.

Ein • fel • ~~er~~ • ~~Feu~~ • Trep • Wür • gang • stuhl • pe • Roll

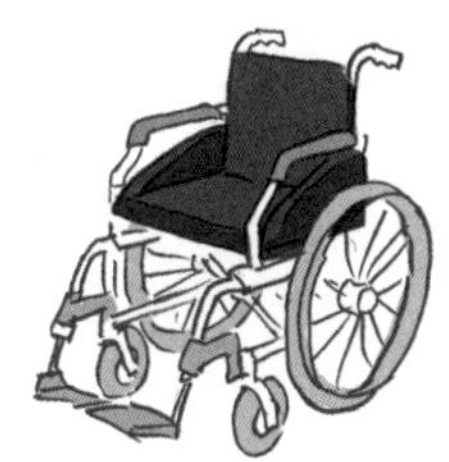

a) *das Feuer* b) ______ c) ______ d) ______ e) ______

nach A2 WS

2 Engagiert: Wo kann man arbeiten? Ergänze.

a) im *S p o r t v e r e i n*
b) im A _ t _ n h _ _ _
c) bei der F_ _ _ r _ _ _ r
d) im P f _ e g _ h _ _ _
e) im K _ _ _ k _ n h _ _ s
f) im K _ _ d _ r g _ r _ e _

nach A2 WS

3 Schreib die Wörter richtig.

a) ▲ Ich glaube, der Rollstuhl passt nicht durch die Tür. Sie ist zu *eng*. (gne)
● Komm, wir probieren es einfach aus.

b) ▲ Arbeitest du gern im Altenheim?
● Ja, ich mache es sogar ______. (gilliwierf), denn es macht mir Spaß und ich kann viel Erfahrung sammeln.

c) ▲ Gestern hat mir Robert seinen Freund Ben vorgestellt.
● Ben? Den kenne ich auch. Er ist ______. (tredniheb) und sitzt im Rollstuhl, oder?
▲ Ja.

d) ▲ Arbeitest du jedes Wochenende bei der Feuerwehr?
● Nicht immer, aber ______ (snetsiem). Ich helfe gern Menschen in Not.

4 Was erzählt Luisas Mutter? Ergänze die Sätze.

Luisas Mutter erzählt von Luisas Praktikum in einem Altenheim.

	Luisa hat gesagt:	**Luisas Mutter erzählt:**
a)	Der erste Tag hat Spaß gemacht.	Luisa hat gesagt, dass *der erste Tag Spaß gemacht hat*.
b)	Die alten Menschen waren sehr nett.	Luisa war sehr froh, dass ______.
c)	Viele alte Menschen bekommen fast nie Besuch.	Luisa hatte keine Ahnung, dass ______.
d)	Eine alte Frau hat viel über die Vergangenheit erzählt.	Luisa hat erzählt, dass ______.
e)	Man soll viel mehr mit alten Menschen sprechen.	Luisa findet, dass ______.

A4 GR

5 Ergänze, markiere die Verben und vergleiche.

Englisch	Deutsch	Meine Sprache
I know that it's difficult.	Ich weiß, dass es schwierig ist.	

A6 GR

6 Ergänze die Sätze.

Herr Meiser arbeitet in einem Pflegeheim. Dort gibt es viel Arbeit.
Herr Meiser ist sehr froh, dass a) viele Jugendliche im Pflegeheim helfen.
(Viele Jugendliche helfen im Pflegeheim.) Denn er weiß, dass b) ____________
____________ *(Jugendliche haben heute oft wenig Freizeit.)*

Jonas sitzt im Rollstuhl und wohnt im Pflegeheim für Behinderte.
Jonas erzählt, dass c) ____________
____________ *(Er spielt in einem Rollstuhl-Team Handball.)* Er findet, dass d) ____________
____
(Der Behinderten-Sport ist zu wenig bekannt.)

Chris hat freiwillig im Pflegeheim für Behinderte gearbeitet.
Chris glaubt, dass e) ____________
(Er hat im Heim viel Erfahrung gesammelt.) Er hatte keine Ahnung, dass f) ____________
____________ *(Viele Rollstuhlfahrer sind so aktiv.)*

A6 GR

7 Lisa ist eine engagierte Tierfreundin: Schreib die Sätze richtig.

a) Lisa erzählt, dass ____________
(sie / helfen / zweimal im Monat im Tierheim)

b) Sie hatte keine Ahnung, dass ____________
(ihre Tiere ins Tierheim / so viele Leute / bringen)

c) Sie findet, dass ____________
(sollen / man / bringen / Tiere nicht ins Tierheim)

d) Sie weiß, dass ____________
(von ihren Eltern keinen Hund / sie / bekommen)

e) Deshalb ist sie froh, dass ____________
(dürfen / mit den Hunden aus dem Tierheim / sie / spazieren gehen)

f) Sie sagt, dass ____________
(sie / gespielt / früher oft mit der Katze von ihrer Nachbarin / haben)

A7

8 Eine Journalistin fragt. Antworte. Schreib deine Meinung.

a) Ist die Arbeit mit alten Menschen traurig? Was glaubst du?
(finden) Ich finde, dass die Arbeit mit alten Menschen spannend ist.

b) Ist ein Fußballtraining mit Kindern langweilig? Was denkst du?
(glauben) ____________
____

c) Ist die Arbeit bei der Feuerwehr aufregend? Was meinst du?
(denken) ____________

d) Sind Gespräche mit alten Menschen interessant? Was denkst du?
(finden) ____________

e) Macht die Arbeit in einem Pflegeheim für Behinderte Spaß? Was denkst du?
(meinen) ____________

nach A7 WS

9 Was ist das Gegenteil? Ordne zu.

1 lustig → c	a) dumm
2 aufregend	b) leicht
3 optimistisch	c) traurig
4 klug	d) langweilig
5 schwierig	e) pessimistisch

nach A7 WS

10 Welches Adjektiv passt? Ordne zu und ergänze.

egoistisch • frech • ~~anstrengend~~ • einsam • sensibel

a) Petra tanzt Ballett. Das Training ist allerdings sehr *anstrengend*.

b) Max denkt nur an sich. Er ist ____________.

c) Mit Justus kann man nicht streiten. Denn er ist furchtbar ____________.

d) Paul hat immer wieder Probleme mit den Lehrern, weil er ____________ zu ihnen ist.

e) Frau Müller wohnt allein und hat nur wenige Freunde. Sie ist sehr ____________.

nach B3 WS

11 Ordne zu und ergänze.

...markt • ...~~gelände~~ • ...spray • ...messer • ...Zelt • ...platz • ...essen

a) das Festival*gelände*

b) der Zelt________

c) der Super________

d) das Chill-out-________

e) das Taschen________

f) das Insekten________

g) das Abend________

nach B4 GR

12 Ergänze die Personalpronomen im Akkusativ.

a) ▲ Warum hat Steffi nicht „Hallo“ zu uns gesagt?
● Ich glaube, sie hat *uns* nicht gesehen.

b) ▲ Kennst du dieses Spiel?
● Ja, ich habe ________ schon einmal ausprobiert.

c) ▲ Ich finde meinen MP3-Player nicht.
● Hoffentlich hast du ________ nicht verloren.

d) ▲ Ich habe doch gestern zwei Packungen Spaghetti gekauft. Wo sind ________ nur?
● Keine Ahnung.

e) ▲ Kommst du morgen zu mir?
● Ich weiß noch nicht, aber ich rufe ________ an.

f) ▲ Am Samstag gehe ich zu Peters Geburtstagsparty. Er hat ________ eingeladen.
● Toll.

g) ▲ Ich finde Hanna komisch.
● Also ich mag ________ eigentlich ganz gern.

h) ▲ Hier seid ihr ja endlich. Wir suchen ________ schon die ganze Zeit.
● Wir waren doch nur schnell da drüben im Supermarkt.

i) ▲ Entschuldigen Sie, was wollten Sie wissen?
● Ich habe ________ nichts gefragt.

nach B4 WS

13 Was machen die Personen? Ordne zu und ergänze die Verben in der richtigen Form.

streiten • erholen • ~~treffen~~ • freuen • beeilen

a) Paul und Susanne *treffen* sich.

b) Ewelina ____________ sich.

c) Karl ____________ sich.

d) Kai ____________ sich.

e) Claudia und Jens ____________ sich.

B4 **14 Das Musikfestival: Ergänze die Reflexivpronomen.**

Chat

Lili 13: Hi, ich darf auf das Greenfield-Festival nach Interlaken. Ich freue a) _mich_ schon so. ☺

Kathi: Das ist ja super. Da komm ich auch mit.

Lili 13: Oh ja! Aber es gibt nur noch wenige Karten. Du musst b) _______ beeilen.

Kathi: Ich weiß, aber ich muss noch Steffi fragen. Sie möchte bestimmt auch mitkommen.

Lili 13: Ich weiß nicht. Wir haben c) _______ doch letzte Woche gestritten.

Kathi: Ach was, ihr müsst d) _______ nur wieder treffen, dann ist bis zum Festival sicher alles wieder o.k.

Lili 13: Hoffentlich!

Kathi: Na klar. Übrigens, was machst du denn morgen nach der Schule? Treffen wir e) _______ wieder im Eiscafé?

Lili 13: Gute Idee. Ich habe um 14.00 Uhr aus. Ich beeile f) _______.

B6 **15 Ordne zu und ergänze die reflexiven Verben in der richtigen Form.**

sich beeilen • sich freuen • sich langweilen • sich streiten • sich ~~erholen~~ • sich treffen • sich entschuldigen

Neue E-Mail

Senden Chat Anhang Adressen Schriften Farben Als Entwurf sichern

Hallo Lara,

stell Dir vor: Thomas ist ohne mich in Urlaub gefahren!!! Er hat a) _sich_ zwei Wochen in Italien _erholt_ und Spaß gehabt. Ich habe b) _______ die ganze Zeit _______, weil hier nichts los war. Am Samstagmorgen ist er endlich aus dem Urlaub zurückgekommen. Wir wollten c) _______ um neun Uhr im Café „Glück" _______. Ich habe d) _______ total _______, aber trotzdem bin ich ein bisschen zu spät gekommen. Ich habe e) _______ natürlich gleich _______. Aber Thomas war total sauer. Dann haben wir f) _______ auch noch _______. ☹ Es war schrecklich. Zum Glück fliege ich nächste Woche nach Spanien – allein! Ich g) _______ _______ schon.

…

B6 **16 Endlich Ferien: Schreib Sätze im Imperativ.**

a) ▲ Was machst du denn so lange? Wir haben es eilig! Du weißt doch, dass der Zug in einer halben Stunde abfährt. Also, _beeil dich ein bisschen_. *(sich ein bisschen beeilen)*
● Mach doch nicht so viel Stress!

b) ▲ Mama, sollen Jan und ich eine Jacke mitnehmen?
● Ja klar, auf dem Berg ist es bestimmt kalt. _______________. *(sich lieber warm anziehen)*

c) ▲ Die Taschenlampe ist kaputt, aber die brauchen wir im Zelt. Was machen wir jetzt bloß?
● Vielleicht kann ich sie reparieren. Gib mir doch bitte mal das Taschenmesser.
▲ Hier bitte, aber pass auf und _______________. *(sich nicht verletzen)*

d) ▲ Auf Wiedersehen, Herr Meier, schöne Ferien und _______________. *(sich gut erholen)*
● Danke, Ihnen auch schöne Ferien.

e) ▲ Willst du die ganzen Ferien vor dem Computer verbringen? _______________. *(sich doch mal wieder mit Luis treffen)*
● Der ist doch mit seinen Eltern in Spanien.

nach B6 GR

17 Verben mit oder ohne Reflexivpronomen? Ergänze.

a) Trefft ihr ________ morgen?
b) Fragt ________ doch Peter.
c) Beeil ________! Wir kommen zu spät.
d) Was, du hast noch nie Yoga gemacht? Probier ________ es doch mal aus.
e) Kann ich morgen das Auto haben oder brauchst du ________ es?
f) Du sitzt jetzt schon vier Stunden vor dem Fernseher. Langweilst du ________ denn nicht?
g) Schönes Wochenende und erhol ________!
h) Du musst ________ die Wörter lernen.
i) Freuen Sie ________! Sie haben gewonnen.
j) Zieht ________ endlich an! Wir müssen gehen.
k) Kinder, spielt ________ schön. Ich komme gleich wieder.
l) Habt ihr ________ wirklich bei Herrn Müller entschuldigt?
m) Verlier ________ das Geld nicht.
n) Das Glas ist kaputt. Verletzen Sie ________ nicht!

nach B6 Sch

18 Schreib einen Blog-Eintrag über ein Rockfestival.

~~drei Tage mit Freunden auf dem „Rock am Ring"-Festival~~ • toll • bekannte Bands spielen • auch Lieblingsband „Placebo" • im Zelt schlafen • aufregend • nachts mit Taschenlampe auf die Toilette • wenig schlafen • viel feiern • jetzt erholen müssen • ihr auch schon mal auf einem Festival?

Blog

Rockfestival

17:30, 26.07.

Hallo Leute,

ich war drei Tage lang mit Freunden auf dem „Rock am Ring"-Festival. Es …

AUSSPRACHE

ch spricht man meistens wie in spre*ch*en.

ch spricht man nach *a*, *o*, *u* und nach dem Diphthong *au* wie in Spra*ch*e oder brau*ch*en.

19 Konsonantenverbindung ch

24

a) Hör und sprich nach.

ch sprechen • möchten • Gesicht • frech

ch Sprache • Woche • besuchen • brauchen

25

b) Was hörst du? Kreuze an.

		ch *(sprechen)*	ch *(Sprache)*			ch *(sprechen)*	ch *(Sprache)*
1	Hochzeit			5	Milch		
2	nicht			6	euch		
3	gedacht			7	auch		
4	vielleicht			8	Nachbar		

26

c) Was fehlt? Hör, sprich nach und ergänze.

	Ein / e …	Zwei …		Ein / e …	Zwei …
1	Koch	Köche	4	Fach	
2	Nacht		5		Bäuche
3		Bücher	6	Frucht	

27

20 Hör und sprich nach.

1 ▲ Wie viele Spaghetti brauchen wir?
● Drei Packungen.

2 ▲ Beeilt euch bitte! Der Unterricht fängt gleich an.
● Ja, sofort. Wir beeilen uns ja schon.

3 ▲ Treffen wir uns in zehn Minuten am Ausgang?
● Alles klar!

1 Camping: Was nimmst du mit? Notiere sechs Dinge mit Artikel.

VS

2 Engagiert: Ergänze.

VS

Wo kann man freiwillig arbeiten?	Was kann man machen?	Was ist interessant / traurig / schwierig / ...?
Pflegeheim für Behinderte	Menschen helfen	Rollstuhlfahren ist schwierig

Das möchte ich gern machen: ______

3 Was ist richtig? Kreuze an.

R

a) ▲ Ist die Arbeit im Altenheim nicht langweilig?
● Ich finde, dass ______.
☐ die Arbeit ist interessant
☐ ist die Arbeit interessant
☐ die Arbeit interessant ist

b) ▲ Martin habe ich schon lange nicht mehr gesehen. Was macht er denn?
● Er hat erzählt, dass ______.
☐ er will bei der Feuerwehr arbeiten
☐ er bei der Feuerwehr arbeiten will
☐ er bei der Feuerwehr will arbeiten

c) ▲ Warum hast du nicht auf mich gewartet?
● Ich hatte doch keine Ahnung, ______.
☐ du kommst noch
☐ denn du kommst noch
☐ dass du noch kommst

d) ▲ Heute gibt es Pizza zum Mittagessen.
● Oh super, wir freuen ______.
☐ uns ☐ euch ☐ sich

e) ▲ Beeil ______! Gleich regnet es.
● Mach doch nicht so einen Stress.
☐ du dich ☐ du ☐ dich

f) ▲ Was ist denn hier los? Kinder, streitet ______ doch nicht immer!
☐ ihr euch ☐ euch ☐ sich

g) ▲ Können ______?
● Ja, gerne.
☐ wir uns morgen treffen
☐ wir morgen uns treffen
☐ uns wir morgen treffen

h) ▲ Entschuldige bitte, ______, trotzdem sind wir zu spät.
● Das macht nichts.
☐ wir uns haben beeilt
☐ wir haben uns beeilt
☐ wir haben beeilt uns

i) ▲ Ist Jens wieder fit?
● Ja, er hat gesagt, dass ______.
☐ er gut sich erholt hat
☐ sich er gut erholt hat
☐ er sich gut erholt hat

4 Ordne zu und ergänze.

Ich finde • ich bin froh • Ich weiß • Ich hatte keine Ahnung

a) ▲ Du musst ja fast jedes Wochenende arbeiten. Findest du das nicht blöd?
● Nein, ______, dass ich den Job gefunden habe.

b) ▲ Dir gefällt doch die Arbeit bei der Feuerwehr so gut. Warum hast du nicht schon früher bei der Jugendfeuerwehr mitgemacht?
● ______, dass es so viel Spaß macht.

c) ▲ Warum arbeitest du eigentlich im Pflegeheim für Behinderte?
● ______, dass das eine interessante Arbeit ist.

d) ▲ Was, du willst im Altenheim arbeiten? Meinst du nicht, dass das anstrengend ist?
● ______, dass es anstrengend ist. Aber ich will trotzdem dort arbeiten.

27 Essen

nach A2 WS

1 Gartenparty: Ordne zu und ergänze.

Grill • Getränke • ~~Süßes~~ • Nachtisch • Besteck

a) ▲ Möchtest du Chips?
● Nein, lieber etwas *Süßes*.

b) ▲ Haben wir etwas zum Trinken?
● Ja, die ______ stehen im Kühlschrank.

c) ▲ Brauchst du ______?
● Ach, nein danke, ich nehme ein Wurstbrötchen. Das kann ich mit der Hand essen.

d) ▲ Auf dem ______ liegt noch ein Stück Fleisch. Möchtest du das?
● Ja, gerne.

e) ▲ Möchtest du Eis oder Kuchen als ______?
● Nein danke, ich möchte nichts mehr. Ich habe schon so viel gegessen.

nach A2 WS

2 Was ist richtig? Markiere.

Chat

Jule: Hi Biggi, ich habe dir gestern eine SMS geschickt. Warum hast du dich denn nicht bei mir a) *gemeldet / organisiert / vorgeschlagen*? Du weißt doch, Jana hat übermorgen Geburtstag. b) *Fährt / Spielt / Läuft* sie weg?

Biggi: Nein, sie ist da.

Jule: Dann brauchen wir noch ganz schnell ein Geschenk. Hat sie einen bestimmten Wunsch? Weißt du etwas?

Biggi: Nein, aber ich glaube, ich habe da eine andere Idee! Wir organisieren eine Überraschungsparty für sie. Wir könnten doch bei uns im Garten c) *erholen / backen / grillen?*

Jule: Tolle Idee, aber zu zweit können wir das nicht machen. Das ist zu viel Arbeit.

Biggi: Ich habe einen Vorschlag: Jeder Gast bringt etwas zum Essen mit. Das Fleisch und die Getränke könnten wir ja d) *besorgen / melden / kümmern*.

Jule: Gute Idee, das ist nicht so viel Arbeit.

Biggi: Musik brauchen wir auch noch.

Jule: Ja klar. Um die Musik kann ich mich e) *hören / kümmern / vorbereiten*.

Biggi: Sehr gut. Und weißt du was, ich f) *grille / backe / bespreche* noch einen Geburtstagskuchen.

Jule: Das ist super! Da freut sich Jana sicher. Den Rest können wir ja dann morgen g) *besprechen / melden / versprechen*. Treffen wir uns so gegen 18 Uhr? Und dann müssen wir auch noch den anderen Bescheid h) *nehmen / denken / geben*.

nach A2 WS

3 Das Frühstück: Finde noch 10 Wörter. Ergänze mit Artikel.

V	W	K	N	N	B	R	Ö	T	C	H	E	N
Q	K	A	R	B	E	C	B	P	P	T	P	X
U	Z	K	G	M	A	R	M	E	L	A	D	E
A	P	A	Z	R	S	N	N	Y	W	V	E	Y
R	T	O	B	K	A	F	F	E	E	P	R	M
K	E	H	B	W	Y	D	L	R	Y	J	N	Ü
H	E	W	X	V	K	W	B	R	O	T	F	S
X	Z	K	Ä	S	E	V	C	R	T	W	Y	L
M	I	L	C	H	X	W	U	R	S	T	N	I

1 *der Käse*
2 ______
3 ______
4 ______
5 ______
6 ______
7 ______
8 ______
9 ______
10 ______
11 ______

1 A4

4 Ordne zu und ergänze mit Artikel.

~~Glas~~ • Gabel • Gurke • Würstchen • Teller • Cola • Tomate • Salami • Messer • Wurst • Tasse • Milch • Löffel • Mineralwasser • Torte • Paprika • Banane • Brötchen • Brot • Fleisch • Becher • Kuchen • Orangensaft • Apfel • Kartoffel • Aprikose

a) ______________

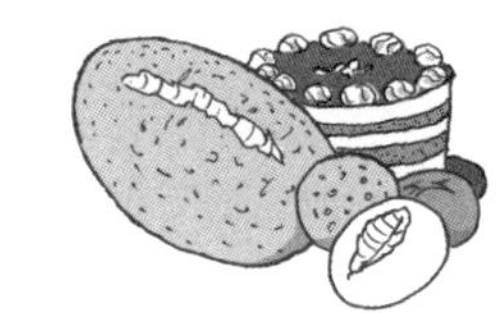

c) ______________

e) ______________

b) ______________

d) ______________

f) *das Glas*

A4

5 Essen international: Ergänze und vergleiche.

D	a) die A _ r _ k _ s _	c) die P _ p _ _ k _	d) die G _ r _ e
A	b) die M _ r _ _ _ e		
CH	die Barille	die Pepperoni	die Gugummere
Englisch	apricot	pepper	cucumber
Meine Sprache			

D	e) die T _ _ _ _ _	g) die K _ r _ _ f _ e _	i) das B _ ö _ c _ e n
A	f) der P _ r _ d _ i _ e r	h) der E _ _ a p _ _ l	j) die S _ _ m _ l (auch Süddeutsch)
CH	die Tomate	der Härdöpfel	das Weckli / Brötli
Englisch	tomato	potato	roll
Meine Sprache			

A5

6 Vorschläge: Wie kann man noch sagen? Ordne zu und ergänze die Sätze.

könntet doch • könntest mal wieder • könnte doch • ~~könnten mal wieder~~

a) ▲ Wollen wir mal wieder grillen?
● Das ist eine super Idee.
→ ▲ Ich habe einen Vorschlag: Wir *könnten mal wieder* grillen.

b) ▲ Wer besorgt denn die Getränke?
● Susanne und Peter, kauft ihr die Getränke?
→ ● Susanne und Peter, ihr ______________ die Getränke kaufen.

c) ▲ Ich schlage vor, Annika bäckt einen Kuchen.
● Das ist eine gute Idee.
→ ▲ Annika ______________ einen Kuchen backen.

d) ▲ Was für einen Kuchen soll ich denn backen?
● Mach doch mal wieder einen Apfelkuchen.
→ ● Du ______________ einen Apfelkuchen machen.

nach A5 GR

7 Höfliche Bitten und Fragen: Wie kann man noch sagen? Schreib Fragen mit *können* im Konjunktiv II.

a) Kümmere dich bitte um die Gäste. → Könntest du dich bitte um die Gäste kümmern?

b) Kann ich bitte ein Glas Saft haben? → Könnte ich bitte ein Glas Saft haben?

c) Melde dich bitte bis Montag. → ______

d) Kann ich bitte mit deinem Handy anrufen? → ______

e) Macht bitte Vorschläge. → ______

f) Besprecht die Themen bitte zu zweit. → ______

g) Wiederholen Sie bitte Ihre Frage. → ______

nach A5 GR

8 Wünsche: Wie kann man noch sagen? Ergänze.

a) Lara hat nichts zum Anziehen. Sie möchte gern ein neues Kleid. → Sie hätte gern ein neues Kleid.

b) Luis liebt Tiere. Er möchte gern einen Hund. → ______ einen Hund.

c) Mein Computer ist alt. Ich möchte gern einen Laptop. → ______ einen Laptop.

d) Ihr habt viele Hausaufgaben. Ihr möchtet gern mehr Freizeit. → ______ mehr Freizeit.

e) Du hörst gern Musik. Du möchtest gern einen iPod. → ______ einen iPod.

f) Mara und Ben haben viel gelernt. Sie möchten gern ein gutes Zeugnis. → ______ ein gutes Zeugnis.

g) Wir sind im Café. Wir möchten einen Orangensaft und eine Tasse Tee. → ______ einen Orangensaft und eine Tasse Tee.

nach A6 GR

9 Gespräche auf dem Wochenmarkt: Ergänze *können* oder *gern haben* im Konjunktiv II.

a) ▲ Petra hat gesagt, sie hätte gern diesen leckeren italienischen Käse. Sie hat mich gebeten, dass ich ihr ein Stück mitbringe.
● Ich glaube, Käse gibt es da hinten.

b) ▲ ______ Sie mir bitte kleine Äpfel geben?
● Ja, natürlich.

c) ▲ Wir ______ zwei Stück Kuchen.
● Hier bitte.

d) ▲ ______ ihr euch bitte beeilen? Wir müssen noch so viel einkaufen.
● Ja, wir sind gleich fertig.

e) ▲ Ich ______ mal wieder eine richtig leckere Marmelade. Vielleicht kann man hier auf dem Markt auch Marmelade kaufen.
● Ich habe eine Idee: Wir ______ doch Aprikosen kaufen und selbst Marmelade machen.

f) ▲ ______ du bitte das Obst bezahlen? Ich habe nämlich fast kein Geld mehr.
● O.k.

g) ▲ Da vorne gibt es Würstchen vom Grill. Ich ______ eine Wurst. Du auch?
● Oh ja, gern.

A6 GR

10 Was sagst du? Schreib zu jeder Situation eine höfliche Frage mit *können* im Konjunktiv II oder einen Wunsch mit *haben* im Konjunktiv II.

a) Du isst bei Freunden zu Abend. Du möchtest ein Stück Brot haben, aber das Brot steht nicht bei dir. *Sag, dass du das Brot haben möchtest. (höfliche Frage).*

____

b) Ihr plant eine Grillparty. *Du sagst, dass du einen Nachtisch möchtest. (Wunsch)*

____

c) Herr Schmitt ruft an, er möchte deine Eltern sprechen. Sie sind nicht da. *Bitte ihn, dass er später wieder anrufen soll. (höfliche Frage)*

____

d) Ihr macht zusammen eine Party. *Du bittest deine Freunde, dass sie sich um den Grill kümmern sollen. (höfliche Frage)*

____

e) Du hast Geburtstag. *Du sagst zu deinen Eltern, dass du ein neues Handy möchtest. (Wunsch)*

____

A8 WS

11 Sonderangebote: Ordne zu und ergänze.

zwei Packungen • hundert Gramm • ein Kilo • ~~zwei Kilo~~ • eine Kiste • zwei Liter • eine Flasche

Mineralwasser
12 x 0,7 l / 6,79 €

a) Zwei Kilo ______ Tomaten ______ kosten 3,99 Euro.
b) ______ ______ kostet 2,79 Euro.
c) ______ ______ kostet 0,99 Euro.
d) ______ ______ kosten 1,49 Euro.
e) ______ ______ kostet 6,79 Euro.
f) ______ ______ kosten 4,15 Euro.
g) ______ ______ kosten 1,90 Euro.

~~Tomaten~~
~~2 kg nur 3,99 €~~

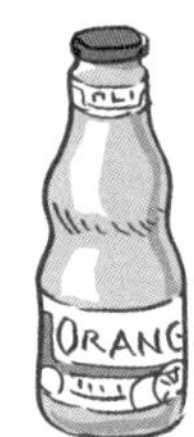

Orangensaft
0,75l / 0,99 €

Milch
2 l / 1,49 €

Aprikosen
1kg / 2,79 €

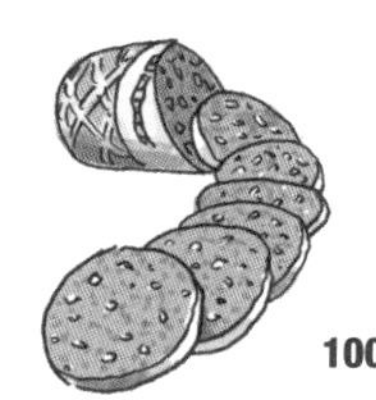

100 g Salami
1,90 €

2x Müsli
4,15 €

A8

12 Schulfest: Ordne den Dialog.

☐ Also ich finde, wir brauchen auch noch etwas zum Essen. Ich schlage vor, wir grillen Würstchen und verkaufen sie.

☐ 1 Ihr wisst ja alle, dass in zwei Wochen unser Schulfest stattfindet. Wie besprochen verkaufen wir Getränke. Das Geld ist für unseren Schulausflug im Juni. Habt ihr noch andere Wünsche und Vorschläge?

☐ Oh ja, die ist immer so lecker. Ich könnte einen Apfelkuchen backen. Felix, könntest du auch noch einen Kuchen machen?

☐ Klar, das mache ich gern.

☐ Das ist eine gute Idee. Soll ich eine Marillentorte backen?

☐ Du weißt doch, dass wir keinen Grill haben. Ich habe einen anderen Vorschlag: Wir könnten doch Kuchen backen und verkaufen.

nach A8 K

13 Schreib einen Dialog nach der Grafik.

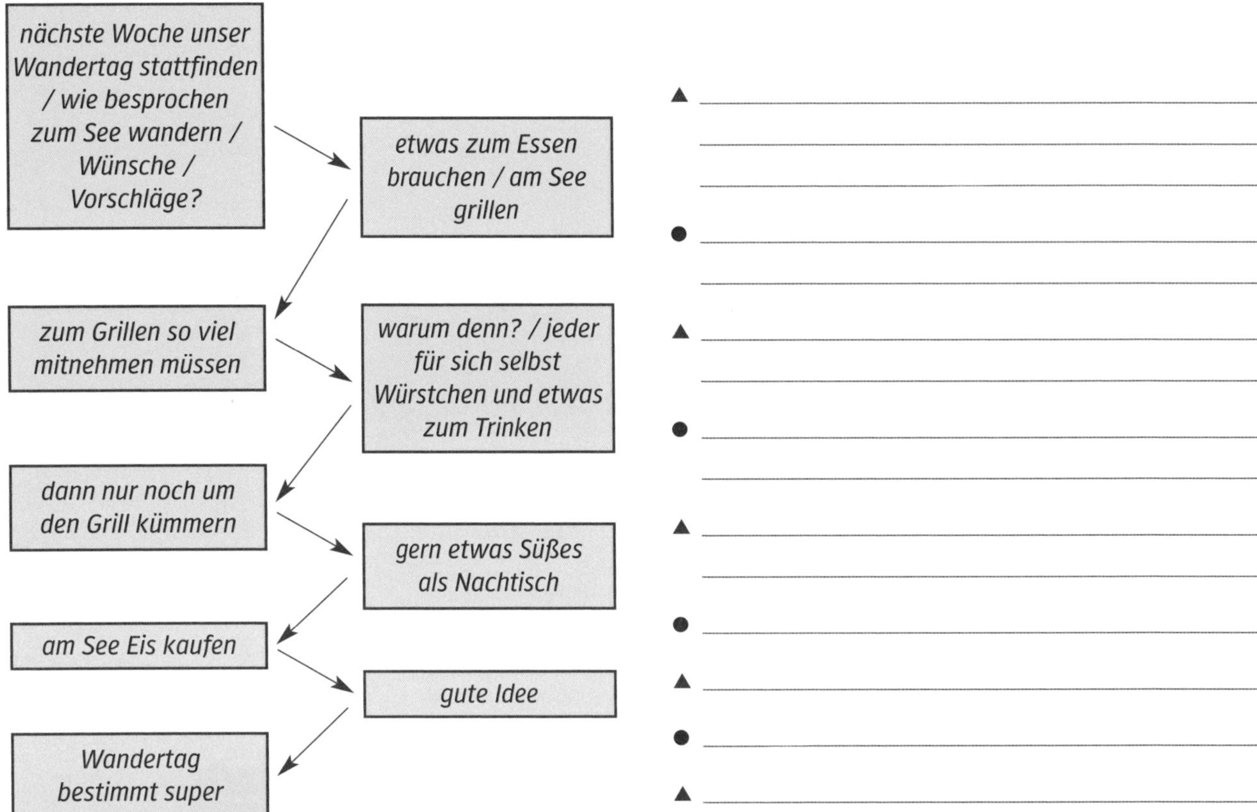

14 Du organisierst eine Grillparty für deine Klasse. Schreib eine E-Mail an deine Mitschüler.

~~wissen~~ • ~~am Samstagnachmittag Grillparty von unserer Klasse~~ • wie besprochen: gegen 17 Uhr anfangen • noch Salate brauchen • wer einen Salat mitbringen können? • auch etwas Süßes als Nachtisch • wer Kuchen backen können? • noch Wünsche und Vorschläge haben? • bis Donnerstag melden

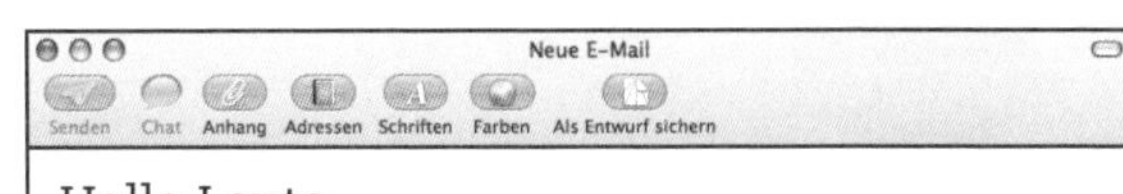

Hallo Leute,

ihr wisst ja alle, am Samstagnachmittag ist die Grillparty von unserer Klasse. …

WS

15 Ordne zu und ergänze mit Artikel.

Salat • Mittagessen • Hähnchen • Suppe • Abendessen • Schweinefleisch • ~~Frühstück~~ • Rindfleisch • Nudelgericht

a) **Essen:** *das Frühstück*, ______, ______

b) **Fleisch:** ______, ______, ______

c) **Andere Gerichte:** ______, ______, ______

WS

16 Ergänze die Wörter.

a) Jens hat zum Abendessen Salat gegessen. Abends isst er fast immer k *a* l *t*.

b) Anette mag kein Fleisch, weil es meistens ziemlich f _ t _ ist.

c) Felix kauft oft einen Kaffee im Becher. Denn er trinkt den Kaffee gern u _ t _ r w _ g _.

d) Julia kocht heute eine Suppe. Das Rezept für die Suppe ist ziemlich e _ _ f _ _ h.

B4

17 Ergänze *jemand, niemand, etwas, nichts* oder *alles*.

a) ▲ Hast du vielleicht ein Glas Milch für mich?
● Oh nein, tut mir leid, wir haben keine Milch zu Hause. Denn bei uns trinkt _niemand_ Milch.

b) ▲ Hat heute schon ________ eingekauft oder soll ich noch schnell in den Supermarkt gehen?
● Du musst nicht mehr einkaufen. Ich war schon im Supermarkt.

c) ▲ Warum isst du ________? Hast du keinen Hunger?
● Ich habe schon ________ gegessen.

d) ▲ Was nehmen Sie zum Essen? Haben Sie schon gewählt?
● Ich weiß noch nicht. Haben Sie denn auch ________ ohne Fleisch?

e) ▲ Ihr habt ja so viel und lecker gekocht! Den Kuchen habt ihr aber gekauft, oder?
● Nein, wir haben ________ selbst gemacht.

f) ▲ Warum hat denn ________ einen Grill besorgt? Jetzt können wir nicht grillen.
● Schade.

g) ▲ Ich habe so Lust auf ________ Süßes. Schade, dass du mir ________ aus der Bäckerei mitgebracht hast.
● Tut mir leid, ich habe nur Brot gekauft.

h) ▲ Brauchst du noch Nudeln oder Gemüse aus dem Supermarkt?
● Nein danke, ich habe ________.

B4

18 Ergänze *jemand, niemand, etwas, nichts* oder *alles*.

Person	keine Person
jemand, ________	_nichts_, ________, ________

B4

19 Ergänze *nicht* oder *nichts*.

a) ▲ Ich habe so Lust auf Limonade.
● Wir haben leider _nichts_ anderes im Haus als Wasser.

b) ▲ Isst du das Gemüse ________?
● Nein, ich mag kein Gemüse.

c) ▲ Mama, was wünschst du dir zum Muttertag?
● ________.

d) ▲ Ich koche eigentlich ________ gern.
● Also mir macht Kochen viel Spaß.

e) ▲ Soll ich noch etwas einkaufen?
● Nein, wir brauchen ________.

f) ▲ Warum isst du eigentlich nur Hähnchen und kein anderes Fleisch?
● Hähnchen mag ich gern, weil es ________ so fett ist.

B5

20 Ordne zu.

1 Obst schmeckt gut, → d
2 Als Koch kann man kreativ sein,
3 Nudelgerichte sind einfach,
4 Die Wurst schmeckt sehr gut,

a) außerdem schmecken sie lecker.
b) außerdem ist sie nicht so fett.
c) außerdem findet man leicht Arbeit.
d) außerdem ist es gesund.

B5

21 Interview: Kochst du manchmal? Macht Kochen Spaß? Was sagen die Jugendlichen? Schreib die Sätze richtig.

a) Ich koche oft selbst, weil ich das Essen von meiner Mutter nicht so gern mag. Außerdem _macht Kochen sehr viel Spaß_. *(sehr viel / machen / Spaß)*

b) Ich koche eigentlich nur am Wochenende. Von Montag bis Freitag gehe ich in die Schulmensa. Da bekommt man immer etwas Warmes, außerdem ________. *(sein / billig / es)*

c) Ich mache eigentlich nie das Essen, denn ich finde das anstrengend. Außerdem ________. *(essen / ich / lieber Fast Food)*

d) Bei uns kocht meine Mutter, leider immer vegetarisch. Das schmeckt oft langweilig, außerdem ________. *(man / gleich wieder / haben / Hunger)*

e) Also, mir macht das Kochen nicht so viel Spaß, denn es macht viel Arbeit. Außerdem ________. *(nicht besonders gut / kochen / ich)*

f) Ich koche fast jeden Tag für meine Familie, das ist mein Hobby. Außerdem ________ *(mal / Koch / werden / möchten / ich)* und so kann ich gleich üben.

nach B5

GR

22 Rund ums Essen: Verbinde die Sätze mit *außerdem, deshalb* oder *weil*.

a) Das Fleisch ist noch nicht fertig, ______________________
(Es ist zu viel für uns.)

b) Du musst zum Bäcker, ______________________
(Wir haben kein Brot mehr.)

c) Der Fisch war zu teuer, ______________________
(Ich habe ihn nicht gekauft.)

d) Wir haben jetzt keine Zeit zum Frühstücken, ______________________
(Wir haben kein Müsli mehr.)

e) Die Torte schmeckt wunderbar, ______________________
(Ich habe zwei Stück gegessen.)

f) Ich habe einen Kochkurs gemacht, ______________________
(Ich konnte nicht kochen.)

AUSSPRACHE

23 Endungen -ich, -ig, -isch

28

a) Hör und sprich nach.

-ich nützlich • höflich • freundlich • persönlich
-ig vorsichtig • freiwillig • lockig • neugierig
-isch fantastisch • chaotisch • sympathisch • komisch

In der Standardsprache spricht man *-ig* wie *-ich*.

29

b) Was hörst du? Kreuze an.

	-ich / -ig	-isch		-ich / -ig	-isch
1			**5**		
2			**6**		
3			**7**		
4			**8**		

30

24 Hör und sprich nach.

1 ▲ Könnten wir uns morgen treffen, so gegen drei Uhr?
● Ja, das ist eine gute Idee!

2 ▲ Und dann hätte ich noch gern ein Kilo Äpfel!
● Einen Moment, bitte!

3 ▲ Du weißt ja, wir grillen morgen. Soll ich noch etwas einkaufen?
● Nein, ich denke, wir haben alles.

SELBSTKONTROLLE

1 Du organisierst eine Grillparty. Notiere jeweils mindestens sechs Dinge.

Was kaufst du zum Essen und Trinken? 

Was brauchst du noch für die Party?

2 Was kaufst du ein? Ergänze den Einkaufszettel.

1 Liter ______ *Milch* ______ *Tomaten*

______ *Nudeln* ______ *Mineralwasser*

3 Was machst du vor und während einer Party? Notiere mindestens fünf Aktivitäten.

Gäste einladen

4 Was ist richtig? Kreuze an.

a) ▲ Möchtest du lieber ein Würstchen oder ein Stück Fleisch?
● Ich ______ gern ein Würstchen.
☐ hätte ☐ hatte ☐ habe

b) ▲ Wir haben noch nicht genug Getränke für die Party.
● Frank hat Zeit. Er ______ noch eine Kiste Wasser besorgen.
☐ konnte ☐ könntet ☐ könnte

c) ▲ Warum ist Julian denn sauer?
● Ach, er ______ gern ein neues Handy, aber er bekommt keins.
☐ könnte ☐ hätte ☐ hatte

d) ▲ Julia, ______ du bitte heute einkaufen gehen?
● Ja klar.
☐ sollst ☐ hättest ☐ könntest

e) ▲ Du hast doch heute Geburtstag. Warum kommen denn keine Gäste?
● Weil ich ______ eingeladen habe. Ich habe keine Lust auf eine Party.
☐ jemand ☐ niemand ☐ nichts

f) ▲ Ich habe nur noch zwei Euro.
● Oje, ist das wirklich ______?
☐ nichts ☐ etwas ☐ alles

g) ▲ Warum kochst du heute eigentlich nichts?
● Ich habe überhaupt keine Zeit, außerdem ______.
☐ du könntest auch mal kochen
☐ du auch mal kochen könntest
☐ könntest du auch mal kochen

5 Einen Ausflug organisieren: Ordne zu und ergänze.

ich habe einen Vorschlag • etwas zum Trinken • Ihr wisst ja alle • könntest du • hätte gern

▲ a) ______, dass am Samstag unsere Austauschschüler kommen. Was sollen wir machen? Habt ihr Vorschläge?
● Ja, b) ______: Wir machen ein Picknick.
▲ Das ist eine gute Idee.
● Oh ja toll, und jeder bringt etwas zum Essen mit. Sandra, c) ______ nicht deinen Obstkuchen als Nachtisch machen? Der ist immer so lecker.
◆ Ja klar, den kann ich schon machen, aber ich d) ______ noch etwas anderes als Kuchen.
● Kein Problem, alle bringen doch etwas mit. Es gibt sicher genug Salate und Würstchen.
▲ Aber wir brauchen auch noch e) ______.
● Getränke kann doch jeder selbst mitbringen.

HÖREN

Vor dem Hören

1 Lies die Definition und sammle Ideen: Was ist *Facebook*? Was kann man damit machen?

facebook

Artikel | Diskussion

Facebook ist eine Webseite zum Aufbau von sozialen Netzwerken. Jeder Benutzer hat eine Profilseite mit Angaben zu seiner Person. Auf dieser Profilseite können Besucher öffentlich Nachrichten und Notizen hinterlassen oder Fotos hochladen. Die Benutzer können sich aber auch persönliche Nachrichten schicken und bekommen Nachrichten über neue Informationen auf ihrer Profilseite.

Vor dem Hören: Sammle Ideen und Wortschatz!

31

Hören 1

2 Beantworte die Fragen.

a) Wer spricht? ______________________

b) Was passiert? ______________________

31

Hören 2

3 Wie erklärt Daniel *Facebook*? Finde die richtige Reihenfolge.

☐ Jetzt bist du auf der Seite registriert und kannst deine Seite aufbauen.

☐ Na ja, du kannst ein Foto von dir hochladen, so können dich die Leute erkennen, wenn sie nach dir suchen. Du kannst Informationen über dich eingeben.

☐ Du musst www.facebook.com eingeben. So, jetzt sind wir auf der Facebook-Seite. Da steht „Registrieren", siehst du? Da musst du jetzt deinen Namen eingeben, deine E-Mail-Adresse, das Geburtsdatum.

☐ Schreib mal: daniel123@web.de.

[1] Na gut, dann fangen wir mal an!

☐ Dann drückst du auf „Registrieren"!

☐ Geh mal auf www.facebook.com.

☐ Du musst zuerst ins Internet gehen. Das ist dieses Logo hier, geh mal drauf und klick zweimal – hier mit der linken Maustaste! Da oben musst du dann die Adresse eingeben.

SPRECHEN

Seminar: Medien für Senioren

Vor dem Sprechen

1 Arbeitet zu zweit. Welches Thema möchtet ihr in diesem Seminar vorstellen? Wählt eins aus.

☐ Wie benutzt man *Skype*? ☐ Wie kann man im Internet chatten? ☐ Wie schreibt man eine SMS?

2 a) Welche Wörter und Wortgruppen passen zu welchem Thema? Ordnet zu.

Chat • SMS • Skype

a) ____________
ins Internet gehen → (ein Programm) herunterladen → (ein Programm) installieren → sich anmelden → eine Webcam, Kopfhörer und ein Mikro anschließen → Freunde kontaktieren → telefonieren

b) ____________
ins Internet gehen → Adresse eingeben → sich anmelden → Benutzernamen auswählen → einen Chatroom und Gesprächspartner auswählen → chatten

c) ____________
Handytastatur aktivieren → auf „Menü" drücken → auf Nachrichten / Kurzmitteilungen gehen → eine Nachricht schreiben → einen Kontakt auswählen → Nachricht verschicken

b) Welche Wörter braucht ihr noch für eure Erklärung? Sucht sie im Wörterbuch oder im Internet.

Sammle Wörter und Redemittel!

Sprechen

3 Im Seminar: Wie nutzt man *Skype*? Wie chattet man oder schreibt man SMS? Nehmt eure Gespräche auf.

Du bist der Seminarleiter.
Du erklärst einem Senioren / einer Seniorin, wie ________ funktioniert:

Das ist ein …
Damit kann man …
Das geht so: …
Zuerst müssen Sie … Dann …
Es ist wichtig, dass …
Verstehen Sie?

Du bist ein Seminarteilnehmer.

Was ist das eigentlich? Zeigen Sie mal!
Was kann man damit machen?
Moment, wie geht das noch mal?
Bitte langsamer! Warten Sie mal …
Das habe ich jetzt nicht verstanden!
Was haben Sie gesagt?
Was heißt das denn …?
Habe ich das richtig verstanden? Ich gehe also auf … Und dann?

Schreib wichtige Redemittel auf Kärtchen. Du kannst sie später benutzen!

Nach dem Sprechen

4 Hört die Aufnahme und kontrolliert. Diese Punkte helfen euch:

Nebensätze → Verbposition richtig?
Satzanfänge variiert?
Verschiedene Sätze verbunden?

5 Was müsst ihr noch verbessern? Wiederholt.

Meine Strategien beim Hören und Sprechen: ______________________________

____

PROJEKT

Informationsblatt: Ein Projekt für Jugendliche

1 **Gibt es in eurer Stadt interessante Projekte für Jugendliche? Bildet Gruppen und wählt ein Projekt aus.**

2 **Notiert die wichtigsten Punkte: Was müsst ihr erklären? Welche Informationen sind wichtig?**

Beispiel: SEJ (Soziales Engagement Jugendlicher)

1 Wer organisiert das Projekt?
2 Was ist das?
3 Wie lange dauert es?
4 Wer kann teilnehmen?
5 Wie kann ich mich anmelden?
6 Was kann ich machen?
7 Was ist besonders bei diesem Projekt?
8 Welche Ziele hat das Projekt?

3 **Sammelt Stichwörter zu den Fragen.**

1 Deutsches Rotes Kreuz
2 Projekt, freiwillig, ...
3 12 Monate
4 Junge Leute von 18 bis 26 Jahren
5 Bewerbungsbogen ausfüllen, Lebenslauf schicken, ...
...

4 **Überlegt: Welche Informationen könnt ihr mit Bildern erklären? Sammelt passende Bilder in Zeitschriften oder im Internet zu den Fragen.**

5 **Schreibt für das Informationsblatt kurze Texte mit den Stichwörtern in Aufgabe 3.**

SEJ = Soziales Engagement Jugendlicher

Wer organisiert das Projekt? → Dieses Projekt organisiert das Deutsche Rote Kreuz.
Was ist das? → In diesem Projekt können Jugendliche freiwillig in Deutschland oder Frankreich arbeiten.
Wie lange dauert es? → 12 Monate
Wer kann teilnehmen? → junge Leute von 18 bis 26 Jahren
Wie kann ich mich anmelden? → Du musst – einen Bewerbungsbogen ausfüllen.
– einen Lebenslauf schicken.
– zwei Passfotos schicken.
...

6 **Gestaltet euer Informationsblatt mit Texten und Fotos.**

7 **Stellt euer Projekt mit eurem Informationsblatt in der Klasse vor.**

Wir stellen das Projekt ... vor.
Das ist ein Projekt für ...
Bei diesem Projekt ist wichtig, dass ...
Es ist sehr interessant, weil ...

DAS KANN ICH JETZT!

		Ja ☺	Es geht 😐	Nein ☹
Ich kann meine Freizeitaktivitäten beschreiben:	▲ *________ am Computer?* ● *________ am Tag / in der Woche.* *Ich ________ und ________.*	☐	☐	☐
Ich kann Verständnis ausdrücken:	*Ich kann dich ________!*	☐	☐	☐
Ich kann einen Ratschlag geben:	*Vielleicht ________ mehr Sport machen?*	☐	☐	☐
Ich kann Vorschläge machen:	*________ auch Kartoffeln grillen!* *Ich ________, jeder bringt etwas zum Trinken mit.*	☐	☐	☐
Ich kann Grade ausdrücken:	! *Das ist ________ gefährlich!* *________ gefährlich.*	☐	☐	☐
Ich kann mich verabschieden:	*O.k., tschüss, ________!*	☐	☐	☐
Ich kann mich vorstellen:	*Hallo, ________ ist Marco, heute ________ euer Lehrer.*	☐	☐	☐
Ich kann Voraussetzungen beschreiben:	*Du ________* Wichtig! *________.*	☐	☐	☐
Ich kann einen Gegensatz ausdrücken:	*In unserer Klasse sind ________ acht Mädchen, ________ nur drei!*	☐	☐	☐
Ich kann Zufriedenheit ausdrücken:	*Er ________, dass er im Altenheim arbeiten kann.* *Ich ________!*	☐	☐	☐
Ich kann eine Meinung wiedergeben:	Diese Arbeit ist interessant *Was meint deine Partnerin?* *Sie findet, ________.*	☐	☐	☐
Ich kann Wissen ausdrücken:	Das ist ein Problem! *Ich ________, ________*	☐	☐	☐
Ich kann eine Notwendigkeit ausdrücken:	▲ *!!! Komm schon, ________!* ● *Ja, ________.* *________ noch Getränke kaufen?*	☐	☐	☐
Ich kann mich verabreden:	▲ 19:30 *________ im Jugendcafé?* ● *________!*	☐	☐	☐
Ich kann höflich bitten:	*________ noch einen Kuchen backen?*	☐	☐	☐
Ich kann einen Wunsch ausdrücken:	*________ ein Stück Kuchen, bitte.*	☐	☐	☐
Ich kann gemeinsames Wissen andeuten:	*Ihr ________, dass unsere Gäste bald kommen, oder?* *________ organisieren wir ein Grillfest.*	☐	☐	☐
Ich kann einen Zweck / eine Bestimmung angeben:	*Ich brauche noch etwas ________!*	☐	☐	☐
Ich kann Zahlen / Maße angeben:	*________ Würstchen* 1 kg *________ Erdäpfel* *________ Ketchup*	☐	☐	☐

28 Stadt – Land

nach A1 WS

1 Ordne zu und ergänze.

das Feld • Kaffee zum Mitnehmen • die Wohngemeinschaft (WG) • ~~die Hofgemeinschaft~~

a) Man wohnt mit der ganzen Familie (Oma, Opa und Enkel) zusammen auf dem Land, es gibt Tiere: *die Hofgemeinschaft*
b) Man kauft es im Becher und trinkt es unterwegs: ____________
c) Man wohnt zusammen in einem Haus oder einer Wohnung, ist aber keine Familie: ____________
d) Hier wachsen zum Beispiel Mais oder Kartoffeln: ____________

nach A2 GR

2 Ordne das Gegenteil und den Komparativ zu. Ergänze.

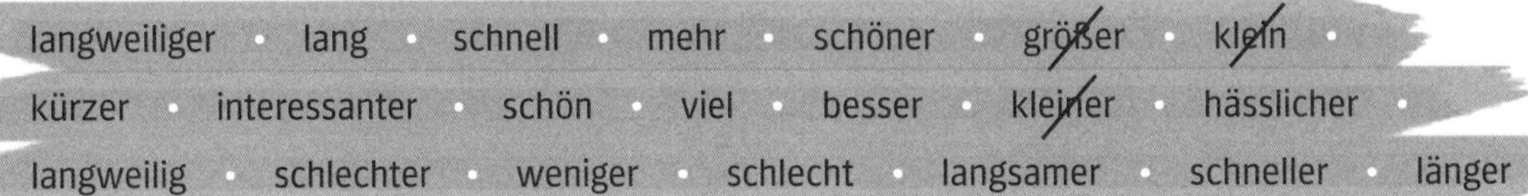

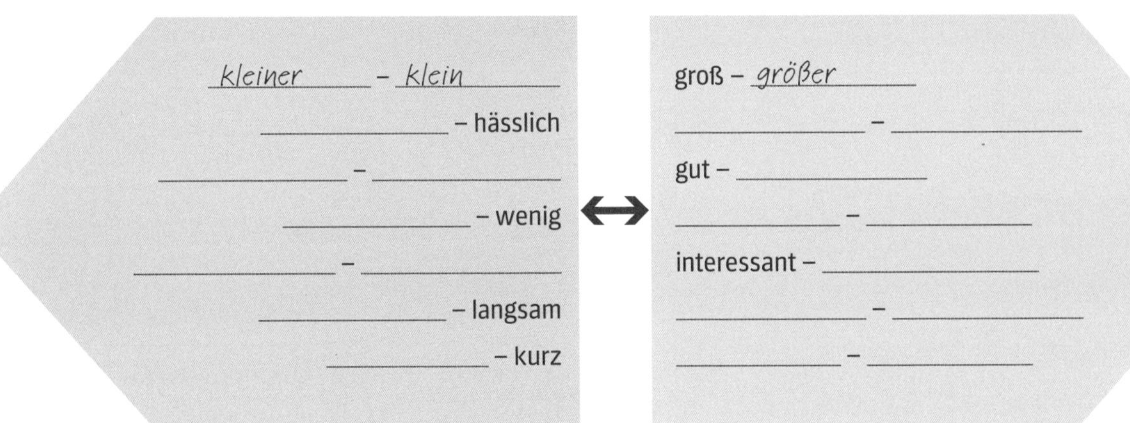

nach A4 WS

3 Ergänze die Wörter.

Forum

Thema: **Stadt oder Land? Wo lebst du lieber?**	
mr_cool am 15.5. 14:33 Uhr 	Ich finde, in der Stadt lebt man in einem a) P *a* r *a* *d* i *e* s. Denn man hat ein großes b) A _ g _ b _ t: Es gibt überall Restaurants, Kneipen, Kinos und Klubs. Wenn man unterwegs mal schnell etwas essen oder trinken will, geht man in eine c) B _ c _ _ r _ i oder eine d) Café-B _ _. In der Stadt gibt es natürlich mehr Autos und e) S _ h _ u _ z auf den Straßen, das ist nicht so schön und der Verkehr (!!!) – da braucht man schon gute f) N _ r _ e _. Aber g) F _ l _ e _ und h) W _ e _ _ n finde ich langweilig und außerdem habe ich i) A _ g _ t vor Tieren.

nach A4 WS

4 Was passt <u>nicht</u>? Streiche.

a) **die Luft:** klar • schmutzig • frisch • ~~hart~~ • schlecht
b) **die Arbeit:** frisch • hart • schwer • anstrengend • schwierig
c) **die Leute:** tolerant • klar • egoistisch • sensibel • gut
d) **das Obst:** fett • lecker • frisch • gesund • schlecht

nach A5 GR

5 Gespräche in der WG-Küche: Ergänze *als* oder *wie*.

a) ▲ Ich möchte heute Abend in den X-Klub gehen. Kommt ihr mit?
● Gehen wir doch lieber ins Bombastic. Da ist mehr los *als* im X-Klub.

b) ▲ Dein Apfelkuchen ist super lecker. Er schmeckt genauso gut ________ der Kuchen von meiner Oma.
● Danke, das freut mich.

c) ▲ Ich habe gekocht. Wollt ihr mitessen?
● Oh ja gern, aber essen wir doch im Wohnzimmer, dort ist der Tisch größer ________ hier in der Küche.

d) ▲ Und? Ist dein Ferienjob genauso stressig ________ das letzte Mal?
● Ja, leider.

e) ▲ Warum joggst du denn immer so früh?
● Ich finde, dass die Luft morgens frischer ist ________ am Nachmittag oder Abend.

A7

6 Komparativ mit *als* oder Vergleich mit *(genau)so ... wie*? Ergänze.

Irina sucht ein Zimmer in einer WG. Sie hat zwei Zimmer gefunden.

WG-Zimmer in der Stadt	WG-Zimmer auf dem Land
Zimmer: 25 m² groß	Zimmer: 25 m² groß
350 Euro	280 Euro
	billig
	ruhig
Wohnung: schön	Wohnung: schön
viele Geschäfte	nur eine Bäckerei

a) Das Zimmer auf dem Land ist *genauso groß wie* das Zimmer in der Stadt.

b) Aber das Zimmer auf dem Land ist ________________ das WG-Zimmer in der Stadt.

c) Natürlich ist es auf dem Land ________________ in der Stadt.

d) Die Wohnung in der Stadt ist ________________ die Wohnung auf dem Land.

e) In der Stadt gibt es ____________ Geschäfte ________ auf dem Land.

A7

7 Stadt oder Land: Schreib Vergleiche mit *als* oder *wie*.

a) Arbeit in der Stadt / Arbeit auf dem Land *(hart)*

____

____

b) Kneipen in der Stadt / Partys auf dem Land *(interessant)*

____

____

c) Obstkuchen vom Bäcker / Omas Apfelkuchen *(gut)*

____

____

d) Wohnungen auf dem Land / Wohnungen in der Stadt *(billig)*

____

____

e) Leute auf dem Land / Leute in der Stadt *(tolerant)*

____

____

f) Gespräche auf dem Land / Gespräche in der Stadt *(interessant)*

____

____

A8

8 Ordne den Dialog.

☐ Ich wohne bei meinen Eltern.

☐ *1* Wo wohnst du?

☐ Nein, ich wohne lieber bei meinen Eltern, weil ich da mehr Ruhe habe. Eine WG ist mir zu anstrengend.

☐ Möchtest du nicht lieber in einer WG wohnen?

A8

9 Schreib einen Dialog nach der Grafik.

Wo wohnen? → ...

... → *nicht lieber möchten ... ?*

nicht lieber möchten ... ? → *Ja / nein, weil ... Ich finde ...*

▲ ____

● ____

____

▲ ____

____

● ____

____

____

nach B2 WS

10 Ordne zu und ergänze mit Artikel.

Pony • Posaune • Flöte • ~~Sofa~~ • Musikanlage

a) das Sofa b) ______ c) ______ d) ______ e) ______

nach B2 WS

11 Ordne zu und ergänze.

Nähe • Führerschein • Einwohnern • Lehrling • ~~Deutscher~~ • Kleinstadt • Lehrstelle

Chat

dreamer14: Ich lebe in Wien. Bist du a) Deutscher oder kommst du auch aus Österreich?

mr_d: Ich wohne in Deutschland, in Meerbusch. Das ist eine b) ______ mit ungefähr 55000 c) ______.

dreamer14: Wo liegt das denn?

mr_d: In der d) ______ von Düsseldorf.

dreamer14: Ist es nicht ein bisschen langweilig in so einer kleinen Stadt?

mr_d: Ja schon, deshalb mache ich mit 18 sofort meinen e) ______, dann kann ich immer mit dem Auto nach Düsseldorf fahren.

dreamer14: Leider bin ich auch noch nicht 18. Ich gehe noch in die Schule, in die 10. Klasse. Und du?

mr_d: Ich arbeite schon. Na ja, ich bin f) ______. Zum Glück habe ich eine g) ______ in meinem Traumberuf gefunden. Ich werde Bäcker. Die Arbeit macht mir wirklich Spaß.

dreamer14:

nach B2 WS

12 Ergänze die Verben in der richtigen Form.

a) Jan muss morgens immer sehr früh aufstehen, nur samstags und sonntags kann er aus s c h l a f e n.
b) Julia ist sehr gern mit ihrem Pony in der Natur. Am liebsten möchte sie jeden Tag aus _ _ _ _ _ _.
c) Elke und Lara w _ ns _ _ _ _ sich zu Weihnachten eine Musikanlage.
d) Justus tut am liebsten nichts. F _ _ l _ _ _ _ n findet er herrlich.
e) Einmal im Monat b _ r i _ _ _ _ _ Daniel und Julia in der Schülerzeitung über das Freizeitangebot auf dem Land.
f) Jana und Susi freuen sich schon: Bald b _ g _ _ _ _ _ die Ferien.
g) Christophs Eltern wohnen auf dem Land. Sie möchten nicht, dass Christoph in der Stadt aufw _ _ _ _ _.

nach B2 WS

13 Ordne zu und ergänze.

~~am Montag~~ • donnerstags • letzten Freitag • jeden Sonntag • morgen • nächsten Dienstag • immer am Mittwoch • diesen Samstag • täglich

einmal	oft
am Montag, ______, ______, ______, ______	______, ______, ______, ______

B3 GR

14 Ergänze.

a) ________ → wärmer → ________
b) ________ → ________ → am größten
c) herrlich → *herrlicher* → ________
d) ________ → schmutziger → ________
e) ________ → ________ → ! am härtesten
f) ________ → interessanter → ! ________
g) frisch → ________ → ! ________
h) ________ → gesünder → ! ________
i) ________ → mehr → ________

B4 GR

15 Ergänze den Superlativ. Mach den Test.

Test

Bist du ein Stadtkind oder ein Landei?

a) Welche von diesen drei Aktivitäten findest du *am langweiligsten* *(langweilig)*?
- ☐ in der Natur spazieren gehen (3 Punkte)
- ☐ shoppen (1 Punkt)
- ☐ fernsehen (2 Punkte)

b) Welche von diesen drei Aktivitäten machst du in der Freizeit ________ *(gern)*?
- ☐ mit Freunden weggehen (1 Punkt)
- ☐ chatten oder Computerspiele machen (2 Punkte)
- ☐ mit der Familie zusammen sein (3 Punkte)

c) Was ist für dich ________ *(schlimm)*?
- ☐ wenig Platz (1 Punkt)
- ☐ schlechte Luft (3 Punkte)
- ☐ wenige Freizeitangebote (2 Punkte)

d) Welches von diesen drei Getränken schmeckt dir ________ *(gut)*?
- ☐ frische Milch (3 Punkte)
- ☐ ein Kaffee zum Mitnehmen (1 Punkt)
- ☐ Orangensaft (2 Punkte)

e) Was findest du ________ *(schön)*?
- ☐ eine Landschaft mit Wiesen und Feldern (3 Punkte)
- ☐ interessante Gebäude (1 Punkt)
- ☐ Romane von deinem Lieblingsschriftsteller (2 Punkte)

Ergebnis:

5–7 Punkte:	Du bist ein Actionfreak und in der Stadt ist immer was los. Die Stadt ist der ideale Wohnort für dich.
8–11 Punkte:	Stadt oder Land? Für dich ist das keine Frage. Dir gefällt beides.
12–15 Punkte:	Natur pur ist für dich am besten. Das Leben auf dem Land ist für dich ein Paradies.

B4 GR

16 Jugendliche auf dem Land: Ergänze *als, wie* oder *am*.

a) Jonas findet das Leben in einer Kleinstadt interessanter *als* in einem Dorf, aber ________ interessantesten ist es für ihn in einer Großstadt. Deshalb möchte er aus seinem Dorf wegziehen.
b) Tobias spielt Flöte und Posaune im Musikverein. Er muss fast täglich üben. Posaune übt er öfter ________ Flöte.
c) Johanna ist in der Stadt aufgewachsen. Sie erinnert sich gern an ihre Kindheit dort. Jetzt wohnt sie auf dem Land. Sie findet das Leben auf dem Land genauso schön ________ das Stadtleben.
d) Heike, Sandra und Diana reiten oft zusammen aus. Sandra reitet besser ________ Heike, aber ________ besten reitet Diana.
e) Lukas lebt gern auf dem Land, aber er hat vor vielen Tieren Angst. Vor Katzen hat er genauso viel Angst ________ vor Hunden. ________ meisten Angst hat er aber vor Pferden.

B4 GR

17 Vergleiche.

1. Platz: Wien
2. Platz: Zürich
3. Platz: Genf

a) **Städte zum Leben:** *(gut leben)*

____

____

1. Platz: in Spanien
2. Platz: in Österreich
3. Platz: in Italien

b) **Da machen Deutsche Ferien:** *(gern Ferien machen)*

____

____

1. Platz: Flughafen in London (Heathrow)
2. Platz: Flughafen in Paris (Charles de Gaulle)
3. Platz: Flughafen in Frankfurt am Main

c) **Flughäfen in Europa:** *(groß sein)*

____

____

nach B4

18 Schreib eine Antwort auf den Forumsbeitrag. Die Fragen und Stichwörter unten helfen.

Forum

Thema: Wie wohnst du?	
Name: Ela Status: Mitglied Zeit: 12:34 Datum: 14.05.	Hallo Leute, ich wohne in Reinstorf. Das liegt im Norden, in der Nähe von Lüneburg. Ich möchte nicht aus meinem Dorf wegziehen. Denn ich liebe die Natur und die Landschaft. Vielleicht studiere ich später mal in Lüneburg. Aber dann habe ich sicher schon den Führerschein und kann jeden Tag mit dem Auto zur Uni fahren. Wohnt ihr in der Stadt oder auf dem Land? Seid ihr zufrieden?

- ★ Wo wohnst du? *Ich wohne in …*
- ★ Wo liegt das? *Das ist in der Nähe von …*
- ★ Gefällt dir der Wohnort? *Ich möchte (nicht) weg aus meinem Dorf / meiner Stadt. • Mir gefällt es in … (gar nicht) • Ich bin mit dem Leben in der Stadt / in meinem Dorf zufrieden. • Ich finde die Stadt / das Dorf hässlich / schön. • Ich bin glücklich in …*
- ★ Warum gefällt dir dein Wohnort (nicht)? *die Natur / die Landschaft / das Freizeitangebot / die Geschäfte …*

AUSSPRACHE

19 Konsonantenverbindungen sch, sp, st

32

a) Hör und sprich nach.

sch	schreiben •	schmutzig •	Gemeinschaft •	frisch
sp	spannend •	Spaß •	mitspielen •	aussprechen
st	Stadt •	stressig •	einsteigen •	Werkstatt

33

b) Was hörst du? Kreuze an.

	sch *(schreiben)*	schp *(spannend)*	scht *(Stadt)*		sch *(schreiben)*	schp *(spannend)*	scht *(Stadt)*
1				5			
2				6			
3				7			
4				8			

34

c) Was hörst du? Kreuze an.

		schp	sp
1	ausprobieren		
2	Spaziergang		
3	Prospekt		
4	abspülen		

		scht	st
1	fast		
2	aussteigen		
3	gestern		
4	buchstabieren		

Am Wort- und Silbenanfang spricht man *sp* und *st* als *schp* und *scht: spannend, Stadt.*

35

20 Hör und sprich nach.

1 ▲ Bastian, fängst du vielleicht an?
● Ja, gern.

2 ▲ Was ist besser: der Film oder das Buch?
● Das Buch finde ich spannender als den Film.

3 ▲ Was machst du abends am liebsten?
● Ich surfe im Internet.

SELBSTKONTROLLE

1 Stadt und Land: Was findest du am Leben in der Stadt und auf dem Land gut? Was findest du nicht gut? Notiere jeweils mindestens drei Beispiele.

Auf dem Land: ☺

In der Stadt:

Auf dem Land: ☹

In der Stadt:

2 Was ist richtig? Kreuze an.

a) ▲ Mein Dorf ist sehr klein. Es hat nur 300 Einwohner.
● Mein Dorf ist noch __________. Es hat nur 150 Einwohner.
☐ klein ☐ kleiner ☐ am kleinsten

b) ▲ Wie möchtest du __________ wohnen? In einer WG oder bei deinen Eltern?
● In einer WG.
☐ mehr ☐ besser ☐ lieber

c) ▲ Wien hat doch __________ Einwohner als Bern, oder?
● Ich glaube schon.
☐ viel ☐ mehr ☐ am meisten

d) ▲ Arbeitest du jetzt härter __________ früher?
● Nein, eigentlich nicht.
☐ als ☐ wie ☐ –

e) ▲ Ist es dir nicht zu langweilig auf dem Land?
● Also ich finde, auf dem Land ist genauso viel los __________ in der Stadt.
☐ als ☐ wie ☐ –

f) ▲ Welche Stadt in Deutschland ist eigentlich am __________?
● Ich glaube Berlin.
☐ groß ☐ größer ☐ größten

g) ▲ In welcher deutschen Großstadt möchtest du __________ wohnen?
● In Hamburg.
☐ am besten
☐ am schönsten
☐ am liebsten

3 Interview mit einem Landei und einem Stadtkind: Ordne zu und ergänze.

ein großes Freizeitangebot • das Leben in der Stadt trotzdem interessanter • die Stadt super • nicht weg aus meinem Dorf • der Nähe von Augsburg • ein Dorf mit 500 Einwohnern

1 ▲ Wo wohnst du eigentlich?
● Ich wohne in Gebenhofen. Das ist a) ______________________________.
▲ Wo liegt das denn?
● In b) ______________________________.
▲ Gefällt es dir in deinem Dorf?
● Ich möchte c) ______________________________. Denn hier sind meine Freunde und meine Familie.

2 ▲ Angela, du wohnst in der Stadt. Was ist so toll an der Stadt?
● Also ich finde a) ____________________! Denn da gibt es b) ______________________________. Außerdem habe ich hier meine Freunde.
▲ Aber ist es nicht stressig in der Stadt?
● Na ja, manchmal schon, aber ich finde c) ______________________________.

29 Umwelt

nach A3 WS

1 Interview: Ordne zu und ergänze.

Hitze • Katastrophen • Stürme • Boden • ~~Klima~~

Wir von der Schülerzeitung fragen Herrn Dr. Kühl, Meteorologe an der Uni Münster.

Schülerzeitung: Herr Dr. Kühl, es ist Winter. Wir haben –5 Grad. Das ist doch ganz normal.

Herr Dr. Kühl: Ja, das ist richtig. Trotzdem: Das a) Klima ________ verändert sich. In den letzten Jahren hat es weniger geregnet und im Sommer wird es immer wärmer.

Schülerzeitung: Aber das ist doch eigentlich ganz schön, oder?

Herr Dr. Kühl: Na ja, nicht nur. Zum Beispiel ist der b) ____________ trockener. Außerdem gibt es mehr c) ____________, z.B. extreme d) ________ von mehr als 40 Grad oder auch e) ____________ wie z.B. der Orkan Kyrill im Jahr 2007.

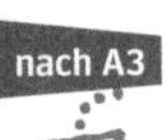

nach A3 GR

2 Ordne zu und ergänze den Komparativ.

teuer • gern • ~~viel~~

a) Im Winter gibt es bei Zügen und Bussen mehr ________ Verspätungen als im Sommer.
b) Dieses Jahr ist der Strom ____________ als letztes Jahr.
c) Ich fahre ____________ auf kleinen Straßen als auf der Autobahn.

nach A3 WS

3 Wetterwörter: Markiere die Adjektive, Nomen und Verben. Ordne zu und ergänze.

kühl|schnee|schneien|nasssonnekaltwindscheinentrockenregenwehenwarmtemperaturheißregnen

Adjektive	Nomen	Verben
a) kühl	a) der Schnee	a) schneien
b) ________	b) ________	b) ________
c) ________	c) ________	c) ________
d) ________	d) ________	d) ________
e) ________	e) ________	
f) ________		

nach A4 GR

4 Wie ist das Wetter?

a) Ergänze *es, die Sonne, der Wind.*

1 ________ scheint. ________ ist trocken.
2 ________ schneit.
3 Es ________ ist kühl.
4 ________ weht stark.
5 ________ regnet. ________ ist nass.

b) Ordne zu und ergänze.

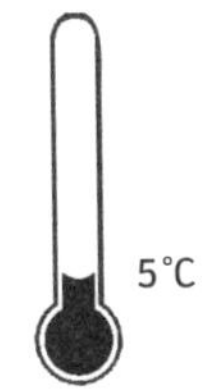

3 Es ist kühl.

A5 **5 Gespräche über das Wetter: Schreib die Sätze richtig.**

a) ▲ In Norddeutschland ist das Wetter eigentlich immer schlecht.
● Aber das stimmt doch gar nicht. Diesen Sommer *ist es warm* ______ *(es / warm / sein)* und ______ *(scheinen / die Sonne / oft)*. In Süddeutschland ______ *(geben / Regen / viel mehr / es)*.

b) ▲ Wie ist denn das Wetter in Zürich? Kannst du bitte mal im Internet nachschauen?
● Nicht so gut. ______ *(kühl / ziemlich / es / sein)* und ______ *(stark / wehen / der Wind)*.

c) ▲ Morgen fahren wir in den Skiurlaub. Hoffentlich liegt genug Schnee.
● Ich glaube schon. Ich habe gehört, dass ______ *(es / schneien / schon / seit zwei Tagen)* und ______ *(sehr / sein / kalt)*.

d) ▲ Ich glaube, wir können morgen nicht wandern.
● Aber warum denn nicht?
▲ Im Radio haben sie gesagt, dass ______ *(es / regnen / sollen)* und ______ *(sein / kalt / auch)*.

A5 **6 Grüße aus dem Urlaub: Ergänze.**

Hi, ich bin in den Alpen beim Skifahren. Hier a) ______ ______ (❄) schon den ganzen Tag. Natürlich b) ______ auch ziemlich ______ (–5 °C).
Lara

Hallo,
bin in Rom. Die c) ______ ______ (☀). d) ______ super ______ (30 °C).
Bis Montag
Felix

Hallo Julia,
hier auf Mallorca e) ______ ______ (🌧). ☹ Und f) ______ zu ______ (14 °C). Außerdem g) ______ sehr stark. (💨).
LG Britta

A6 **7 Ergänze und vergleiche.**

a) _ _ _ N _ _ d _ _ (engl.: north) ______
b) *d e r* W _ _ _ e n (engl.: west) ______
c) _ _ r O s _ _ _ (engl.: east) ______
d) _ _ r _ ü d _ _ (engl.: south) ______

A6 **8 Wo liegen die Städte? Wie kann man noch sagen? Ergänze die Sätze.**

a) Innsbruck liegt *im Westen von Österreich* ______ *(in Westösterreich)*.
b) Dresden liegt *in Ostdeutschland* ______ *(im Osten von Deutschland)*.
c) Paris ist ______ *(in Nordfrankreich)*
d) Krakau liegt ______ *(im Süden von Polen)*.
e) Alicante ist ______ *(in Ostspanien)*.
f) Genf ist ______ *(im Westen von (!) der Schweiz)*.

A6 **9 Du machst einen Ausflug. Schreib eine Postkarte an einen Freund / eine Freundin in Deutschland.**

Hallo ...,
ich bin gerade in ...
und ...
Das Wetter ist ... ______
______
Viele Grüße ______
... ______

★ Wo bist du? — *In Süd- / Nord- / West- ...*
★ Was machst du? — *wandern / einen Ausflug machen / Ski fahren / schwimmen / ...*
★ Wie ist das Wetter? — *(nicht so) gut / schlecht • Temperatur • Regen / Schnee • Sonne / Wind • nass / trocken*

nach B3

10 Ordne zu und ergänze.

die Batterie • die Mülltonne • die Verpackungen (Pl) • die ~~Heizung~~ • das Papier • der Müll • die Obst- und Gemüseabfälle (Pl) • das Prozent

a) 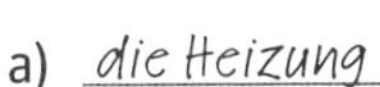 *die Heizung*

c) ____________

e) ____________

g) ____________

b)  ____________

d) ____________ ____________

f) ____________

h) ____________

nach B3

11 Ordne zu und ergänze.

Lampe • Müll • ~~Wasser~~ • Heizung • Computer • Strom

a) *Wasser*, ____________ fließen / verbrauchen / sparen / benutzen

b) ____________ aufdrehen / runterdrehen / einschalten / ausschalten / benutzen

c) ____________, ____________ einschalten / ausschalten / benutzen

d) ____________ trennen / recyceln

nach B3

12 Umweltschutz: Ordne zu und ergänze die Verben in der richtigen Form.

halten • einschalten • ~~verbrauchen~~ • runterdrehen • transportieren • sparen • mithelfen • trennen • ausschalten

a) ▲ Ich habe gelesen, dass ein Mensch in den Industrieländern pro Tag ungefähr 130 Liter Wasser *verbraucht*.
● Das ist ziemlich viel.

b) ▲ Es ist ziemlich warm. Können wir die Heizung ein bisschen ____________?
● O.k.

c) ▲ ____________ du den Müll?
● Ja, ich habe verschiedene Mülleimer für Gemüseabfälle, Glas, Papier und Plastik.

d) ▲ Darf ich das Licht ____________? Die Sonne scheint!
● Oh, ja, das habe ich ganz vergessen.

e) ▲ Warum kaufst du denn die teuren Batterien?
● Die ____________ länger als die anderen.

f) ▲ Warum ____________ du das Licht nicht ____________? Es ist so dunkel hier.
● Ich will Strom ____________.

g) ▲ Morgen findet der Umwelttag an unserer Schule statt und wir haben noch so viel zu tun. Kannst du vielleicht noch ein bisschen ____________?
● Ja, klar. Was soll ich denn machen?

h) ▲ Kaufst du nur Obst aus der Region?
● Ja, meistens, das ist frischer und man muss es nicht mit Schiff und Flugzeug von weit her ____________.

B5 **13 Umweltschutz im Alltag 1: Schreib die Sätze richtig.**

a) Ich fahre mit dem Rad, wenn das Wetter schön ist ______ *(das Wetter / sein / schön).*

b) Ich bade nur, wenn ______ *(ich / sein / krank).*

c) Ich benutze nur Batterien, wenn ______ *(gibt / Strom / keinen / es).*

d) Ich kaufe Pfandflaschen, wenn ______ *(haben / Durst / ich).*

e) Ich werfe meine Zeitung in den Papiermüll, wenn ______ *(haben / gelesen / ich / sie).*

f) Ich nehme immer eine Tasche mit, wenn ______ *(einkaufen / ich / gehen).*

B5 **14 Umweltschutz im Alltag 2: Wie kann man noch sagen? Schreib Sätze.**

a) Claudia organisiert Aktionen für die Umwelt, wenn sie Zeit hat.
Wenn Claudia Zeit hat, organisiert sie Aktionen für die Umwelt.

b) Dana nimmt meistens Freunde mit, wenn sie mit dem Auto fährt.
Wenn ______

c) Ich fahre oft mit dem Fahrrad, wenn ich einkaufen gehe.
______

d) Susanna schaltet die Heizung aus, wenn sie nicht zu Hause ist.
______

B7 **15 Tipps zum Umweltschutz: Schreib Sätze mit *wenn*.**

a) **!** Verkaufen Sie Ihre alten Elektrogeräte.
→ Sie haben nicht so viel Müll.

Wenn Sie Ihre alten Elektrogeräte verkaufen,
(dann) haben Sie nicht so viel Müll.

b) **!** Kaufen Sie Gemüse aus der Region.
→ Das ist gut für die Umwelt.

Wenn ______

c) **!** Benutzen Sie Energiesparlampen
→ Sie brauchen nicht so oft neue Glühbirnen.

______

d) **!** Schalten Sie den Fernseher oder Computer nachts aus. → Sie sparen Strom.

______

B7 **16 Schreib die Sätze richtig.**

a) *(es / schneien → wir / Ski fahren / können)*

______

b) *(geben / keinen Strom / es → können / ich / nicht fernsehen)*

______

c) *(es / regnen → die Grillparty / stattfinden / nicht)*

______

d) *(sein / die Batterie / kaputt → fahren / das Auto / nicht)*

______

e) *(es / sein / warm → ich / die Heizung / ausschalten)*

______

nach B8

17 Der Internationale Umwelttag: Schreib Vorschläge mit *Wir könnten doch ... Ich schlage vor, ... Wenn ..., dann ...*

Deine Schule möchte am 5. Juni beim Internationalen Umwelttag mitmachen.
An diesem Tag soll es verschiedene Aktionen geben.

- Poster über Umweltschutz aufhängen → mehr Schüler beim Umweltschutz mitmachen
- den Müll in der Schule trennen
- die Heizung an sein → Fenster schließen
- alte CDs und DVDs zum Recyceln sammeln
- sich um den Schulgarten kümmern
- Wanderungen machen → die Natur besser kennenlernen können
- Filme über die Natur und das Meer zeigen → Leute über den Umweltschutz informieren
- Artikel über Umweltschutz für die Schülerzeitung schreiben

a) Wenn wir Poster über Umweltschutz aufhängen, machen mehr Schüler beim Umweltschutz mit.
b) Wir könnten doch den Müll in der Schule trennen.
c) ______
d) ______
e) ______
f) ______
g) ______
h) ______

AUSSPRACHE

18 Konsonant s

36

a) Hör und sprich nach.

s = hart Haus • Poster • nass • fließen
s = weich Häuser • Sommer • sofort • versuchen

ss und *ß* spricht man immer hart: na*ss*, flie*ß*en.

Am Wort- und Silbenende spricht man das *s* hart: Hau*s*, Po*s*|ter.

Am Wort- und Silbenanfang spricht man das *s* weich: *S*ommer, Häu|*s*er.

37

b) Was hörst du? Kreuze an.

		s *(Haus)*	s *(Häuser)*			s *(Haus)*	s *(Häuser)*
1	reisen			6	geschlossen		
2	Chaos			7	heiß		
3	Katastrophe			8	fernsehen		
4	Süden			9	Gäste		
5	Sonne			10	lesen		

38

c) Was fehlt? Hör, sprich nach und ergänze.

	Ein ...	Zwei ...		Ein ...	Zwei ...
1	Haus		3	Kurs	
2		Gläser	4		Preise

39

19 Hör und sprich nach.

1 ▲ Wie ist das Wetter bei euch?
● Es regnet und der Wind weht stark.

2 ▲ Wo schneit es?
● In Norddeutschland.

3 ▲ Gehen wir hier über die Straße!
● Achtung! Da kommt ein Auto!

SELBSTKONTROLLE

1 Klimakatastrophen und die Konsequenzen: Notiere jeweils mindestens zwei Beispiele.

bei Hitze:

bei einem Sturm:

bei Hochwasser

2 Umweltschutz: Was kannst du tun? Notiere mindestens fünf Tipps.

! die Heizung runterdrehen
!
!
!
!
!

3 Was ist richtig? Kreuze an.

a) ▲ Wie wird das Wetter morgen?
● ____________ schneit.
☐ Es ☐ Er ☐ Der Schnee

b) ▲ Bei uns in München regnet es. Wie ist denn das Wetter bei euch in Hamburg?
● ____________ scheint und ____________ ist schön warm.
☐ Es ... es
☐ Sie ... sie
☐ Die Sonne ... es

c) ▲ Wo liegt denn eigentlich Dresden? Ist das ____________ Süden ____________ Deutschland?
● Nein, das ist doch ____________ Ostdeutschland.
☐ im ... von ... in
☐ im ... aus ... im
☐ in ... von ... im

d) ▲ Warum kaufst du immer diese komischen Lampen?
● Weil man 80% weniger Strom verbraucht, wenn ____________.
☐ man benutzt Energiesparlampen
☐ man Energiesparlampen benutzt
☐ benutzt man Energiesparlampen

e) ▲ Warum ist Duschen für die Umwelt besser als Baden?
● Wenn man duscht, dann ____________.
☐ man braucht weniger Wasser
☐ braucht man weniger Wasser
☐ man weniger Wasser braucht

f) ▲ Ich finde, die Politiker müssen sich mehr um den Umweltschutz kümmern.
● Na ja, nur wenn alle etwas für die Umwelt tun, ____________.
☐ wir können mehr erreichen
☐ wir mehr erreichen können
☐ können wir mehr erreichen

g) ▲ Warum kaufst du nur Obst aus der Region?
● Wenn man Obst aus anderen Ländern kauft, ____________.
☐ man muss es weit transportieren
☐ muss man es weit transportieren
☐ man es weit transportieren muss

4 Ergänze die Dialoge.

a) ▲ Wo liegt eigentlich Hamburg?
● ____.

b) ▲ Wie wird denn das Wetter morgen?
● Leider nicht so gut. ____________________ (10 °C) und ____________________ ( ), aber am Abend ____________________ ( ).

c) ▲ Wenn ____________________ ( ), dann gibt es oft Unfälle auf den Autobahnen. Deshalb möchte ich lieber mit dem Zug fahren.
● Ja, klar. Warum nicht?

30 Tiere

nach A3 WS

1 Ordne zu und ergänze.

Zoo • ~~Wildtiere~~ • Pflanzen • Futter • Veranstaltung

a) *Wildtiere*:	b) ________:	c) ________:	d) ________:	e) ________:
Panda	Baum	Tier	Festival	Kartoffeln
Tiger	Blume	Park	Konzert	Mais
Gorilla		Besucher	Filmabend	Fleisch
			Workshop	Fisch

nach A3 WS

2 Ergänze die Wörter.

a) im G *e* f *ä* *n* g n *i* s = Man lebt nicht in Fr _ i h _ _ t.
b) eine M _ l _ _ _ _ Tiere = 1 000 000 Tiere
c) im G _ h _ g _ = Da leben die Tiere im Zoo.
d) die N _ _ _ _ n g = Futter für Tiere, Essen für Menschen

nach A3 WS

3 Markiere die Verben. Ordne zu und ergänze.

schützen|züchteninformierensorgenuntersuchenjagen

a) sich über die Tiere i________
b) seltene Tierarten z________
c) kranke Tiere u________
d) in der Natur j________
e) die Tiere, die Umwelt, die Lebensräume sch*ützen*
f) für Futter, Nahrung s________

nach A4 WS

4 Schreib die Adjektive richtig.

a) (selei) *leise* ↔ laut
b) (schfri) ________ ↔ alt
c) (nellsch) ________ ↔ langsam
d) (endspann) ________ ↔ langweilig
e) (pridemiert) ________ ↔ froh
f) (türnalich) ________: nicht vom Menschen gemacht
g) (ulaf) ________: nicht gern arbeiten
h) (liebtbe) ________: gern mögen
i) (striertfrus) ________: nicht zufrieden sein
j) (gresagsiv) ________: böse sein

nach A5

5 Was ist im Nationalpark gut und was ist schlecht? Das sagen die Besucher. Was ist richtig? Ergänze.

a) *(~~laut~~ / ~~lauten~~)* Die *lauten* Besucher stören mich. – Die Besucher sind *laut*.
b) *(teuer / teuren)* Der Eintritt ist wirklich ________. – Ich finde den ________ Eintritt schlecht.
c) *(schön / schöne)* Die ________ Landschaft gefällt mir sehr. – Die Landschaft ist total ________.
d) *(seltene / selten)* Es gibt viele ________ Tierarten hier im Zoo. – Manche Tierarten sind sehr ________.
e) *(modern / modernen)* Die großen Gehege für die Bären sind richtig ________. – Die ________ Gehege für die Bären sind sehr groß.
f) *(leckeren / lecker)* Den ________ Kuchen gibt es am Kiosk. – Der Kuchen am Kiosk schmeckt ________.
g) *(interessanten / interessant)* Die Veranstaltung am Nachmittag war wirklich sehr ________. – Die ________ Veranstaltungen finden am Nachmittag statt.

nach A5

6 Ergänze die Adjektive.

	Nominativ	**Akkusativ**
m	a) Der *nette* Tierpfleger ist heute nicht da. *(nett)*	e) Ich mag den ________ Tiger. *(stark)*
	Nominativ = Akkusativ	
n	b) Das ________ Gehege gefällt mir nicht. *(eng)*	f) Ich gehe in das ________ Café am Eingang. *(klein)*
f	c) Die ________ Veranstaltung ist endlich vorbei. *(laut)*	g) Die Tiere bekommen jeden Tag diese ________ Nahrung. *(gesund)*
Pl	d) Diese ________ Pflanzen sind sehr schön. *(groß)*	h) Ich möchte die ________ Affen sehen. *(lustig)*

A5 B

7 Zoogespräche: Ergänze *-e* oder *-en*.

a) ▲ Schau mal da, die süß*en*__ Pandababys.
● Die sind wirklich süß.

b) ▲ Das neu___ Elefanten-Gehege ist doch toll, oder?
● Das stimmt, es sieht sehr natürlich aus.

c) ▲ Gehen wir weiter. Vielleicht treffen wir bei den Affen wieder den nett____ Tierpfleger.
● Oh, ja.

d) ▲ Der alt__ Eisbär sieht so deprimiert aus.
● Hm, vielleicht ist er krank.

e) ▲ Da, siehst du den klein____ Gorilla?
● Oh ja, und ich glaube, da hinten ist seine Mutter.

f) ▲ Hast du die alt___ Frau gesehen? Sie hat die Affen gefüttert.
● Das darf man doch gar nicht.

A5 B

8 Ein Tierfilm: Ergänze die Adjektivendungen.

„Madagaskar" ist ein Animationsfilm. In Deutschland haben 6,5 Millionen Kinobesucher diesen a) erfolgreich___ Film gesehen. Vier Tiere aus einem Zoo in New York spielen die Hauptrolle. Der Löwe ist der b) beliebt__ Star im Zoo. Die anderen drei Tiere sind seine Freunde. Sie leben eigentlich gern im Zoo. Nur das c) unzufrieden___ Zebra möchte etwas anderes kennenlernen. Deshalb verlassen die Tiere den Zoo und kommen nach einer gefährlichen Reise nach Madagaskar. Aber das d) anstrengend___ Leben in Freiheit ist für die Zootiere nicht so leicht. Der e) groß___ Löwe hat immer Hunger. Im Zoo hat er jeden Tag Futter bekommen. Wenn er an das f) lecker___ Fleisch dort denkt, wird sein Hunger noch schlimmer. Aber er kann doch nicht seinen Freund, das g) sympathisch___ Zebra fressen! Am Ende wollen die h) frustriert___ Tiere wieder nach Hause. Bringt sie das große Schiff am Strand wieder zurück? Das erfährt der Zuschauer nicht.

A6 B

9 Zoos – Ja oder Nein: Wo steht das Verb? Kreuze an.

a) *(leben)* Max: Meiner Meinung nach ☒ die Tiere im Zoo ☐ fast wie in ihren natürlichen Lebensräumen ☐.
b) *(haben)* Sven: Das finde ich nicht, weil ☐ die Tiere ☐ auch in den modernen Gehegen zu wenig Platz ☐.
c) *(ist)* Ina: Ich glaube, dass ☐ das ☐ für die Tiere nicht so schlimm ☐.
d) *(sieht)* Bettina: Das stimmt so nicht. Denn ☐ man ☐ doch ☐, dass die Tiere oft aggressiv und frustriert sind.
e) *(kümmern)* Paul: Die Tiere haben vielleicht zu wenig Platz, aber ☐ die Tierpfleger und Tierärzte ☐ sich sehr gut um die Tiere ☐.
f) *(müssen)* Tom: Das stimmt vielleicht. Aber ich bin auch dagegen, dass Tiere aus Afrika ☐ hier in Europa ☐ leben ☐.

6

10 Tierschutz? Ordne zu und ergänze.

Du hast recht, aber • Ich bin einverstanden • Meiner Meinung nach • Ich bin dagegen, dass • ~~Ich bin auch nicht dafür~~ • Ich finde, dass

a) ▲ ______________ Menschen Wildtiere jagen.
● *Ich bin auch nicht dafür.*

b) ▲ ______________ ist es nicht gut, wenn Katzen immer drinnen bleiben müssen. Sie sind dann frustriert und aggressiv.
● ______________ in der Stadt ist es für eine Katze ziemlich gefährlich.

c) ▲ ______________ wir mehr für Tiere tun sollen. Wir könnten doch Mitglied in einem Verein für Tierschutz werden.
● ______________, das ist eine gute Idee.

6

11 Schreib eine Antwort zum Thema „Tiere im Zirkus".

Forum

Thema: Tiere im Zirkus	
Lilly Registriert seit: 20.8. Beiträge: 10	Gestern war ich im Zirkus. Ich habe die Tiere dort gesehen und muss sagen, ich finde ihr Leben schrecklich. Elefanten, Tiger und Löwen sind Wildtiere. Sie brauchen ihre Freiheit, aber im Zirkus haben sie überhaupt keinen Platz. Meiner Meinung nach gehören Wildtiere nicht in einen Zirkus! Was denkst du?
	AW: Ich habe auch schon oft Tiere im Zirkus gesehen. Ich denke, dass …

nach B3

12 Ordne zu.

1 das Haustier → e)
2 das Meerschweinchen
3 der Besitzer
4 der Notruf
5 die Tochter

a) dieser Person gehört etwas, z.B. ein Hund
b) Müllers haben zwei Kinder, einen Sohn und eine ...
c) Man ruft bei der Polizei, der Feuerwehr oder dem Arzt an, weil jemand ganz schnell Hilfe braucht.
d) ein kleines Tier, beliebt bei Kindern
e) zum Beispiel ein Hund oder eine Katze

nach B3 WS

13 Schreib die Wörter richtig.

...TIER...

a) (ozo) *Zoo*
b) (liwd) ____
c) (shua) ____
d) ____ (lepfger)
e) ____ (ratz)
f) ____ (ilfm)

nach B3

14 Beruf Dompteur: Ordne zu und ergänze die Verben in der richtigen Form.

passieren • angreifen • töten • ~~aufpassen~~

▲ Sie arbeiten hier im Zirkus mit Löwen: Ist das nicht sehr gefährlich?
● Doch, klar. Man muss schon a) *aufpassen*. Löwen können ziemlich aggressiv sein.
▲ Ist Ihnen schon einmal etwas b) ____?
● Ja, einmal, letztes Jahr hat mich ein Löwe beim Training c) ____.
▲ Waren Sie verletzt?
● Nur ein bisschen, nicht schlimm.
▲ Mussten Sie schon einmal ein Tier d) ____, weil es zu aggressiv war?
● Nein, das war zum Glück noch nie der Fall.

nach B3

15 Termine in der Tierarztpraxis: Ergänze im Genitiv.

▲ Frau Heinrich, wie viele Termine haben wir denn heute noch?
● Also da haben wir zuerst a) *Herrn Links Hund* *(der Hund von Herrn Link)*, dann kommt b) ____ *(die Katze von Frau Hofer)*. Außerdem müssen Sie noch c) ____ *(das Meerschweinchen von Petra)* untersuchen.
▲ Muss ich denn auch Hausbesuche machen?
● Ja, sie sollen sich d) ____ *(das Pferd von Frau Schnitt)* mal anschauen.
▲ Das wird ein anstrengender Arbeitstag. Hoffentlich gibt es keine Notrufe.

nach B3

16 Ergänze und vergleiche.

Englisch	Deutsch	Meine Sprache
Mr Müller's dog	a)	
Ms Becker's cat	b)	
Peter's horse	c)	

nach B3

17 Dativ oder Akkusativ? Ergänze die Nomen mit dem bestimmten Artikel im Plural.

a) von *den Töchtern* *(Tochter)*
b) zu ____ *(Veranstaltung)*
c) für ____ *(Haustier)*
d) mit ____ *(Besitzer)*
e) ohne ____ *(Notruf)*
f) bei ____ *(Hund)*

B5 **18 Was ist richtig? Markiere und ordne zu.**

1

2

3

4

5

a) Wo ist der Affe mit *die lustige / der lustigen* Nase? [2]
b) Wo ist der Straußenvogel mit *dem langen / der lange* Hals? ☐
c) Wo ist das Nilpferd mit *der große / dem großen* Zahn? ☐
d) Wo ist der Affe mit *dem kleinen / den kleinen* Baby? ☐
e) Wo ist das Zebra mit *den schönen / die schönen* Streifen? ☐

B6 **19 Ergänze den bestimmten Artikel und die Endungen.**

Chat

lara04: Hallo Caro, du hast mir doch heute die E-Mail a) mit _den_ nett_en_ Tierfotos geschickt. Danke, die sind echt super. Woher hast du sie denn?
caro: Aus dem Internet. Süß, nicht wahr?
lara04: Ja. Also das Foto b) mit ______ weiß____ Katze gefällt mir besonders gut.
caro: Und was sagst du c) zu ______ braun____ Pferd d) mit ______ groß____ Hut auf dem Kopf?
lara04: Das ist total lustig.
caro: Ich habe gewusst, dass dir das gefällt.
lara04: Übrigens, was machst du morgen? Willst du nicht mal wieder mit mir ausreiten? Wir könnten doch gleich e) nach ______ letzt______ Unterrichtsstunde zum Pferdehof fahren.
caro: Gute Idee! Bis morgen.

6 **20 Ein neues Zuhause: Ergänze die Adjektivendungen.**

1

Dieser a) groß_e_ Hund heißt Bello. Er ist fünf Jahre alt. Für ältere Menschen ist der b) ruhig____ Hund ideal. Wer interessiert sich für den c) lieb____ Bello?

2

Sie sind Katzen-Fan? Miez und Minka sind Schwestern. Die Katze mit dem a) schwarz_____ Kopf ist Minka. Die mit der b) weiß____ Nase ist Miez. Am liebsten wollen die c) süß_____ Katzen zusammenbleiben.

6 **21 Ergänze die Artikel und die Adjektivendungen.**

a) ▲ Oh je, schau mal, da liegt eine Katze auf der Straße. Sie kann nicht laufen.
● Wir bringen sie zu d______ nett____ Tierarzt in der Schillerstraße. Der soll sie untersuchen.

b) ▲ Frau Heinrich, könnten Sie mir bei d_____ schwierig_____ Operation helfen? Oder vielleicht hat auch d______ jung____ Tierpfleger Zeit?
● Ich kann Ihnen helfen, Herr Doktor.

c) ▲ Was finden Kinder im Zoo besonders interessant?
● Ich glaube, d______ süß_____ Tierbabys gefallen d_____ jung____ Besuchern am meisten.

d) ▲ Wo sind denn die Bären?
● Die Gehege mit d_____ groß_____ Wildtieren sind bei d____ braun____ Holzhäusern, da hinten.

22 Schreib Britta eine E-Mail. Die Stichwörter unten helfen.

nach B6

Du warst in den Ferien. Deine Freundin Britta hat auf deine Katze Minka aufgepasst.
Leider ist deine Katze krank geworden, aber Britta hat sich gut um die Katze gekümmert.
Jetzt bist du wieder zu Hause. Du warst mit Minka beim Tierarzt. Minka ist wieder gesund.

Minka wieder prima gehen • Danke, dass ... um Minka kümmern • beim Tierarzt sein • Tierarzt Minka untersuchen • Tierarzt sagen, sie wieder gesund • ... Grüße

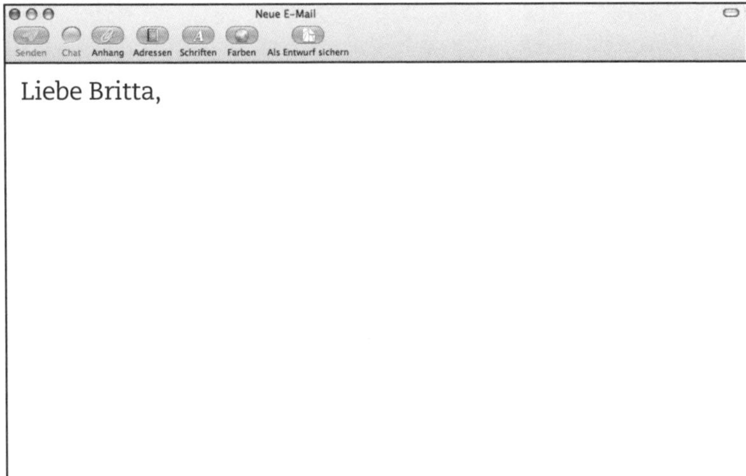

AUSSPRACHE

23 Konsonanten b-p, d-t, g-k

40

a) Hör und sprich nach.

b	Banane	Baum	Oktober	leben
p	Partner	Post	Opa	Kneipe
d	draußen	dunkel	Ende	baden
t	Tausend	Tier	Futter	Hut
g	Gehege	gefährlich	fragen	aggressiv
k	Klima	können	stark	denken

41

b) Hör und sprich nach.

b wie *p*	*d* wie *t*	*g* wie *k*
Verb	Hand	Tag

Am Wort- oder Silbenende spricht man *b*, *d*, *g* immer hart als *p*, *t*, *k*.

42

c) Was hörst du? Kreuze an.

		b	p
1	halb		
2	Besuch		
3	Pause		
4	abfahren		

		d	t
1	Fahrrad		
2	leicht		
3	modern		
4	wild		

		g	k
1	bekannt		
2	Alltag		
3	sorgen		
4	Vogel		

43

24 Hör und sprich nach.

1 ▲ Meiner Meinung nach war die Klassenarbeit sehr leicht.
● Ja, du hast recht, aber wir hatten auch nicht viel Zeit.

2 ▲ Kannst du mir das Buch schon morgen geben?
● Sicher!

3 ▲ Wie geht's deiner Oma?
● Ihr geht's prima!

SELBSTKONTROLLE

1 Notiere mindestens sechs Tiere mit Artikel.

2 Notiere passende Stichwörter.

Zoo:	Wildtiere:	Tierarzt:
Veranstaltungen	*jagen*	

3 Was ist richtig? Kreuze an.

a) ▲ Ich finde den ________ Zoo super.
● Mir gefällt er auch ganz gut.
☐ neue ☐ neu ☐ neuen

b) ▲ Warum kommt denn der ________ Eisbär nicht aus seinem Haus?
● Ich glaube, er mag die ________ Menschen nicht.
☐ kleine ... laute
☐ kleinen ... lauten
☐ kleine ... lauten

c) ▲ Welches Tier möchtest du denn gern?
● Das ________ Meerschweinchen gefällt mir gut. Das hätte ich gern.
☐ braune ☐ braun ☐ braunen

d) ▲ Hast du die ________ Maus von Petra schon gesehen?
● Nein, noch nicht.
☐ weißen ☐ weiß ☐ weiße

e) ▲ Ist das nicht ________ Hund da auf der Straße?
● Doch, ich glaube schon.
☐ von Peter ☐ Peters ☐ Peter

f) ▲ Mama, warum bekomme ich denn keine Katze?
● Mit ________ hat man doch nur Probleme.
☐ Haustieren ☐ Haustiere ☐ Haustier

g) ▲ Wem gehört denn der ________ Hund mit ________ Ohren im Hof?
● Ich habe auch keine Ahnung.
☐ weißen ... die schwarze
☐ weiße ... den schwarzen
☐ weiße ... der schwarzen

h) ▲ Ich weiß gar nicht, warum mein Pferd immer dicker wird.
● Na, bei ________ Futter muss es ja dicker werden.
☐ dem vielen ☐ das viele ☐ den vielen

i) ▲ Hast du schon von ________ Tiersendung im Fernsehen gehört?
● Ach ja, die soll toll sein.
☐ den neuen ☐ der neue ☐ der neuen

j) ▲ Komm wir gehen zu ________ Vögeln. Die sind immer so schön bunt.
● Oh ja, gern.
☐ der exotische
☐ den exotischen
☐ die exotischen

4 Zoos – Ja oder Nein? Ordne zu und ergänze.

Ich glaube, dass • Meiner Meinung nach • Ich bin dagegen, dass • Du hast recht, aber

▲ a) ______________________ sind Zoos wichtig, weil sie seltene Tiere züchten.
● b) ______________________ trotzdem ist es besser, wenn Tiere in Freiheit leben können.
▲ c) ______________________ Wildtiere im Zoo leben müssen.
■ Das finde ich auch nicht gut.
◆ d) ______________________ die Tiere im Zoo durch die Besucher zu viel Stress haben.
■ Das stimmt.

Natürlich

LESEN

Vor dem Lesen

1 Schau das Bild an. Worum geht es im Text? Bilde Hypothesen und mach Notizen.

Bilde Hypothesen über den Textinhalt!

Lesen 1

2 Lies die Überschriften. Zu welchem Textabschnitt passen sie? Notiere die Zeilennummern.

	Überschriften	Zeilen
a)	Umweltfreundlich einkaufen	__ bis __
b)	Die Deutschen und die Kleidung	__ bis __
c)	Die Produktionsreise einer Jeans	__ bis __

Die Weltreise einer Jeans

KonsumGlobal

Wir Deutschen sind Weltmeister im Textilienverbrauch. Ein Deutscher kauft im Jahr durchschnittlich zwischen 40 und 70 Kleidungsstücke! (Und dazu kommen noch z. B. Bettwäsche, Handtücher usw.) Bei uns gibt es ständig neue Kollektionen und für dreißig Euro können wir uns die aktuelle Jeans kaufen und nach einem Jahr wegwerfen.

Aber eigentlich ist die Kleidung viel mehr wert als sie kostet. Schauen wir uns mal die normale Produktionsreise einer Jeans an. Jeans sind aus Baumwolle. Die baut man auf großen Plantagen in Westafrika und Asien an. Dabei verbraucht man viel Wasser und man benutzt viele Chemikalien. Die Konsequenzen für die Umwelt sind natürlich schlimm: Der Boden und das Grundwasser werden schmutzig, die Kleintiere und Pflanzen werden krank. Außerdem müssen die Plantagenarbeiter sehr hart arbeiten und sie verdienen ganz wenig Geld. Manchmal müssen sogar Kinder bei der Arbeit helfen. Für eine schöne Bluejeans muss man die Baumwolle natürlich färben. Auch dafür braucht man viele chemische Stoffe. Und die sind für die Umwelt sehr schädlich, denn das verschmutzte Wasser von den Färbereien kommt in die Flüsse und Seen. 90 Prozent aller Jeans näht man in Asien und Zentralamerika. Meistens junge Frauen arbeiten dort in großen Fabriken 12, manchmal 16 Stunden am Tag! Einen gerechten Lohn bekommen sie für ihre Arbeit nicht: Oft sind es weniger als zwei Euro am Tag!

Aber brauchen wir all die Kleidung? Wie oft kaufen wir aus reiner Lust oder reinem Frust etwas? Oder weil etwas gerade Mode ist? Dabei ist es nächstes Jahr garantiert wieder out! Hier ein paar Tipps, was wir alle tun können:

- ! Informiert euch über die Herkunft eurer Klamotten. Sucht nach bio-fairen Alternativen!
- ! Kauft lieber Qualität als billige Sachen!
- ! Wenn die Kleidung euch nicht mehr gefällt, tauscht sie mit Freunden! Organisiert Kleidertauschpartys!
- ! Kauft Klamotten im Secondhandladen. Oft sind die Sachen dort wie neu und ihr findet originelle Stücke.

Eure BundJugend

Lesen 2

3 Markiere Schlüsselwörter im Text und beantworte die Fragen in Stichwörtern.

Markiere Schlüsselwörter im Text!

1 Wie viel Kleidung kauft ein Deutscher durchschnittlich?
2 Welche Konsequenzen hat die Jeansproduktion für die Umwelt?
3 Wie ist die Situation der Arbeiter?
4 Was können wir dagegen tun?

SPRECHEN

Interview in der Klasse: „Hast du ein Haustier?"

Vor dem Sprechen

1 Hast du ein Haustier? Kreuze an, beantworte die Fragen. Mach Notizen zu den Antworten.

a Ja!
- ★ Was für ein Haustier ist das?
- ★ Wo schläft das Tier?
- ★ Was frisst das Tier?
- ★ Wie pflegst du dein Tier?

b Nein, aber ich möchte gern eins haben!
- ★ Warum hast du kein Haustier?
- ★ Warum möchtest du ein Haustier haben?
- ★ Was für ein Haustier möchtest du haben?

c Nein, und ich möchte auch keins haben!
- ★ Warum möchtest du kein Haustier haben?
- ★ Hattest du früher einmal ein Haustier?
- ★ Haben Freunde von dir Haustiere? Was für Tiere?

Sprechen

2 Arbeitet zu zweit. Interviewt eure Partner und notiert die Antworten. Stellt die Antworten in der Klasse vor und nehmt eure Interviews auf.

Hast du ein Haustier, Anne?
Ja. Ich habe sogar zwei Haustiere.
Was für Tiere sind das?
Ich habe eine Katze und einen Hund.

Sprich laut, deutlich und nicht zu schnell!

Hast du etwas nicht verstanden? Frag nach!
Diese Sätze helfen:
- Entschuldigung, wie heißt das?
- Ich kenne das Wort nicht. Kannst du es erklären?
- Wie meinst du das?

Nach dem Sprechen

3 Hört die Aufnahme an und kontrolliert die Aussprache. Diese Punkte helfen:

Satzmelodie:
Aussagesätze? ↘
W-Fragen? ↘
Ja/Nein-Fragen? ↗

Meine Strategien beim Lesen und Sprechen: ______________________

____

PROJEKT

Recherche: Wie umweltfreundlich kann man einkaufen?

1 Bildet Gruppen und wählt einen Laden in eurer Stadt/eurem Dorf.

Gruppe 1:	Gruppe 2:	Gruppe 3:	Gruppe 4:
Supermarkt	Sportgeschäft	Schreibwarenladen	...

2 Vor dem Besuch: Was möchtet ihr untersuchen? Sammelt weitere Ideen.

★ Herkunft
★ Verpackung
★ Qualität
★ Einkaufstüten
★ ...

3 Macht eine Checkliste und formuliert konkrete Fragen. Der Kasten hilft.

Besuch im Supermarkt „Olmir"

	Mögliche Antworten:
★ Herkunft: *Woher kommen die Joghurts?*	*Region / Inland / Ausland*
★ Verpackung: *Sind sie verpackt?* *Wie sieht die Verpackung aus?*	*Glas / Pappe / Plastik / Alufolie / Einkaufskorb*
★ Qualität: *Gibt es auch Bio-Joghurt / Bio-Obst?* *Ist das Obst typisch für die Jahreszeit?...*	*Bio- / Öko- (BIO) / Zusatzstoffe*
★ Einkaufstaschen: ...	*Stofftasche / Plastiktüte*
★ ...	

4 Fasst eure Ergebnisse zusammen und schreibt einen kleinen Text dazu. Formuliert Tipps für eure Mitschüler.

Wir waren im Supermarkt „Olmir", im Viertel Alfama (in Lissabon). Diese zwei Produkte haben wir untersucht: die Joghurts und das Obst. Die Joghurts kommen aus Portugal. Das Obst kommt aus Portugal, Spanien und Südamerika.
Im Supermarkt ist das Obst in Kisten aus Plastik, die Kunden nehmen das Obst in Plastiktüten.
Bio-Joghurt gibt es sehr wenig, und Bio-Obst gibt es überhaupt nicht.
An der Kasse packen alle Kunden ihre Ware in Plastiktüten. Sie sind im „Olmir"-Supermarkt kostenlos.

Wenn ihr in den Supermarkt geht, dann denkt bitte daran!
– Tut das Obst in den Einkaufskorb! Plastiktüten sind nicht notwendig!
– Kauft ...
– ...

DAS KANN ICH JETZT!

		Ja	Es geht	Nein
Ich kann zum Sprechen auffordern:	*Anne, ______ du vielleicht ______?*	☐	☐	☐
Ich kann etwas vergleichen:	*Auf dem Land leben die Leute ruhiger ______ in der Stadt.* *In der Stadt leben die Leute ______ so schön ______ auf dem Land.*	☐	☐	☐
Ich kann Zufriedenheit und Unzufriedenheit ausdrücken:	*Ich möchte nicht ______ aus meiner Stadt.* *Mir ______ es in meiner Stadt ______ ______.*	☐	☐	☐
Ich kann Vorlieben äußern:	▲ *Ich wohne ______ auf dem Land. Da ist es viel ruhiger.* ● *Wo wohnst du am ______?* ▲ *In der Stadt.*	☐	☐	☐
Ich kann einen Ort angeben:	*Ich wohne in ______. Das ist ______ ______.*	☐	☐	☐
Ich kann Häufigkeit ausdrücken:	06:30 *Ich muss ______ immer früh aufstehen.* *______ ______ besuche ich meine Oma.* 20:00 *______ bin ich oft am Computer.*	☐	☐	☐
Ich kann das Wetter beschreiben:	*______ ______ kalt.* *Es ______.* *Der ______ weht stark.*	☐	☐	☐
Ich kann Angaben über Orte machen:	*Meine Stadt liegt in ______.* *In ______ schneit es fast nie.*	☐	☐	☐
Ich kann jemanden warnen:	*______!*	☐	☐	☐
Ich kann eine Situation erklären:	*______ das Obst aus der Region kommt, ______ ist der Transportweg kürzer!*	☐	☐	☐
Ich kann meine Meinung ausdrücken:	*______ Meinung ______ sind die Zoos ______ für die Tiere.*	☐	☐	☐
Ich kann zustimmen:	*Ich bin ______!* *______!*	☐	☐	☐
Ich kann ablehnen:	*Ich bin ______!* *Das ______ so ______!*	☐	☐	☐
Ich kann eine Einschränkung machen:	*Du hast ______, ______ ...* *Das ______, ______ ...*	☐	☐	☐
Ich kann über das Befinden sprechen:	*Ihr ______ ______ wieder gut!* *Ihm ______ ______ prima!*	☐	☐	☐
Ich kann mich bedanken:	*______ für alles!* *______ ______!* *______, dass ______!*	☐	☐	☐
Ich kann mich (in einem Brief / in einer E-Mail ...) verabschieden:	*______ Grüße*	☐	☐	☐

31 Europa

nach A3 WS

1 Ergänze und vergleiche.

Englisch	minister	parliament	politics	Europe	European
Deutsch	a) der M_i_n_i_s_t_e_r_	b) das P _ _ _ a _ _ _ _	c) die P _ _ _ _ _ k	d) (das) E _ _ _ _ a	e) der E _ _ _ _ äer
Meine Sprache					

nach A3 WS

2 Ordne zu und ergänze.

Firma • Kultur • Wirtschaft • Sehenswürdigkeit • Bau • ~~Hochhaus~~

a) *Hochhäuser* (Pl) in Frankfurt

b) Philosophie, Sprache, Musik … das gehört zur ____________ eines Landes.

c) moderne ________________ (Pl) in Berlin

d) Chef, Kollege, Sekretärin … sie arbeiten alle in einer ________________.

e) Markt, Geschäft, Geld … darum geht es in der ________________.

f) eine bekannte ________________________________ in Berlin

a) c) f)

nach A3 WS

3 Fragen an Lei Zhu: Nomen oder Verb? Ergänze in der richtigen Form.

a) Welche *Erwartungen* hatten Sie an Deutschland? – Was haben Sie von Deutschland ____________? *(Er~~wartung~~ / erwarten)*

b) Wie haben Sie sich Europa vorher ______________? – Wie waren Ihre __________________________ von Europa? *(Vorstellung / vorstellen)*

c) Wohin sind Sie in Europa ____________? Welche __________ haben Sie in Europa gemacht? *(Reise / reisen)*

nach A3 WS

4 Schreib die Verben richtig.

a) jemanden zum Studium nach Deutschland *schicken* (ckenschi)

b) die alte Kultur ____________ (renspü)

c) eine Freundin in Deutschland ________________ (ensuchbe)

d) sich große Sorgen ______________ (chenma)

nach A3 WS

5 Ordne zu.

1 die Ferne ↔ — b)
2 mitten in der Stadt =
3 tatsächlich ↔

a) in der Fantasie oder im Traum
b) die Nähe
c) im Zentrum

nach A4 GR

6 Europa-Quiz: Ergänze die Adjektivendungen und ordne die Fotos zu.

1 Neues Museum

2 Petersdom

3 Bodensee

4 Champs Élysées

5 Markusplatz

a) Kennst du den groß*en* See an der Grenze zwischen Deutschland, Österreich und der Schweiz? [3]

b) Wie heißt die schön___ Einkaufsstraße mit den elegant___ Geschäften und den groß___ Kaufhäusern in Paris? ☐

c) Wie heißt das bekannt___ Museum mit der schön___ Nofretete in Berlin? ☐

d) Auf dem schön___ Platz in Venedig gibt es viele Vögel. Wie heißt er? ☐

e) Kennst du den groß___ Dom in Rom? Wie heißt er? ☐

A4 GR

7 Urlaubsfotos: Ergänze die Adjektivendungen *-er, -es* oder *-e* im Nominativ.

Das ist / sind ...

a) ein groß*er* Flohmarkt (m).
b) ein nett___ Café (n).
c) ein schön___ Park (m).
d) modern___ Bauten (Pl).
e) ein interessant___ Gebäude (n).
f) teur___ Geschäfte (Pl) im Zentrum.
g) eine eng___ Straße (f).

A4 GR

8 Vor der Reise: Was ist richtig? Kreuze die Adjektivendungen im Akkusativ an.

Für meine Reise nach Paris brauche ich auf jeden Fall ...

a) einen ☐ schicke ☐ schicker ☒ schicken Rock.
b) ein ☐ dicke ☐ dickes ☐ dicker Wörterbuch.
c) eine ☐ warme ☐ warmes ☐ warmen Jacke.
d) ☐ bequemen ☐ bequemer ☐ bequeme Schuhe.

A4 GR

9 Nach der Reise: Schreib mit unbestimmtem Artikel im Akkusativ.

Das habe ich aus Paris mitgebracht ...

a) *ein elegantes Kleid*
___
(das Kleid, elegant)

b) ___
___
(der Sonnenhut, witzig)

c) ___
___
(die Bluse, hübsch)

d) ___
(der Bikini, rot)

e) ___
(die Schuhe, schick)

f) ___
(das Parfüm, teuer)

g) ___
(die Modezeitschriften, interessant)

h) ___
(die Sonnenbrille, toll)

A4 GR

10 Auf Reisen: Ergänze die Endungen im Dativ bei Artikel und Adjektiv.

a) Petra reist immer nur mit ein*em* groß*en* Rucksack (m).
b) John verbringt die meiste Zeit in bekannt___ Museen (Pl).
c) Sandra verbringt die Ferien auf ein___ exotisch___ Insel (f).
d) Hannes fährt am liebsten mit sein___ schnell___ Motorrad (n) in Urlaub.
e) Daniela übernachtet in Berlin immer bei ein___ gut___ Freundin (f).
f) Kerstin zeltet gern auf ein___ schön___ Campingplatz (m) am Mittelmeer.
g) Veronika liegt am liebsten mit ein___ spannend___ Buch (n) am Strand.
h) Jonas erholt sich am besten auf lang___ Wanderungen (Pl).

nach A4 GR

11 Schüleraustausch: Ergänze die Adjektivendungen.

Kathi ist als Austauschschülerin in Spanien. Sie schreibt eine E-Mail über ihren ersten Tag an ihre Freundin Becky.

Neue E-Mail

Senden Chat Anhang Adressen Schriften Farben Als Entwurf sichern

Hallo Becky,

wie geht's Dir? Bei mir ist bis jetzt alles super. Meine a) spanisch*e*___ Gastfamilie ist echt nett und mein b) erst___ Tag hier war richtig toll.

Die Reise war allerdings sehr anstrengend. Nach fast drei Stunden in einem total c) voll___ Flugzeug bin ich mit meinem d) groß___ Rucksack und meinen zwei e) schwer___ Taschen am Flughafen angekommen. Ich war vielleicht nervös! Meine Gastfamilie hat mich vom Flughafen abgeholt. Zu Hause haben sie mir dann mein f) neu___ Zimmer gezeigt. Es ist ein g) hell___ Zimmer mit einem h) klein___ Schreibtisch und einem i) gemütlich___ Sofa. Es hat mir gleich gefallen.

Meine Gastfamilie hat auch einen j) groß___ Garten. Am k) erst___ Abend haben wir dort eine l) toll___ Grillparty gemacht und ich habe schon so m) viel___ n) nett___ Leute kennengelernt.

Ich glaube, es wird ein o) schön___ Jahr. Schreib mir bitte bald.

Liebe Grüße

Kathi

nach A4 GR

12 Ergänze die Endungen bei Artikel und Adjektiv.

Blog

Träume von einer Reise

15:45, 12.8.

... uff ... gestern habe ich a) mein___ letzt___ Prüfung geschrieben. Am liebsten möchte ich jetzt b) ein___ schön___ Reise machen! Aber für eine Reise braucht man Geld.

Hmm, ich könnte doch c) in mein___ klein___ Zelt d) auf ein___ billig___ Campingplatz schlafen. Das ist nicht teuer und ich muss auch nicht viel organisieren. Ich fahre einfach e) mit mein___ alt___ Auto los. Wenn ich Lust habe, halte ich f) in ein___ schön___ Stadt an und schaue mir g) interessant___ Sehenswürdigkeiten an. Oder ich lege mich h) an ein___ ruhig___ Strand in die Sonne.

Am Abend gehe ich dann i) in ein___ klein___ Café oder j) ein___ cool___ Disco. Vielleicht lerne ich ja k) nett___ Leute kennen.

Die Vorstellung gefällt mir immer besser ... Ich glaube, ich bin dann mal weg ...

nach A4

13 Europa-Quiz: Schreib Fragen und ordne die Antworten zu.

a) *(berühmt)* Schriftstellerin aus England *(sein / wer sein)*
▲ *Das ist eine berühmte Schriftstellerin aus England. Wer ist das?* – ● [3]

b) *(deutsch)* Schauspieler *(nennen)*
▲ *Nenne bitte* ______ – ● [ ]

c) *(bekannt)* Sehenswürdigkeit in Rom *(kennen)*
▲ *Kennst du* ______ – ● [ ]

d) *(tschechisch)* Automarke *(nennen)*
▲ ______ – ● [ ]

e) *(hoch)* Berg in Deutschland *(sein / wie heißen)*
▲ *Das* ______ – ● [ ]

f) *(bekannt)* Märchen aus Deutschland *(kennen)*
▲ ______ – ● [ ]

1 ● Hm, das ist die Zugspitze.
2 ● Ich kenne nur „Hänsel und Gretel" von den Brüdern Grimm.
3 ● J.K. Rowling ist ziemlich berühmt.
4 ● Škoda zum Beispiel, oder?
5 ● Daniel Brühl.
6 ● Na klar, das Kolosseum.

14 Ordne zu und ergänze den Steckbrief zu Italien.

Lage • Tourismus • Bevölkerung • Essen • ~~Hauptstadt~~

a) *Hauptstadt*: Rom
b) ______________: im Süden von Europa
c) ______________: (ungefähr) 60 Millionen
d) ______________: interessante Städte, schöne Strände, Berge
e) ______________: Nudelgerichte, Pizza, Fisch, Eis ...

15 Vergleiche Berlin mit der Hauptstadt in deinem Land. Schreib eine E-Mail.

Neue E-Mail
Senden Chat Anhang Adressen Schriften Farben Als Entwurf sichern

Liebe(r) ...,

Du hast mir geschrieben, dass Du gern ein paar Informationen über Berlin hättest. Hier sind sie: Berlin hat ca. 3,5 Millionen Einwohner. Die Stadt ist ziemlich grün und es gibt mehrere Flüsse und Seen. Viele Touristen besuchen Berlin, weil diese Stadt für die Geschichte von Deutschland sehr wichtig ist. Das Leben in Berlin ist auch nicht so teuer wie in anderen deutschen Großstädten, wie z.B. München oder Hamburg. Übrigens muss man in Berlin auf jeden Fall die typische Berliner Currywurst probieren, die schmeckt echt lecker.

Ich möchte gern mehr über die Hauptstadt von Deinem Land wissen. Was ist dort anders als in Berlin und was ist genauso? Schreib mir doch bitte.

Liebe Grüße

Dein Tobias

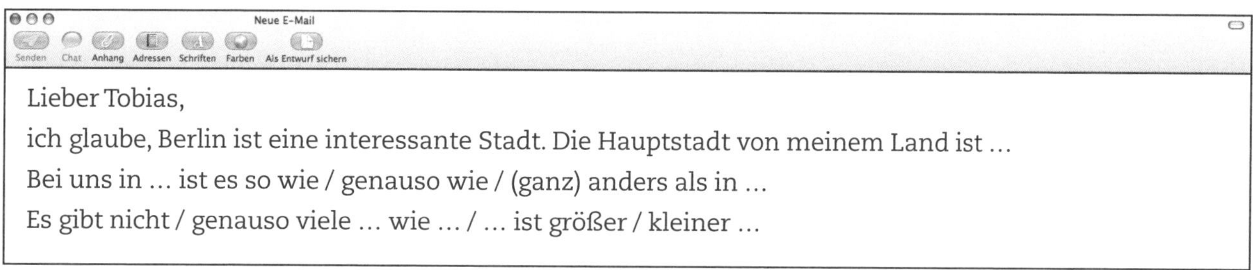

Neue E-Mail
Senden Chat Anhang Adressen Schriften Farben Als Entwurf sichern

Lieber Tobias,

ich glaube, Berlin ist eine interessante Stadt. Die Hauptstadt von meinem Land ist ...

Bei uns in ... ist es so wie / genauso wie / (ganz) anders als in ...

Es gibt nicht / genauso viele ... wie ... / ... ist größer / kleiner ...

16 Austauschprogramme: Ordne zu.

1 eine fremde Kultur → c)
2 von seinen Erfahrungen im Ausland
3 Ausstellungen über ein fremdes Land
4 mit Flyern und Prospekten

a) organisieren
b) informieren
c) erleben
d) erzählen

17 Ordne zu und ergänze die Verben in der richtigen Form.

froh sein • teilnehmen • ausgeben • zurückdenken • ~~liegen~~

Forum

AW: Wer hat Erfahrungen als Au-pair-Mädchen gemacht?

sonnenschein am 15.05. 14:33 Uhr	Ich war ein Jahr als Au-pair-Mädchen in Frankreich, in Narbonne. Das a) *liegt* an der Grenze zu Spanien. Ich b) ________ gern an meine Zeit als Au-pair-Mädchen ____________, denn meine Familie war sehr nett. Nur mit dem Geld hatte ich Probleme. Ich hatte immer zu wenig und konnte nicht viel c) ______________. Die Sprache habe ich in dem Jahr ziemlich gut gelernt. Ich habe ja auch zweimal pro Woche an einem Französischkurs d) ______________. Also ich e) ______________, dass ich als Au-pair-Mädchen in Frankreich war. Das ist eine tolle Sache.

nach B4 GR

18 Welche Präposition ist richtig? Kreuze an und ergänze die Endungen.

a) Hannes kümmert sich fast nie ☐ für ☒ um ☐ auf seine___ kleine Schwester.
b) Daniel wartet ☐ auf ☐ für ☐ an sein___ Mutter.
c) Ruth hat immer Lust ☐ für ☐ auf ☐ nach Schokolade (f).
d) Maria meldet sich nie ☐ zu ☐ an ☐ bei ihr___ Freunden.
e) Bei Partys sorgt Christian immer ☐ für ☐ an ☐ um gut___ Musik (f).
f) Johannes ist ☐ mit ☐ von ☐ auf sein___ neuen Stelle (f) zufrieden.
g) Sara denkt auch am Wochenende ☐ von ☐ über ☐ an ihr___ Arbeit (f).
h) Sabine spricht nicht mehr ☐ mit ☐ für ☐ an ihr___ Freundin.
i) Robert antwortet nie ☐ von ☐ auf ☐ über sein___ E-Mails.
j) Susanne erinnert sich gern ☐ an ☐ auf ☐ über ihr___ Kindheit (f).
k) Leas Rock passt nicht ☐ von ☐ auf ☐ zu ihr___ Bluse (f).

nach B5 GR

19 Ein amerikanischer Austauschstudent in Österreich: Was ist richtig? Markiere.

▲ Neil, du bist jetzt ein halbes Jahr in Österreich. Denkst du oft an deine Heimat?
● Ja, a) *daran / darum / davon* denke ich schon oft. Manchmal habe ich auch etwas Heimweh.
▲ Hast du dich vor deiner Abreise über Österreich informiert?
● Klar habe ich mich b) *davon / darauf / darüber* informiert. Das finde ich wichtig.
▲ Hast du dich selbst um ein Zimmer gekümmert?
● Nein, c) *darüber / darum / dafür* hat sich die Programm-Organisation gekümmert.
▲ Zu deinem Austauschprogramm gehört auch ein Deutschkurs. Nimmst du d) *daran / davon / darauf* teil?
● Ja, na klar. Der Unterricht macht mir sehr viel Spaß.
▲ Hat dir vorher jemand von dem Austauschprogramm erzählt?
● Ja, ein Freund hat mir e) *daran / damit / davon* erzählt. So bin ich überhaupt erst auf die Idee gekommen, dass ich in Österreich studiere.

nach B5 GR

20 Ordne zu und ergänze die Fragen.

Womit • Worauf • Worum • ~~Worüber~~ • Woran

a) ▲ Worüber ___ bist du denn so froh? ● Über meine Lehrstelle.
b) ▲ ___ bist du denn so stolz? ● Auf mein Deutsch-Zertifikat.
c) ▲ ___ denkst du gern zurück? ● An meine Kindheit.
d) ▲ ___ bist du denn nicht zufrieden? ● Mit meinem Sprachkurs.
e) ▲ ___ musst du dich kümmern? ● Um die Webseite.

nach B5 GR

21 Ergänze die Präpositionen.

a) ▲ An ___ wen aus deiner Schulzeit denkst du noch gerne zurück?
● ___ Frau Jentsch. Das war meine Lieblingslehrerin.
▲ ___ sie erinnere ich mich auch gern.

b) ▲ ___ wen wartest du denn?
● ___ meine Freundin, sie kommt mal wieder zu spät.

c) ▲ Kümmere dich doch mal ___ die Gäste.
● ___ wen soll ich mich denn kümmern? Sie sind doch alle zufrieden.

nach B5 GR

22 Ergänze.

a) ▲ Wovon ___ erzählst du denn die ganze Zeit?
● ___ unserer Reise in die Niederlande.
▲ Luisa hat heute auch schon ___ erzählt.

b) ▲ ___ ___ erzählst du denn die ganze Zeit?
● ___ unserem Lehrer.
▲ Kathrin hat gestern auch schon ___ ___ erzählt.

c) ▲ ___ wartest du denn?
● ___ eine Antwort von Jens.
▲ ___ kannst du lange warten.

d) ▲ ___ ___ wartest du denn?
● ___ Maria.
▲ Musst du eigentlich immer ___ ___ warten?

B7 R

23 Bei der Organisation von einem EuroPeer-Workshop: Ergänze *da-* + Präposition oder nur eine Präposition.

a) ▲ Wir sorgen *für* ______ die Getränke.
Könnt ihr euch ________ das Essen kümmern?
● Ja klar.

b) ▲ Wie viele Leute nehmen eigentlich am ersten Tag ________ der Veranstaltung teil?
● Ich weiß nicht genau, aber es sollen ziemlich viele ________ teilnehmen.

c) ▲ Der Prospekt ist fertig. Wir haben es geschafft!
● Super, ________ bin ich total froh.

d) ▲ Ich bin total stolz ________ den Flyer. Der ist doch toll geworden, oder?
● Ja, ________ kannst du wirklich stolz sein.

e) ▲ Was hast du gesagt? ________ wem soll ich mich melden?
● ________ Klara.

f) ▲ Am ersten Tag beginnt der Workshop schon um zehn Uhr. Wissen das eigentlich alle?
● Ja, ich habe alle per E-Mail ________ informiert.

B7 R

24 Ergänze die Präposition und die Angaben in Klammern.

a) ▲ Also, Petra denkt nur noch ________________ ________ *(ihr neuer Freund)*.
● ________ soll sie denn sonst denken?
________ *(du)* vielleicht?

b) ▲ Habe ich dir schon ________________ ________ *(meine neuen Pläne)* erzählt?
● Ja, ________ hast du mir doch schon gestern erzählt.

c) ▲ Ich bin so froh!
● ________ denn?
▲ ________________________ *(meine gute Note)* bei der Klassenarbeit.

d) ▲ Claudia nimmt ________________ ________ *(ein anstrengender Skikurs)* teil.
● Ich weiß. Sie wollte, dass ich mitkomme.
Aber ich hatte keine Lust ________________.

e) ▲ Du kümmerst dich fast nie ________________ ________ *(unser kleiner Hund)*.
● Das stimmt doch gar nicht. Ich kümmere mich doch ________ *(er)*.

f) ▲ ________ wartest du denn?
● ________________________ *(mein großer Bruder)* – wie immer.

g) ▲ Was wollt ihr essen? ________ habt ihr Lust?
● Ich hätte jetzt Lust ________________ ________ *(ein großer Salat)*.

h) ▲ Ich glaube, unser Trainer ist heute gar nicht ________ *(wir)* zufrieden.
● Das kann sein. Wir haben ja auch nicht gut gespielt.

B7

25 Interview: Schreib zu jedem Verb eine Frage und eine Antwort.

? | Worauf | Wofür | Von wem | Woran | Für wen | Wovon | Auf wen

an | auf | für | von

teilnehmen | träumen | sich interessieren | erzählen | stolz sein | warten

ein tolles Auto | der erste Platz bei einem Sportwettkampf | ein Breakdance-Kurs | eine Veranstaltung über Umweltschutz | Führerschein | Hip-Hop | meine Freundin / mein Freund | …

a) ▲ *Woran möchtest du gern teilnehmen?* ● *An einem Breakdance-Kurs.*
b) ▲ ________________ ● ________________
c) ▲ ________________ ● ________________
d) ▲ ________________ ● ________________
e) ▲ ________________ ● ________________
f) ▲ ________________ ● ________________
g) ▲ ________________ ● ________________

nach B8

K

26 Ordne zu und ergänze.

~~Du Glückliche!~~ • Du Arme! • Du Glücklicher! • Du Armer!

Weißt du was?
Ich darf an einer Modenschau teilnehmen.

a) *Du Glückliche!* ____________

Übrigens fliege ich im August nach Spanien.

c) ____________

Ich muss den ganzen Sommer in der Firma von meinem Vater arbeiten.

b) ____________

Ich darf nicht in die Disco mitkommen, weil sich meine Eltern Sorgen machen.

d) ____________

AUSSPRACHE

27 Konsonanten f, v, w

44

a) Hör und sprich nach.

f, v für • treffen • vor • vorsichtig

w, v warum • Erwartung • Video • Karneval

Deutsche Wörter mit *v* spricht man wie in *v*or. Internationalismen mit *v* spricht man wie in *V*ideo.

45

b) Was hörst du? Kreuze an.

	f/v (*für, vor*)	v/w (*Video, warum*)		f/v (*für, vor*)	v/w (*Video, warum*)
1			5		
2			6		
3			7		
4			8		

46

c) Was fehlt? Hör, sprich nach und notiere.

	Sie ist eine ...	Sie ist ...
1	aktive Frau.	
2	kreative Schülerin.	

	Das ist eine ...	Die Antwort ist ...
1	negative Antwort.	
2	positive Antwort.	

Am Wort- und Silbenende wird *v* zu *f*: akti*v*e – akti*v*.

47

28 Hör und sprich nach.

1 ▲ Bei uns zu Hause essen wir immer sehr spät zu Abend.
● Das ist bei uns anders, wir essen immer sehr früh.

2 ▲ Woran denkst du denn gerade?
● An den Test morgen.

3 ▲ Ich fahre morgen in Urlaub.
● Du Glückliche!

1 **Wie kannst du ein Land besser kennenlernen? Worüber informierst du dich? Notiere mindestens fünf Beispiele.**

2 **Wie informieren die EuroPeers über ihre Arbeit? Notiere mindestens vier Aktivitäten.**

3 **Was ist richtig? Kreuze an.**

a) ▲ Warum möchtest du nach Irland reisen?
● Weil es ein __________ Reiseland ist.
☐ interessantes
☐ interessanten
☐ interessante

b) ▲ Wo warst du denn gestern?
● Wir haben einen __________ Ausflug gemacht.
☐ tolle ☐ toller ☐ tollen

c) ▲ Ich war in einer __________ Ausstellung.
● Wo war das denn?
☐ spannende
☐ spannender
☐ spannenden

d) ▲ Ich finde __________ Bauten nicht so schön.
● Ich auch nicht.
☐ moderne ☐ modernen ☐ moderner

e) ▲ __________ möchtest du teilnehmen? Es gibt so viele Kurse.
● Ich glaube, ich nehme nur am Tanzkurs teil.
☐ An wem ☐ Woran ☐ Daran

f) ▲ Du hast in der Klassenarbeit die Note „sehr gut" bekommen. Bist du stolz __________?
● Ja klar.
☐ auf ☐ darauf ☐ auf sie

g) ▲ Das auf dem Foto sind Sandra und Veronika. __________ habe ich dir schon viel erzählt.
● Ach ja.
☐ Wovon ☐ Von ihnen ☐ Davon

h) ▲ Interessierst du dich eigentlich immer noch für Brad Pitt?
● Nein, ich interessiere mich schon lange nicht mehr __________.
☐ für ihn ☐ darüber ☐ um ihn

i) ▲ __________ denkst du eigentlich gern zurück?
● An Julia. Sie war in der Schule meine beste Freundin.
☐ Woran ☐ An wen ☐ Daran

j) ▲ Herzlichen Glückwunsch zum Führerschein!
● Endlich habe ich ihn. Ich kann dir sagen, ich bin total froh __________.
☐ darüber ☐ darauf ☐ daraus

4 **Ordne zu und ergänze.**

ganz anders als • wie • genauso viele • größer als

▲ Eigentlich weiß ich nicht viel über dein Land. Wie groß ist Spanien?

● Spanien ist a) __________ Deutschland. Aber bei uns gibt es nicht so viele Einwohner b) __________ in Deutschland.

▲ Aha, und bei euch scheint immer die Sonne, oder?

● Also, in Südspanien ist es eigentlich immer ziemlich warm, c) __________ in Deutschland.

▲ Ich weiß, in Spanien gibt es das Meer und tolle Strände. Gibt es auch viele Sehenswürdigkeiten?

● Ja sicher. Ich glaube, in Spanien gibt es d) __________ Sehenswürdigkeiten wie in Deutschland. Du musst unbedingt mal hinfahren.

32 Reisen

nach A1 WS

1 Ordne zu und ergänze mit Artikel.

~~Webseite~~ • Bargeld • Ausweis • Landkarte • Jugendherberge • Reiseführer • Ticket • Kreditkarte • Pass • Campingplatz • Visum • EC-Karte • Pension

a) **Reisekasse:** ______________________

b) **Reisedokumente:** ______________________

c) **Reiseinformation:** *die Webseite,* ______________________

d) **Unterkunft:** ______________________

nach A1 WS

2 Ergänze und vergleiche. Ü1 hilft.

Englisch	document	ticket	passport	credit card	visa	hotel
Deutsch	a) *das Dokument*	b)	c)	d)	e)	f)
Meine Sprache						

nach A2 GR

3 Temporale Präpositionen: Was ist richtig? Markiere.

Chat

cat 23: Hallo Jörg, ich möchte dich nächstes Wochenende in Wien besuchen. Hast du Zeit?

Jörg19: Klar, super. Eigentlich wolltest du ja schon a) *<u>vor</u> / bis / zu* zwei Wochen kommen ;-) Wie lange kannst du denn bleiben?

cat 23: Ich möchte gern b) *vor / bis / von* Freitag c) *bis / nach / zu* Montag bleiben. Musst du arbeiten?

Jörg19: Ja leider, aber wir können uns immer d) *zu / nach / von* der Arbeit treffen. Vorher kannst du dir ja die Stadt anschauen. Am besten kaufst du dir gleich am Bahnhof ein Touristen-Ticket. Damit kann man e) *von bis / bis zu / zu bis* drei Tagen mit allen Verkehrsmitteln fahren.

cat 23: Gute Idee.

nach A5 WS

4 Ordne zu und ergänze.

abheben • ~~brauchen~~ • bezahlen • übernachten • kopieren

a) für ein Land kein Visum *brauchen*

b) die Dokumente zu Hause ______________

c) Bargeld mit der EC-Karte ______________

d) im Geschäft mit Bargeld ______________

e) in Hotels und Pensionen ______________

nach A5 K

5 Am Bahnhof: Was ist richtig? Kreuze an.

a) ▲ Da bist du ja endlich. Wir haben gesagt, wir treffen uns um acht.
☐ ● Tut mir leid, ich komme später. ☒ ● Tut mir leid, ich bin zu spät. ☐ ● Tut mir leid, wie spät es ist.

b) ▲ Ja, allerdings!
☐ ● Um wie viel Uhr fährt der Zug denn ab? ☐ ● Wie lange ist die Fahrt? ☐ ● Bis wann haben wir Zeit?

c) ▲ Er ist schon abgefahren, um 8.11 Uhr.
☐ ● Waaas?? Wie spät ist es denn jetzt? ☐ ● Waaas?? Um wie viel Uhr? ☐ ● Waaas?? Wann?
▲ Es ist 8.14 Uhr. Jetzt müssen wir auf den nächsten Zug warten.

nach A5 WS

6 Ergänze die beiden offiziellen Uhrzeiten.

a) Viertel nach zehn: *10:15* *22:15*

b) halb acht: __________ __________

c) zehn vor neun: __________ __________

d) zwanzig nach vier: __________ __________

e) zwanzig vor sechs: __________ __________

f) Viertel vor fünf: __________ __________

g) zehn nach sieben: __________ __________

h) halb zwölf: __________ __________

A5

7 Wie spät ist es? Zeichne die Uhrzeit ein.

a) Es ist zehn nach acht.

b) Es ist zwanzig vor drei.

c) Es ist Viertel nach drei.

d) Es ist Viertel vor vier.

e) Es ist zwanzig nach zwölf.

f) Es ist zehn vor sechs.

A5

8 Wie viel Uhr ist es? Schreib die inoffizielle Uhrzeit.

a) 22:20 zwanzig nach zehn

b) 07:15 ____________

c) 20:30 ____________

d) 09:50 ____________

e) 16:45 ____________

f) 11:40 ____________

g) 14:10 ____________

h) 13:55 ____________

A7

9 Camping: Was ist richtig? Markiere.

a) ▲ Schau mal, das ist *ein* / *einer* toller Campingtisch.
● Oh ja, so *einen* / *ein* brauchen wir auch noch.

b) ▲ Wollen wir Spaghetti kochen?
● Haben wir denn einen Topf?
▲ Ja, hier steht doch *einer* / *ein*.

c) ▲ Warum haben wir denn *keine* / *welche* Spielkarten mitgenommen?
● Ich habe – / *welche*. Sie müssen in meinem Rucksack sein.

d) ▲ Im Zelt ist es schon total dunkel. Wir brauchen *eins* / *eine* Taschenlampe.
● Hier draußen habe ich *keine* / *kein*, aber in meinem Rucksack liegt *eine* / *eins*. Hoffentlich finden wir sie.

e) ▲ Ich brauche ein Taschenmesser. Kann ich *deins* / *dein* haben?
● Ja klar, hier.

A7

10 Reisevorbereitungen: Ergänze die Indefinitpronomen *ein-*, *kein-* und *welch-*.

a) ▲ Willst du meine Tasche?
● Nein, danke. Ich habe selbst eine.

b) ▲ Brauchen wir einen Reiseführer?
● Ja, ich nehme ____________ mit.

c) ▲ Wir dürfen die Wanderschuhe nicht vergessen!
● Oh, ich habe ____________. Ich muss mir erst noch ____________ kaufen.

d) ▲ Soll ich zwei warme Pullover mitnehmen?
● Nein, ____________ ist genug.

e) ▲ Ich brauche noch ein langes Hemd.
● Bei dir im Schrank hängt doch noch ____________.

f) ▲ Müssen wir noch Batterien kaufen?
● Nein, im Schrank sind noch ____________.

g) ▲ Hast du eine Sonnenbrille? Die brauchst du auf jeden Fall.
● Oh je, ich habe ____________.

h) ▲ Glaubst du, wir brauchen ein Wörterbuch?
● Ja, ich nehme mal ____________ mit.

i) ▲ Hast du Spielkarten?
● Nein, ich habe ____________.

A7

11 Ergänze den unbestimmten Artikel oder das Indefinitpronomen.

a) ▲ Stehen auf der Webseite auch Ticketpreise?
● Nein, hier stehen leider ____________.

b) ▲ Da vorne ist ____________ Hotel.
● Wo denn? Ich sehe ____________.

c) ▲ Brauchen wir an der Grenze eigentlich ____________ Pass?
● Ich hoffe nicht, ich habe nämlich ____________.

d) ▲ Hast du schon ____________ Visum?
● Ja, ich habe schon ____________.

e) ▲ Gehen wir doch in den Buchladen. Vielleicht gibt es da ____________ guten Reiseführer.
● Ja, hier schau mal, da im Fenster liegt schon ____________.

f) ▲ Die Pension ist geschlossen.
● Das macht nichts. Da vorne ist gleich noch ____________.

g) ▲ Gibt es auf der Insel auch ____________ Campingplatz?
● Früher war da auf jeden Fall ____________.

nach A8 K

12 Klassenreise: Ordne zu und ergänze.

um Viertel vor neun • Kannst du deinen mitnehmen • habe keinen • nehme welche mit • auf meinem Schreibblock • mit welchem Zug ~~fahren~~ wir eigentlich • um Viertel nach acht

▲ Anton Meier.
● Hallo Anton, hier ist Marc.
▲ Hi Marc. Ich freue mich schon auf unsere Klassenfahrt. Morgen geht es endlich los.
● Ja, Wien wird sicher super. Aber sag mal, a) *mit welchem Zug fahren wir eigentlich* ?
▲ Warte mal, das steht b) __________. Ach ja, hier: Wir sollen schon c) __________ am Bahnhof sein, denn unser Zug fährt d) __________.
● Gut. Ist dein Rucksack schon voll?
▲ Nein, nicht ganz. Nimmst du eigentlich einen Fotoapparat mit?
● Nein, ich e) __________. f) __________?
▲ Ja, klar. Wir brauchen auf jeden Fall auch Spielkarten. Es ist im Zug immer so langweilig!
● Das ist kein Problem. Ich g) __________ und auch Chips, Getränke und Kaugummis.

nach B2 WS

13 Essen und Trinken: Ergänze.

a) Felix isst gerne Fleisch. Am liebsten mag er einen Rinder- oder Schweineb *r a t e n*.

b) Pa _ _ _ schi _ _ _ _ ist ein österreichisches Gericht. Man kann es als Nachtisch mit Marmelade, Quark, Schokolade oder Eis essen.

c) Julia mag nur süßen Tee, deshalb trinkt sie ihren Tee immer mit Z _ _ _ _ _.

d) Wir wollen Hamburger machen: Wir brauchen Brötchen, Fleisch, Tomaten, Salat und Zw _ _ _ _ _ _ _.

e) Zu „Kneipe" sagt man in Österreich: B _ _ _ _ _.

nach B2 WS

14 Schreib die Wörter richtig.

a) Unser Hotelzimmer war ziemlich laut. Deshalb konnte ich lange nicht schlafen. Ich war bis zwei Uhr *wach* (hwac).

b) Das Hotel sieht von __________ (enaßu) ziemlich alt aus, aber __________ (ennni) ist alles völlig neu und modern.

c) Petra und Thomas wollen zusammen wegfahren. Sie haben es niemand gesagt, denn es soll __________ (hiegem) bleiben.

d) Nächsten Sommer will ich __________ (tbeunding) wieder nach Rom fahren, weil das meine Lieblingsstadt ist.

e) Wenn Peter in einer fremden Stadt ist, sucht er immer eine Pension oder ein Hotel __________ (ktdier) im Zentrum.

f) Die Ausstellung hat mir gut gefallen, vor allem die Bilder mit den roten, blauen und grünen Häusern. Ich mag __________ (tbeun) Bilder.

nach B2 WS

15 Ordne zu und ergänze.

Wecker • ~~Touristen~~ • Schloss • Burg • Blick • Stadtrundfahrt • Engländer • Italiener

Neue E-Mail

Senden Chat Anhang Adressen Schriften Farben Als Entwurf sichern

Liebe Mara,

gestern sind wir in München angekommen. Hier in der Jugendherberge haben wir schon viele andere a) *Touristen* kennengelernt. Gestern Abend waren wir mit einem b) __________ aus London in einer Kneipe. Beim Frühstück habe ich einen sehr süßen c) __________ aus Rom getroffen. Ich kann nicht Italienisch sprechen und er nicht Deutsch. Wir haben uns aber trotzdem gut verstanden. Natürlich haben wir uns auch die Stadt angeschaut. Die d) __________ mit dem Bus war zu teuer, deshalb sind wir zu Fuß gegangen. Mir tun noch heute die Füße weh!
Morgen fahren wir in die Berge und schauen uns Neuschwanstein an. Du weißt schon, das ist das berühmte e) Märchen-__________ von Ludwig II. Ich finde, dass es eigentlich wie eine alte f) __________ aussieht. Ich glaube, man hat von dort einen tollen g) __________ auf die Berge. Leider müssen wir ziemlich früh aufstehen. Hoffentlich höre ich meinen h) __________. Ich gehe jetzt lieber mal ins Bett.

Liebe Grüße

Deine Julie

B2

16 Welches Verb passt? Kreuze an.

a) ▲ Jana wollte doch auch mitkommen. Wo ist sie denn jetzt?
● Sie hat es sich anders ☒ überlegt ☐ gedacht ☐ gemeint und ist zu Hause geblieben.

b) ▲ Ich habe in der Stadt ein ganz tolles neues Café ☐ festgestellt ☐ erfunden ☐ entdeckt.
Da müssen wir unbedingt mal zusammen hingehen!
● Oh ja, gern.

c) ▲ Willst du wirklich 10 Euro Eintritt für das Museum bezahlen?
● Ja, ich glaube, es ☐ kostet ☐ lohnt ☐ versteht sich, denn man kann dort berühmte Bilder von Picasso sehen.

d) ▲ Wo ist denn unser Italien-Reiseführer?
● Ich habe ihn Astrid ☐ besorgt ☐ gelohnt ☐ geliehen. Sie bringt ihn mir morgen wieder mit.

B4

17 Ergänze die Verben im Präteritum.

Neue E-Mail

Senden Chat Anhang Adressen Schriften Farben Als Entwurf sichern

Hallo Peter,

hier in Wien ist es toll. Wir haben schon viel erlebt.
Gestern Abend a) gab (geben) es ein Open-Air-Konzert im Prater. Jan kennt die Band und b) ________ *(meinen)*, da müssen wir unbedingt hin. Wir c) ________ *(finden)* das Konzert total toll und das Beste war, man d) ________ *(müssen)* nicht einmal Eintritt bezahlen. Danach e) ________ *(gehen)* es mit ein paar Leuten weiter in eine Disco. Jan und ich f) ________ *(sein)* bis drei Uhr dort.
Wir g) ________ *(wissen)* aber nicht, dass die U-Bahnen nur bis zwei Uhr nachts fahren. Deshalb h) ________ *(müssen)* wir dann zu Fuß in die Pension gehen. Eigentlich i) ________ *(denken)* wir, dass es gar nicht so weit ist, aber wir sind erst um fünf Uhr morgens total müde in unserer Pension angekommen.

Grüße
Tom

B4

18 Ordne zu und ergänze die Verben im Präteritum.

planen • sein • nennen • interessieren • geben • malen

Artikel Diskussion

Friedrich Stowasser (1928–2000) a) ________ sich selbst Friedensreich Hundertwasser. Er b) ________ ein sehr bekannter österreichischer Künstler. Schon in seiner Jugend c) ________ er sich für Kunst und Architektur.
Im Jahr 1952 d) ________ es in Wien die erste Hundertwasser-Ausstellung.
Das berühmte Hundertwasserhaus in Wien e) ________ er zusammen mit einem Architekten im Jahre 1983. Außerdem f) ________ er auch viele Bilder.

nach B5

19 Ordne zu und ergänze die Verben in der richtigen Form.

dauern • steigen • ~~besichtigen~~ • aussehen

Wenn Sie einen tollen Blick auf Prag haben wollen, dann a) *besichtigen* Sie den Petřín-Turm! Er ist 60 Meter hoch und b) __________ wie der Eiffelturm __________.
Zu Fuß c) __________ ein Spaziergang zum Turm auf dem Petřín-Berg (327 Meter hoch) ungefähr eine Stunde. Sie können aber auch in nur 10 Minuten mit der Bahn auf den Berg fahren. Dann müssen Sie nur noch auf den Turm d) __________.

nach B5

Sch

20 Schreib in einem Blog Reisetipps zu einem Ort in deiner Nähe. Die Fragen helfen.

Blog

___.___, ___:___ Uhr

Du interessierst dich für meine Region? Dann komm doch nach …

… liegt im Süden / Norden / … von … / mitten in … / in der Nähe von …

…

Gute Reise!

★ Wo liegt der Ort?
★ Wie kann man am besten an diesen Ort reisen?
★ Wo findet man eine Unterkunft?
★ Was soll man besichtigen? Welche Sehenswürdigkeiten lohnen sich besonders?
★ Welche traditionellen Gerichte soll man probieren?

AUSSPRACHE

21 Konsonantenverbindungen pf, qu

48

a) Hör und sprich nach.

pf Pflegeheim • Schnupfen • Apfel • Kopf

49

b) Was hörst du? Kreuze an.

	pf	f	p		pf	f	p
1				5			
2				6			
3				7			
4				8			

50

c) Hör und sprich nach.

qu Quatsch • Quark • Quiz • bequem

51

d) Wo hörst du qu? Kreuze an.

	qu	–		qu	–
1			4		
2			5		
3			6		

52

22 Hör und sprich nach.

1 ▲ Wie lang dauert die Operation denn?
● Sie kann bis zu einer Stunde dauern.

2 ▲ Tut mir leid, ich bin zu spät!
● Kein Problem!

3 ▲ Entschuldigen Sie bitte, wie spät ist es denn?
● Viertel nach drei.

SELBSTKONTROLLE

1 Reisen: Notiere Beispiele mit Artikel.

Welche wichtigen Reisedokumente kennst du?	Womit kann man bezahlen?	Wo kann man übernachten?	Was kann man auf einer Reise machen?
das Ticket			

2 Du bist in Wien. Was möchtest du machen? ______________________

____

____

3 Was ist richtig? Kreuze an.

a) ▲ Wie lange ist die Jugendherberge geöffnet?
● ______ acht ______ 22 Uhr.
☐ Vor … nach ☐ Bis … zu ☐ Von … bis

b) ▲ Wie lange ist dein Ticket gültig?
● ____________ 24 Stunden.
☐ Bis zu ☐ Von bis ☐ Vor

c) ▲ Hast du eigentlich ein Visum?
● Nein, ich brauche ____________.
☐ kein ☐ keins ☐ keinen

d) ▲ Wo sind denn nur meine Kaugummis?
● Schau, ich habe hier ____________.
☐ welche ☐ ein ☐ eine

e) ▲ Vergiss deinen Wecker nicht.
● Ach, im Hotel gibt es bestimmt ____________.
☐ einer ☐ ein ☐ einen

f) ▲ Warum seid ihr nicht ins Theater gegangen?
● Es __________ keine Eintrittskarten mehr.
☐ gibt
☐ hat gegeben
☐ gab

g) ▲ Hat dir die Reise nach Wien gefallen?
● Also, ich __________ sie super.
☐ finde ☐ habe gefunden ☐ fand

h) ▲ Warum hat Paul denn nicht auf mich gewartet?
● Er __________, du kommst nicht mehr.
☐ dachtest ☐ dachte ☐ dachtet

i) ▲ Hat die Veranstaltung gestern lange gedauert?
● Ja, sie __________ bis halb zwölf.
☐ ging ☐ gingen ☐ gingt

4 Ergänze die Fragen oder die Antworten.

a) ▲ Welchen Zug nehmen wir?
Den um ______________________?
(21:30 Uhr oder 23:15 Uhr)
● Nehmen wir doch den späteren.

b) ▲ ______________________?
(Zug abfahren)
● Um zwanzig vor neun.

c) ▲ Wie lang ist die Zugfahrt?
● ______________________.
(8 Stunden dauern)

d) ▲ ______________________?
(Wie spät)
● Es ist zwölf Uhr.

e) ▲ ______________________.
(leid tun, ich zu spät sein)
● Kein Problem.

33 Orientierung

nach A3

1 Ordne zu und ergänze mit Artikel.

Perron 🇨🇭 • ~~Stadtplan~~ • Billet 🇨🇭 • Brücke

a) *der Stadtplan* b) ________ c) ________ d) ________

2 Schreib die Nomen richtig.

a) Jan möchte Ingenieur werden, er kann an einer technischen H *o* *c* h *s* c h *u* l e oder an einer U _ _ v _ _ s _ tä _ studieren.
b) Gleich beginnt der Skilanglauf-Wettkampf, nur Franziska ist noch nicht am St _ _ t.
c) Petras Fahrrad ist kaputt. Deshalb muss sie die ganze S _ r _ ck _ zur Schule zu Fuß gehen.
d) Zu B _ g _ n _ der Veranstaltung haben sich alle erst einmal vorgestellt.
e) Das große Gebäude mitten auf dem Platz ist das R _ t _ au _.
f) Elke geht nicht gerne am Samstag einkaufen. Denn in der In _ _ _ st _ _ t ist dann immer sehr viel los.

nach A3

3 Stadtrallye: Ordne zu und ergänze die Verben in der richtigen Form.

ankreuzen • gewinnen • ~~treffen~~ • verlaufen • bedeuten

a) ▲ Wo *treffen* wir uns eigentlich nach der Rallye?
● Im Café Schmitz, das ist in der Nähe von der Technischen Hochschule.

b) ▲ Ich weiß die Antwort auf Frage zwei. Antwort c) ist richtig.
● Gut, dann ________ ich c) ________.

c) ▲ Hier steht „Perron". Was ________ das?
● Das heißt „Bahnsteig".

d) ▲ Wohin fährt eigentlich diese Straßenbahn hier?
● Schau einfach auf den Fahrplan: Die Strecke ________ mitten durch die Stadt von Osten nach Westen bis nach Grünwald.

e) ▲ Los! Wir müssen schnell sein. Wir möchten bei der Stadtrallye ________.
● Keine Sorge, die anderen sind auch nicht so schnell.

nach A3

4 Wo? Ergänze die Präpositionen *in, an* oder *auf* mit Artikel.

a) Hallo Susi! Wo bist du denn? → *In der* Nähe von der Uni. Soll ich dich abholen?

b) Wo bleibst du denn so lange? Ich warte auf dich. → Sorry, ich bin ________ Straßenbahn, aber sie kann nicht weiterfahren – es gab einen Unfall.

c) Vergiss nicht, wir treffen uns in zwanzig Minuten ________ Bahnhof. → Klar, ich sitze schon ________ Bus und bin gleich da.

d) Hi, ich bin gerade ________ Insel Lützelau ________ Zürichsee. LG → Wie schön. Erhol dich gut! LG

4 **5 Wo ist das Billet? Was ist richtig? Kreuze an.**

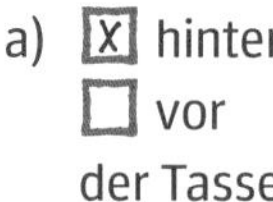

a) ☒ hinter
☐ vor
der Tasse

b) ☐ neben
☐ zwischen
den Büchern

c) ☐ hinter
☐ vor
dem Computer

d) ☐ neben
☐ an
dem Stadtplan

5 **6 In der Stadt: Finde noch sieben Orte. Ergänze mit Artikel.**

K	G	A	S	T	H	A	U	S	O	K	A
F	B	E	J	X	Q	G	G	X	G	O	P
K	P	K	K	X	R	P	D	X	S	X	O
M	S	P	I	E	L	P	L	A	T	Z	T
E	W	H	R	V	E	X	P	W	R	E	H
M	W	T	C	Q	E	V	M	O	A	M	E
U	B	A	H	N	H	O	F	G	ß	Y	K
S	I	D	E	A	G	L	W	B	E	Z	E
E	Z	Y	D	H	S	P	I	T	A	L	K
U	G	L	L	E	N	E	R	K	Q	P	C
M	I	B	I	B	L	I	O	T	H	E	K

1 der Bahnhof
2 ______
3 ______
4 ______
5 ______
6 ______
7 ______
8 ______

5 **7 Markiere und ergänze die richtigen Präpositionen mit Artikel.**

a) Dr. Schneider hat nun eine eigene Praxis. Früher hat er im ______ Spital gearbeitet. *(in / vor / hinter)*
b) Timo steht ______ Bahnsteig und wartet auf den Zug. *(an / in / zwischen)*
c) Die Universität ist ______ Bibliothek. *(auf / neben / in)*
d) ______ Kirche ist ein Park. *(zwischen / hinter / in)*
e) Der Spielplatz liegt ______ Apotheke und ______ Bahnhof. *(zwischen / auf / in)*
f) Die Kinder spielen ______ Spielplatz. *(in / zwischen / auf)*
g) Der Motorroller steht ______ Gasthaus. *(vor / zwischen / auf)*

5 **8 Wo sind die Personen? Ordne zu und ergänze die Präpositionen, die Artikel und die Nomen.**

Turm • Geschäft • Petra • Telefon • Strand • Fernseher • Spital • Flughafen

a) Julia kauft eine Postkarte. Sie ist ______.
b) Klaus ist ______. Er spricht mit seiner Mutter.
c) Sabine liegt in der Sonne und geht gleich schwimmen. Sie ist ______.
d) Peter hatte eine Operation. Er muss noch vier Tage ______ bleiben.
e) Eva sieht fern. Sie sitzt ______.
f) Maria fliegt in einer halben Stunde nach New York. Sie ist schon ______.
g) Robert hat einen tollen Blick über die Stadt. Er ist ______.
h) Petra sitzt in der Schule ganz vorne. Die anderen Schüler sitzen ______.

nach A7 WS

9 Ordne zu und ergänze.

schule • haus • Stadt • ~~Haupt~~ • Bahn

a) *Haupt* ____: -gebäude / -schule / -bahnhof
b) ____: -strecke / -hof / -steig
c) ____: Rat- / Gast- / Kranken-
d) ____: Sprachen- / Hoch- / Grund-
e) ____: -plan / -zentrum / -park

nach A8 K

10 In einer fremden Stadt: Ergänze.

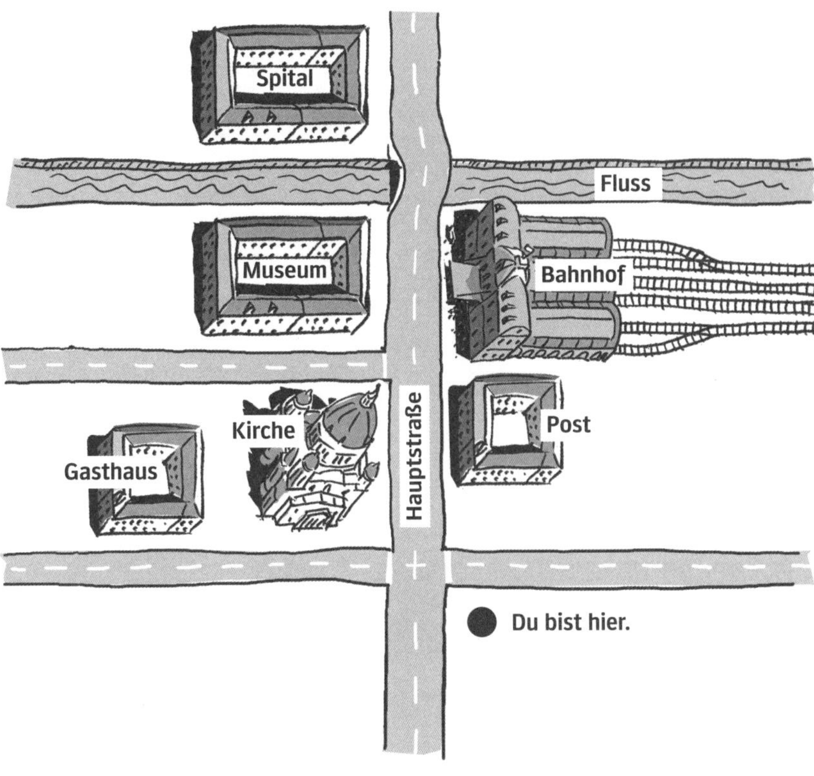

a) ▲ Entschuldigen Sie bitte. Wo ist denn das Museum?
● Es ist *l i n k s* v _ _ d _ _ Hauptstraße, i _ d _ _ N _ _ _ v _ _ Fluss.

b) ▲ Entschuldigung, wo ist denn das Spital?
● Das Spital ist a _ _ d _ _ a _ _ _ _ _ _ S _ _ _ _ vom Fluss.

c) ▲ Wie komme ich zum Bahnhof? Könnten Sie mir das bitte sagen?
● Gehen Sie geradeaus. Der Bahnhof ist h _ _ _ _ _ d _ _ Post. Das ist nicht w _ _ _ v _ _ hier.

d) ▲ Wo ist denn das Gasthaus? Könnten Sie mir das bitte erklären?
● Das Gasthaus ist n _ _ _ _ d _ _ Kirche.

nach A8 K

11 In einer fremden Stadt: Schreib die Dialoge nach der Grafik.

a) *Entschuldigen ..., Wo nächste Straßenbahnhaltestelle?* → *nicht weit / hier andere Seite / Fluss*

▲ ____

● ____

b) *Wo Rathaus? Erklären?* → *geradeaus gehen: Marktplatz links / neben Kaufhaus Beer*

▲ ____

● ____

c) *Wo Jugendherberge? Sagen?* → *hinter Bahnhof / zwischen Hotel Europa und Supermarkt*

▲ ____

● ____

12 Ordne zu und schreib die Wörter richtig.

STADT-ALT • GE-AN-TER-STELL • ~~RE-AUF-GUNG~~ • HEIM-WOHN • TION-TUA-SI • CHE-BÜ-REI • TEL-STADT-VIER • FÄN-AN-GER • NIK-PA

a) nicht sprechen können, weil man nervös ist: vor *Aufregung* ______ nicht sprechen können.
b) sehr große Angst haben: in ______ sein
c) Hier kann man Bücher ausleihen: in einer ______
d) Ein ______ steht ganz am Beginn von etwas.
e) Zentrum mit alten Gebäuden: ______
f) Viele Studenten haben ein Zimmer im ______.
g) Als ______ arbeitet man in einer Firma.
h) Probleme haben: in einer schwierigen ______ sein
i) In einer Stadt gibt es verschiedene ______.

13 Ordne zu und ergänze.

aufgeregt • peinlich • zufällig • ~~aufregend~~ • schrecklich

a) ▲ Wie war eure Interrail-Reise?
● Total *aufregend* ______! So eine Reise musst du unbedingt auch mal machen.

b) ▲ Ich finde diese Kneipe sehr nett. Wer hat dir denn den Tipp gegeben?
● Niemand, die habe ich ______ entdeckt.

c) ▲ Gestern habe ich im Kino einen Film angeschaut. Auf einmal hat mein Handy geklingelt. Das war vielleicht ______!
● Oh je, das ist mir auch schon mal passiert.

d) ▲ Weißt du was, Peter hat mich für morgen Abend zum Essen eingeladen. Ich bin schon ganz ______.
● Das glaube ich.

e) ▲ Gestern habe ich geträumt, dass ich einen Unfall hatte. Es war ______!
● Oh je, du Armer.

14 Welches Verb passt? Markiere.

Neue E-Mail
Senden Chat Anhang Adressen Schriften Farben Als Entwurf sichern

Hallo Irina,

mir ist etwas Nettes passiert. Ich bin mit dem Zug nach Hamburg gefahren, weil ich dort eine alte Freundin a) *besuchen / besichtigen / bekommen* wollte. Sie wohnt nicht weit vom Bahnhof, deshalb bin ich zu Fuß b) *verlaufen / umziehen / losgegangen*. Weil ich mich nicht so gut c) *ausgekannt / gewusst / gekannt* habe, habe ich mich natürlich gleich d) *verirrt / ausgekannt / verwechselt*. Irgendwie muss ich zwei Straßen e) *verirrt / verwechselt / verglichen* haben.

Plötzlich hat ein komischer Typ neben mir f) *gelacht / gespürt / erlebt*. Ich wollte schon weitergehen, aber dann habe ich ihn erkannt: Es war mein alter Schulfreund Frank. Den habe ich schon mindestens zwei Jahre nicht mehr gesehen. Ich habe mich total gefreut. Frank hat mir erzählt, dass er g) *angezogen / umgezogen / verlaufen* ist und jetzt in Hamburg wohnt. Ich habe dann meine Freundin angerufen und wir sind alle zusammen in ein Café gegangen …

nach B4 WS

15 Ordne zu und ergänze.

irgendwie • irgendwann • irgendwelche • irgendein • ~~irgendwo~~

a) ▲ Wo ist denn der Stadtplan? Ich hatte ihn doch gerade noch in der Hand.
● Dann muss er ja hier *irgendwo* sein.

b) ▲ Wann ist eigentlich das erste Treffen von unserer Theatergruppe?
● ________ nächste Woche, ich weiß nicht mehr genau an welchem Tag.

c) ▲ Wie hast du nur den Weg gefunden? Du warst doch schon so lange nicht mehr hier.
● Ich weiß auch nicht, aber ich habe mich ________ ganz gut daran erinnern können.

d) ▲ Wo kann man denn in diesem Stadtviertel etwas essen?
● Ich kenne mich hier nicht so gut aus, aber wir finden sicher ________ nettes Gasthaus.

e) ▲ Was steckt denn da im Briefkasten?
● Ich glaube, das sind ________ Prospekte.

nach B4 GR

16 Was ist richtig? Kreuze an.

	deshalb	trotzdem	
a) Ich lebe schon lange in Zürich,	☒	☐	kenne ich mich hier gut aus.
b) Ich habe den Stadtplan zu Hause vergessen,	☐	☐	habe ich die Straße gefunden.
c) Ich wohne an einer lauten Straße,	☐	☐	kann ich nachts nicht gut schlafen.
d) Unsere Wohnung war zu klein,	☐	☐	sind wir umgezogen.
e) Das Wohnheim ist schön,	☐	☐	möchte ich lieber in einer Wohngemeinschaft wohnen.

nach B5 GR

17 Ordne zu.

1 Die Busfahrt hat eine Stunde gedauert, → c)
2 Obwohl die Altstadt sehr schön ist,
3 Ich bin nicht mit dem Bus gefahren,
4 Obwohl die Bücherei eigentlich schon geschlossen war,

a) obwohl ich fast nicht mehr gehen konnte.
b) durfte ich mir noch ein Buch ausleihen.
c) obwohl die Strecke sehr kurz war.
d) gibt es nicht viele Touristen.

nach B5 GR

18 Schreib die Sätze richtig.

a) Uta kauft sich einen Stadtplan von Wien, obwohl *sie dort schon zwei Jahre wohnt*.
(zwei Jahre / wohnen / dort schon / sie)

b) Obwohl Jörg schon lange in Paris lebt, ________.
(verirren / sich / immer noch / er)

c) Obwohl der Bahnhof in der Nähe von unserem Hotel war, ________.
(fahren / wir / mussten / mit dem Taxi)
Unsere Koffer waren so schwer.

d) Sabine hat immer noch Kontakt zu Jens, obwohl ________.
(er / umgezogen / ist / in eine andere Stadt)

nach B5 GR

19 Ergänze, markiere die Verben und vergleiche.

Englisch	I found the hotel although I didn't have a city map.
Deutsch	Ich habe das Hotel gefunden, obwohl ich keinen Stadtplan hatte.
Meine Sprache	

20 Paul, der Student: Ergänze die Sätze.

a) Paul kann nicht kochen, trotzdem lädt er seine sympathische Nachbarin zu sich zum Essen ein.
Paul lädt seine sympathische Nachbarin zum Essen ein, obwohl er nicht kochen kann.
Obwohl Paul nicht kochen kann, lädt er seine sympathische Nachbarin zum Essen ein.

b) Paul hat nur ein kleines Studentenzimmer, trotzdem kauft er immer mehr Bücher.
Paul kauft immer mehr Bücher, obwohl ______________________________
______________________________.
Obwohl ______________________________
______________________________.

c) Er kennt sich in der Stadt immer noch nicht aus, trotzdem nimmt er nie einen Stadtplan mit.
Er nimmt nie einen Stadtplan mit, obwohl
______________________________.
Obwohl ______________________________
______________________________.

d) Die Kurse an der Uni beginnen erst um zehn, trotzdem kommt er immer zu spät.
______________________________,
obwohl ______________________________
______________________________.
Obwohl ______________________________
______________________________.

21 Ergänze die Sätze mit *trotzdem, obwohl* oder *deshalb*.

Neue E-Mail

Senden Chat Anhang Adressen Schriften Farben Als Entwurf sichern

Lieber Marc,

wie geht es Dir?

Mir geht es gut. Bald fangen die Uni und mein Studentenleben an. In zwei Wochen ziehe ich um. Ich freue mich schon darauf, a) ______________________________.
(Ich kenne in Wien noch niemand.)

Leider sind die Wohnungen dort ziemlich teuer, b) ______________________________
______________________________. *(Ich wohne in einem Wohnheim.)*
Das ist billiger. In meinem Zimmer gibt es schon Möbel, c) ______________________________
______________________________ *(Ich muss noch viele Dinge kaufen.)*

Zum Glück ist es im Wohnheim nicht laut, d) ______________________________
______________________________. *(Es liegt mitten in der Stadt.)* Das finde ich gut.

Und die Uni ist ganz in der Nähe. Du musst mich unbedingt besuchen.

Melde Dich mal.

Bis bald
Johannes

nach B6 Sch

22 **Schreib eine Antwort. Die Fragen unten helfen.**

Forum

Thema: **Habt ihr euch schon mal verirrt?**	
Mr.BB Dabei seit: 23.6. Beiträge: 8	Hallo, ich wollte mal fragen: Habt ihr euch schon mal verirrt? Was habt ihr dann gemacht?

★ Wo hast du dich verirrt? — *in deinem Wohnort / in einem fremden Stadtviertel / in einer fremden Gegend / auf einer Reise / auf einer Wanderung …*

★ Wohin wolltest du eigentlich gehen?

★ Wie war das für dich? — *peinlich / schrecklich / lustig …*

★ Hast du jemand gefragt oder was hast du gemacht?

★ Was ist dann passiert?

AUSSPRACHE

23 Laut ts

53

a) Hör und sprich nach.

ts	Tickets	•	arbeitslos	•	nichts	
tz	Platz	•	sitzen	•	putzen	
t	Redaktion	•	Patient	•	international	
z	Zug	•	umziehen	•	Kreuzung	

Das *tz*, *t* und *z* spricht man hier wie *ts*.

54

b) Wo hörst du ts**? Kreuze an.**

	ts	–		ts	–
1			4		
2			5		
3			6		

c) Ergänze t, z, ts **oder** tz.

1 Eintrit__karte
2 Organisa__ion
3 Besi__er
4 nach__
5 __immer
6 nu__en
7 Hi__e
8 Sta__ion
9 __ufällig
10 Por__ion
11 kur__
12 Gebur__tag

55

24 Hör und sprich nach.

1 ▲ Entschuldigung, wo ist die nächste U-Bahn-Station?
● Die ist nicht weit von hier.

2 ▲ Wo wohnt denn Sandra?
● Ganz in der Nähe von hier, gleich auf der anderen Seite vom Fluss.

3 ▲ Obwohl ich so viel gelernt habe, habe ich nur eine Vier geschrieben.
● Oh, tut mir leid!

SELBSTKONTROLLE

1 Notiere mindestens sechs Beispiele.

Welche Gebäude gibt es in einer Stadt?

das Gasthaus,

2 Finde zusammengesetzte Wörter.

________ **...STADT...** ________

________ ________

3 Was ist richtig? Kreuze an.

a) ▲ Ich glaube, das Konzert fängt gleich an.
● Ich sehe aber nichts, wenn du ______ mir stehst.
☐ hinter ☐ vor ☐ zwischen

b) ▲ Hast du das Billet wiedergefunden?
● Ja, es war ______ meinen Reisedokumenten versteckt.
☐ an ☐ zwischen ☐ auf

c) ▲ Entschuldigen Sie bitte. Wo ist denn die Post?
● Gleich ______ Universität.
☐ neben der ☐ neben die ☐ neben dem

d) ▲ In welchem Gasthaus treffen wir uns eigentlich?
● Im Gasthaus Schweiger. Das ist ______ Rathaus.
☐ hinter der ☐ hinter dem ☐ hinter das

e) ▲ Wo bleibt denn Monika? Gehen wir doch ohne sie los.
● Nein, warten wir noch, sie wird schon ______ kommen.
☐ irgendein ☐ irgendwo ☐ irgendwann

f) ▲ Wer hat denn eben geklingelt?
● Draußen ist niemand. Das waren sicher ______ Kinder.
☐ irgendwelche
☐ irgendeine
☐ irgendwo

g) ▲ Was habt ihr denn letztes Wochenende gemacht?
● Wir sind gewandert, ______ es so geregnet hat.
☐ deshalb ☐ obwohl ☐ trotzdem

h) ▲ Heute habe ich mich total verirrt, obwohl ich ______.
● Das ist mir auch schon passiert.
☐ auf den Stadtplan habe geschaut
☐ habe auf den Stadtplan geschaut
☐ auf den Stadtplan geschaut habe

i) ▲ Wo bleibt denn Peter so lange?
● Das weiß ich auch nicht. Obwohl er gleich in der Nähe wohnt, ______.
☐ er kommt immer zu spät
☐ kommt er immer zu spät
☐ er immer zu spät kommt

4 Ordne zu und ergänze.

von der (2x) • neben der • in der • weit von • auf der

a) ▲ Entschuldigen Sie bitte. Wo ist denn der Bahnhof?
● Der Bahnhof ist ______ Nähe ______ Kirche, nicht ______ hier.

b) ▲ Entschuldigung. Wie komme ich zur Technischen Hochschule?
● Da müssen Sie hier durch den Park gehen. Die Technische Hochschule ist ______ anderen Seite vom Park.

c) ▲ Wo ist denn eigentlich das Wohnheim? Könnten Sie mir das bitte erklären?
● Es ist gleich ______ Universität.

d) ▲ Und die Bücherei?
● Die ist rechts ______ Universität.

HÖREN

Vor dem Hören

Drei Mitteilungen im Radio

Radio deutsch com

1 Lies die Aufgaben und Antworten in 3.

Was ist das Thema? ______________________

Die Bilder und die Aufgaben sagen oft, was das Thema ist!

2 Markiere die Schlüsselwörter in den Aufgaben.

Hören 1

3 Welche Wörter in den Antworten hörst du? Unterstreiche sie!

Beim Hören: Welche Wörter hörst du? Markiere sie in den Aufgaben.

Bist du sicher, dass eine Antwort falsch ist? Dann streiche sie durch!

56–57

Mitteilung 1

1 Beim ZEUS-Projekt machen Schülerinnen und Schüler Folgendes: Sie ...
- [a] lesen die Tageszeitung sechs Wochen lang.
- [b] lesen die Tageszeitung, recherchieren und schreiben eigene Artikel.
- [c] treffen sich jeden Tag mit Redakteuren in der Zeitungsredaktion.

2 Das ZEUS-Projekt richtet sich
- [a] an Schüler und Schülerinnen von der Hauptschule bis zum Gymnasium.
- [b] nur an Schüler und Schülerinnen in der Hauptschule.
- [c] nur an Schüler und Schülerinnen im Gymnasium.

3 Eine Jury wählt die besten Artikel aus:
- [a] einmal
- [b] zweimal — im Jahr.
- [c] dreimal

58

Mitteilung 2

4 Mithilfe von JUNIOR-Österreich können Schülerinnen und Schüler
- [a] gratis einkaufen gehen.
- [b] Erfahrungen im Ausland sammeln.
- [c] eine eigene Firma gründen.

5 JUNIOR-Österreich bietet Programme für Jugendliche im Alter von
- [a] 15
- [b] 15–18 — Jahren.
- [c] 15–19

6 Die Firma „Shopping 4 U" von Fabian und seinen Mitschülern
- [a] schreibt Artikel in der Zeitung.
- [b] entwirft Logos und Prospekte für andere Firmen.
- [c] kauft für ältere und berufstätige Leute ein.

59

Mitteilung 3

7 Die Mädchen lernen beim Projekt „CHOOSE IT!" ...
- [a] Männer in typischen Männerberufen
- [b] Frauen in typischen Männerberufen — kennen.
- [c] Frauen in Teilzeitarbeit

8 Urs und Lutz finden, dass ...
- [a] der Beruf „Damenschneider" nur zu Frauen passt.
- [b] auch Männer den Beruf machen können.
- [c] der Beruf nur für Künstler ist.

9 Das Projekt „CHOOSE IT!" findet
- [a] an einem Tag
- [b] in den Ferien — statt.
- [c] an drei Tagen

56–59

Hören 2

4 Konzentriere dich auf die anderen Antworten. Welche sind richtig?

Oft sind die Formulierungen in den Aufgaben und im Hörtext nicht gleich, aber ähnlich!

Oft kommen Wörter aus den verschiedenen Antwortmöglichkeiten im Hörtext vor. Sie sind aber nicht die Antwort auf die Frage!

Nach dem Hören

5 Kontrolliere deine Antworten. Hast du eine Antwort angekreuzt?

Weißt du nicht, welche Antwort richtig ist? Kreuze trotzdem eine Antwort an!

SCHREIBEN

Brief: Auf eine Anzeige reagieren

Vor dem Schreiben

1 Du bist in Deutschland und lernst an einer Sprachenschule Deutsch. Am Schwarzen Brett liest du die Anzeige rechts. Lies die Anzeige genau durch.

Was ist das Thema? ______________________

Markiere die Schlüsselwörter in der Anzeige!

Hast Du Lust, nächstes Wochenende mit uns nach Salzburg zu fahren?
Wir sind drei Freunde, Schüler der 10. Klasse aus Regensburg. Wir wollen am Samstag, den 1. Mai, mit einem „Schönes-Wochenende-Ticket" nach Salzburg, in die Stadt Mozarts, fahren. Weil das Ticket für 5 Personen gültig ist, sind noch 2 Plätze frei. ☺ Wir denken, der Ausflug macht mehr Spaß, wenn wir mehrere Personen sind. Und es ist auch viel billiger!
Interessiert Dich das? Dann schreib uns einen Brief.

2 Lies die Inhaltspunkte genau durch.

1 Stell dich vor (z. B. Name, Alter, Land, Hobbys, ...)
2 Warst du schon einmal in Österreich? Wo?
3 Was möchtest du in Salzburg machen?
4 Wann und wo kannst du die drei Freunde treffen?

Schreiben

3 Antworte mit einem Brief (mindestens 50 Wörter). Schreib zu jedem Inhaltspunkt einen bis zwei Sätze.

25. April ...

Hallo,

gerne möchte ich mit euch am 1. Mai nach Salzburg fahren.

Mein Name ist ______________________

____

____

____

____

____

____

____

____

Ich freue mich schon auf den Ausflug!

Bis dann,

...

Achte auf die Wörteranzahl und auf die 4 Inhaltspunkte!

Beginne deine Sätze nicht immer mit dem Subjekt!

Verbinde Hauptsätze mit: und, oder, aber, dann, deshalb, trotzdem ...

Schreib auch Nebensätze mit: weil, dass, wenn ...

Nach dem Schreiben

4 Kontrolliere deinen Brief.

Hast du zu jedem Punkt mindestens einen Satz geschrieben?
Beginnen deine Sätze unterschiedlich?
Hast du die Sätze mit Konjunktionen verbunden?
...

Meine Strategien beim Hören und Schreiben: ______________________

____

PROJEKT

Collage/Plakat: Eine Reise durch das eigene Land planen

1 Ihr bekommt von euren deutschen Brieffreunden folgende E-Mail. Lest die Mail und markiert die Schlüsselwörter. Was ist eure Aufgabe?

Neue E-Mail

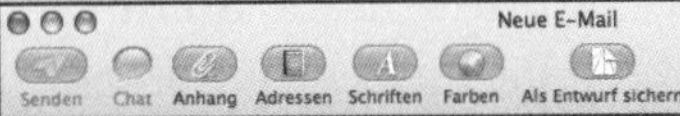

Hallo liebe Freunde,

diesen Sommer möchten wir gerne euer Land besuchen. Leider haben wir nur zwei Wochen Zeit und ziemlich wenig Geld. Trotzdem möchten wir möglichst viele Sehenswürdigkeiten besichtigen und viel Spaß in eurem Land haben. Habt ihr ein paar Tipps für uns?

Danke & bis bald

2 Bildet Gruppen und plant für eure Freunde eine Tour durch euer Land. Wählt dafür eine oder mehrere Städte oder schöne Gegenden. Sammelt Fakten und macht Notizen. Die Stichpunkte helfen:

★ Start / Ende
★ Name der Gegenden / der wichtigen Städte auf der Tour
★ interessante Sehenswürdigkeiten
★ schöne Ausflüge in der Umgebung
★ günstige Übernachtungen
★ billige Restaurants
★ tolle Kneipen
★ ...

3 Schreibt kleine Texte, sammelt Fotos und/oder Stadtpläne.

4 Macht eine Collage / ein Plakat und hängt sie/es in der Klasse auf.

5 Präsentiert eure Tour. Welche Tour ist am interessantesten?

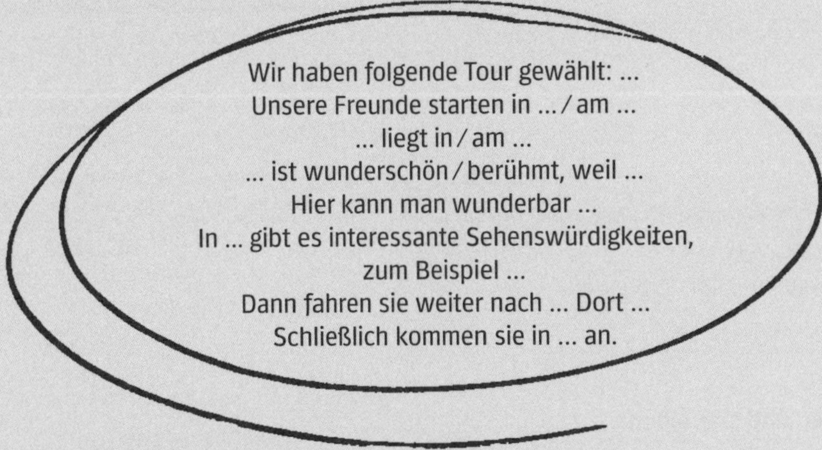

Wir haben folgende Tour gewählt: ...
Unsere Freunde starten in ... / am ...
... liegt in / am ...
... ist wunderschön / berühmt, weil ...
Hier kann man wunderbar ...
In ... gibt es interessante Sehenswürdigkeiten,
zum Beispiel ...
Dann fahren sie weiter nach ... Dort ...
Schließlich kommen sie in ... an.

DAS KANN ICH JETZT!

		Ja 🙂	Es geht 😐	Nein 🙁
Ich kann etwas vergleichen:	*In ________ ist es ___ ___ in Deutschland.* (=) *Bei uns ist es ________ in Deutschland.* (≠) *Europa ist ________ als Amerika.*	☐	☐	☐
Ich kann nach Informationen fragen:	*Woran ________?* *Denkst du ___ ____________?*	☐	☐	☐
Ich kann Freude / Bedauern ausdrücken:	*Du ________!* 🙂 *Du ________!* 🙁	☐	☐	☐
Ich kann eine Dauer ausdrücken:	*Mit dem „Schönes-Wochenende-Ticket" kann man ___ ___ 2 Tagen reisen.* *Die Reise ________ sechs Stunden.*	☐	☐	☐
Ich kann einen Zeitpunkt angeben:	▲ *Peter, ___ ___ ___ Uhr fährt der Zug ab?* ● *___ ____________ (18:20) und ___ ____________ (20:15).*	☐	☐	☐
Ich kann Verspätung ausdrücken:	*Es tut mir leid, dass ich ___ ______ ____________.*	☐	☐	☐
Ich kann Besitz ausdrücken:	▲ *Hast du ____________?* ● *Ja, ich ____________.* ■ *Nein, ich ______ ______.*	☐	☐	☐
Ich kann über die Vergangenheit sprechen:	*Hier ___ es Fahrräder, ... (geben)* *Um 19 Uhr ______ wir ins Theater. (gehen)*	☐	☐	☐
Ich kann nach der Uhrzeit fragen:	▲ *Wie ___ ___ ___?* ● *Es ist drei Uhr.*	☐	☐	☐
Ich kann sagen, wo sich jemand / etwas befindet:	*Wir sind ____________.* *Die Haltestelle der Polybahn ________ ____________.*	☐	☐	☐
Ich kann einen Ort beschreiben:	*Das Rathaus liegt ____________.* *Das Krankenhaus steht links ____________.* *Der Hauptbahnhof ist nicht weit ______ ____________.* *Das Museum liegt zwischen ________ und ____________.*	☐	☐	☐
Ich kann eine Entfernung angeben:	*Wie ______ ist es von hier bis zum Flughafen? /* *Bis zum Bahnhof ist es nicht ______.*	☐	☐	☐
Ich kann eine Situation erklären:	*Ich bin ins Gebirge gefahren, ________ ich Fieber hatte.*	☐	☐	☐

34 Wohnen

nach A3 WS

1 Ordne zu und ergänze mit Artikel.

Schlüssel • Balkon • Briefumschlag • ~~Garage~~

a) die Garage
b) ____________
c) ____________
d) ____________

nach A3 WS

2 Schreib die Nomen mit der Endung *-ung*.

a) rechnen: die Rechnung
b) renovieren: die ____________
c) wohnen: die ____________
d) beraten: die ____________
e) erfahren: die ____________
f) lösen: die ____________
g) vorstellen: die ____________
h) retten: die ____________
i) heizen: die ____________

nach A3 WS

3 Markiere die Nomen. Ordne zu und ergänze mit Artikel.

BUDEIRANFZUMZUGEIKSHLEHREJJGEHALTAVNHEMIETEOPZHALEHRLINGSUPWRMIETVERTRAGZYNURLAUB

a) **Beruf:** ____________

b) **Wohnung:** die Bude

nach A3 WS

4 Wie heißen die Verben? Ergänze.

a) die Wohnung r e n o v i e r e n
b) Geld auf ein Konto e _ n _ a _ l _ _
c) den Mietvertrag u _ t _ r _c h _ _ i _ e _
d) in die neue Wohnung e _ n z _ _ h e _
e) die Lehre b _ e _ d _ _
f) dem Enkel Geld s _ h _ _ k _ n

nach A3 WS

5 Ordne zu und ergänze.

~~arm~~ • finanziell • übrig • gratis • insgesamt • neulich

Forum

Thema: **Geld**	
Babsi13 18:34	Hallo Leute! Habt ihr auch nie genug Geld, obwohl ihr arbeitet? Ich meine, ich bin zwar noch in der Ausbildung, aber nicht a) arm. Ich verdiene b) ____________ 850 Euro im Monat. Aber wenn ich die Miete und das alles bezahlt habe, bleibt nie Geld c) ____________.
Jolly09 19:04	Mir geht es d) ____________ auch nicht besser. Aber nicht alles muss viel Geld kosten. e) ____________ habe ich im Internet eine coole Couch f) ____________ bekommen. Sie war noch wie neu.

nach A4 GR

6 Ergänze *für, ohne* oder *mit*.

Chat

Daisy: Hallo Luis, stell dir vor, ich habe bald eine Bude ganz a) für mich allein.
Lu: Super, erzähl mal!
Daisy: Die Wohnung ist total nett, aber nicht ganz billig. b) ________ ein Zimmer c) ________ Küche und Bad zahle ich 400 Euro Miete.
Lu: Ist das schon d) ________ Wasser, Strom und Heizung?
Daisy: Nein, e) ________ Nebenkosten.
Lu: Ganz schön teuer. Wann ziehst du denn eigentlich um?
Daisy: In drei Wochen, übrigens brauche ich f) ________ den Umzug noch ein paar Leute. g) ________ starke Männer schaffe ich das nicht. ;-)
Lu: Ach, du meinst, ich soll dir helfen! Klar, das mache ich.

A5 **7 Wann war das? Ordne zu und ergänze.**

~~Samstag~~ • August • Herbst • 15.00 Uhr • Mitternacht • 15. Mai • halb zwölf • Frühling • Dezember • 2. Februar • Vormittag

a) **am:** Samstag

b) **um:** ______

c) **im:** ______

A5 **8 Umzüge: Welche Antwort passt? Kreuze an.**

a) ▲ Wann hast du denn die Wohnung besichtigt?
● ☒ Im Juni. ☐ Bis Juni.

b) ▲ Wann hast du den Mietvertrag unterschrieben?
● ☐ Vom 15. bis 17. Mai. ☐ Am 15. Mai.

c) ▲ Wann kannst du in die Wohnung einziehen?
● ☐ Nach der Renovierung.
☐ An der Renovierung.

d) ▲ Bis wann hast du das Umzugsauto gemietet?
● ☐ Bis morgen. ☐ Am Morgen.

e) ▲ Um wie viel Uhr kommen die Freunde zum Helfen?
● ☐ Am zehnten. ☐ Um zehn.

f) ▲ Was glaubst du, wie lange brauchen wir für den Umzug?
● ☐ Von neun bis fünf. ☐ Um fünf.

g) ▲ Wann gibt es endlich die Würstchen?
● ☐ Zum Mittagessen. ☐ Für das Mittagessen.

h) ▲ Wann bekommst du den Schlüssel?
● Das weiß ich nicht genau. Auf jeden Fall aber noch ☐ vor August. ☐ mit August.

A5 **9 Markiere und ergänze das richtige Fragewort.**

a) Um wie viel Uhr (<u>Um wie viel Uhr</u> / Bis wann) beginnt denn deine Party? → Eigentlich um acht, aber komm doch schon früher!

Hallo Susi, b) ______ (Bis wann / Wann) musst du denn heute arbeiten? → Bis sechs Uhr ☹. Treffen wir uns danach?

Hi Simone, danke für deine E-Mail aus Griechenland. c) ______ (Wann / Wie lange) bleibst du denn noch? → Noch drei Wochen ☺.

A6 **10 Ordne zu und schreib Fragen mit *Um wie viel Uhr …? Wann …? Bis wann …? Wie lange …?* Bei manchen Sätzen gibt es zwei Möglichkeiten.**

die Schule dauern • zusammen mit der Familie essen • deine Eltern dich wecken • frühstücken • der Bus zur Schule fahren • aufbleiben dürfen

a) ▲ ______ b) ▲ ______?
● So um halb sieben, aber ich bleibe danach meistens noch eine Viertelstunde im Bett.

c) ▲ ______ d) ▲ ______?
● An den Wochentagen bis halb zehn. Wenn ich müde bin, gehe ich aber früher ins Bett.

e) ▲ ______ f) ▲ ______?
● Um Viertel nach sieben.

g) ▲ ______?
● Nicht lange, eine Viertelstunde, zwanzig Minuten.

h) ▲ ______ i) ▲ ______?
● Bis eins, einmal pro Woche haben wir auch Nachmittagsunterricht.

j) ▲ ______?
● Meistens am Abend, in der Woche sind wir alle mittags nicht zu Hause.

11 **Möbel oder Einrichtungsgegenstand? Ordne zu und ergänze mit Artikel.**

~~Regal~~ · Tisch · Spiegel · Couch · Bett · Decke · Kissen · Schrank · Teppich · Fernseher · Lautsprecher · Lampe · Stuhl

a) **Möbel:** *das Regal* ______

b) **Einrichtungsgegenstände:** ______

______

nach B3 WS

12 **Rätsel: Was ist das? Ergänze.**

a) Wenn ich verreise, packe ich meinen Ko*f f e r*.
b) Wenn ich umziehe, verpacke ich alles in Ki_ _ _ _.
c) Wenn ich frische Luft möchte, öffne ich das Fe_ _ _ _ _.
d) Wenn ich mich abtrocknen möchte, nehme ich ein Ha_ _ _ _ _ _ _.
e) Wenn ich kochen möchte, brauche ich einen To_ _.

nach B4 WS

13 **Ergänze *stehen, liegen, hängen, sitzen* in der richtigen Form.**

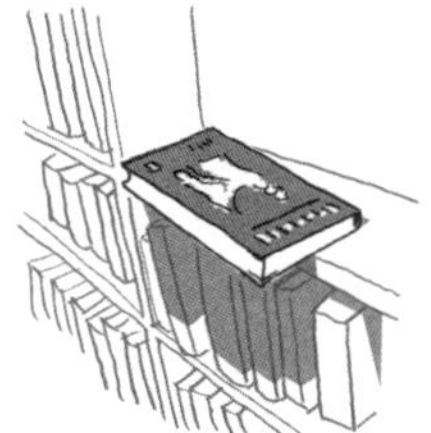

a) Das Buch *liegt* ______ im Regal.

c) Das Bild ______ an der Wand.

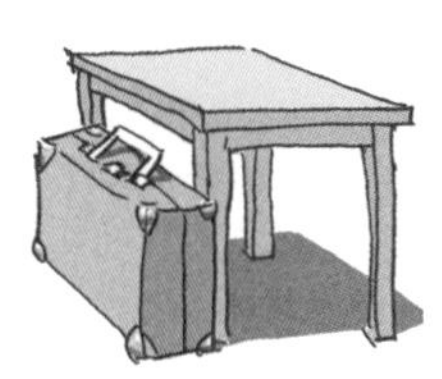

e) Der Koffer ______ neben dem Tisch.

g) Andreas und Claudia ______ auf den Stühlen.

b) Der Topf ______ zwischen den Tassen und den Tellern.

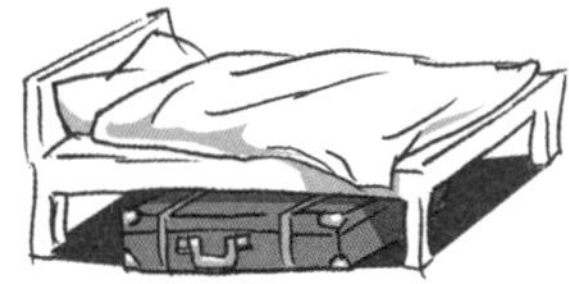

d) Der Koffer ______ unter dem Bett.

f) Der Hund ______ hinter der Kiste.

h) Die Lampe ______ über dem Tisch.

14 **Wo ist was? Ordne zu und ergänze *stehen, liegen, hängen, sitzen* und die Präpositionen.**

an · auf · hinter · ~~in~~ · neben · über · unter · vor · zwischen

a) Die Katze *sitzt im Schrank.* ______
b) Das Regal ______
c) Die Kissen ______
d) Max ______
e) Der Stuhl ______
f) Der Fernseher ______
g) Die Lampe ______
h) Der Topf ______
i) Das Handtuch ______

15 Welches Verb passt? Markiere.

Neue E-Mail
Senden Chat Anhang Adressen Schriften Farben Als Entwurf sichern

Hallo Susanna,
meine neue Wohnung ist noch total ungemütlich ☹. Ich muss sie erst noch a) *einziehen/umziehen/einrichten*. Und im Flur stehen noch total viele Kisten. Die muss ich unbedingt b) *auspacken/ausziehen/sammeln*. So allein macht die Arbeit aber überhaupt keinen Spaß. Nach der Arbeit bin ich auch so kaputt, dass ich mich nur c) *einrichte/auspacke/hinlege* und den Fernseher d) *aufhänge/anmache/einlade*. Vielleicht hast Du ja morgen Zeit und kannst mir helfen? Ich e) *lade/ziehe/koche* Dich dann auch zum Essen ein ☺.
Rosa

16 Wohin kommen die Gegenstände? Ergänze *stellen, legen, hängen, setzen* in der richtigen Form.

a) Rosa legt ______ die Handtücher in den Schrank.

b) Sie ______ das Bild über das Regal.

c) Sie ______ die leere Kiste unter das Bett.

d) Sie macht die Lampe an und ______ sich auf die Couch.

17 Susanna hilft Rosa 1: Wohin kommen die Gegenstände? Schreib Sätze mit *stellen, legen* und *setzen*.

▲ Was soll ich mit den Büchern machen? Sie liegen alle am Boden.
● a) Stell sie bitte ins Regal. ______ (→ *in Regal*)
▲ Aber die Lautsprecher stehen im Regal. Wohin kommen sie?
● b) ______ (→ *zwischen Schrank und Spiegel*)
▲ Die Kissen liegen noch auf dem Tisch. Was mache ich damit?
● c) ______ (→ *auf Bett*)
▲ Ich bin so müde.
● d) ______ (→ *auf Couch*)

18 Susanna hilft Rosa 2: Welches Verb ist richtig? Kreuze an.

▲ Wohin a) ☒ stellen ☐ stehen wir denn den Fernseher?
● In der alten Wohnung hat er neben dem Regal b) ☐ gestellt ☐ gestanden. Das war doch ganz gut.
▲ c) ☐ Leg ☐ Lieg doch bitte die Decke auf die Couch. Und d) ☐ stell ☐ steh die Kiste unter das Bett.
● Das geht nicht, da e) ☐ stellt ☐ steht schon eine andere Kiste.
▲ Wo bist du denn?
● Hier, im Wohnzimmer. Auf der Couch f) ☐ sitzt ☐ setzt man gut. g) ☐ Sitz ☐ Setz dich doch auch mal drauf.
▲ Hast du die Lampe über den Tisch h) ☐ gehängt ☐ gehangen?
● Nein, die hat dort schon vorher i) ☐ gehängt ☐ gehangen. Ach, das Buch suche ich schon die ganze Zeit. Wo hat das denn j) ☐ gelegt ☐ gelegen?
▲ Na, auf dem Boden.

19 Ergänze die Präpositionen und die Artikel.

a) ▲ Wo ist denn mein Schlüssel? Ich habe ihn schon überall gesucht. Auf dem ______ (*auf*) Tisch liegt er nicht, er hängt auch nicht ______ (*neben*) Wohnungstür, ______ (*in*) Tasche ist er auch nicht ...
● Du legst ihn doch immer ______ (*auf*) kleinen Schrank oder ______ (*in*) Regal. Such doch da mal.
▲ Nein, da ist er auch nicht. Ah, hier ist er ja. Er war ______ (*in*) Manteltasche.

b) ▲ Kannst du mir deinen „Harry Potter" leihen?
● Ja klar. Der steht ______ (*in*) Regal ______ (*über*) Schreibtisch. Nimm ihn dir einfach.
▲ Aber da ist er nicht.
● Ach, ich weiß, wo er ist. Ich habe ihn ______ (*in*) Schule mitgenommen und dort habe ich ihn vergessen.

nach B8 GR

20 Auf dem Möbelflohmarkt: Ergänze Präpositionen, Artikel und Verben.

a) ▲ Schau mal, diese Stühle könnten wir doch kaufen und *(auf)* __________ Balkon ______________.
● Na ja, wenn sie nicht zu viel kosten.

b) ▲ Warum verkaufen Sie denn diesen schönen Teppich?
● Ach, der hat bei mir *(in)* ________Wohnzimmer ____________, aber jetzt sind wir umgezogen und nun ist er zu groß.

c) ▲ Oh, das Bild ist schön! Das kaufen wir.
● Ach nein, so eins ____________ doch schon *(an)* __________ Wand.

d) ▲ Wir haben vorhin doch Regale gesehen. Wo haben die denn __________? Weißt du das noch?
● Ich glaube, da hinten *(neben)* ______________ Büchern.

e) ▲ Komm, ____________ wir uns *(in)* ________ Café da drüben und ruhen uns ein bisschen aus.
● Aber du kannst doch nicht schon wieder müde sein. Du hast doch bis zehn *(in)* _______ Bett ____________.

nach B10 Sch

21 Lies das Beispiel und schreib einen Blog-Eintrag: Wie wohnst du?

Blog

So wohne ich

18.10., 18:12 Uhr

Ich wohne mit zwei Freunden in einer Wohngemeinschaft. Die Wohnung ist nicht so schön, aber ich habe mein Zimmer ganz nett eingerichtet.
Am gemütlichsten ist mein Bett. Da liege ich meistens und lese oder höre Musik.
Neben meinem Bett steht der Schreibtisch mit dem Computer. An den Wänden hängen viele Fotos, denn ich fotografiere gern. Und besonders schöne Fotos hänge ich auf.

AUSSPRACHE

22 Laut ks

60

a) Hör und sprich nach.

ks	du trinkst •	links •	du bäckst
x	Experiment •	Text •	Taxi
gs	du sagst •	montags •	unterwegs
chs	sechs •	wechseln •	aufwachsen

Das *x*, *gs* und *chs* spricht man wie *ks*.

61

b) Wo hörst du ks? Kreuze an.

	ks	–		ks	–
1			4		
2			5		
3			6		

c) Ergänze ks, x, gs oder chs.

1 sonnta__
2 Umzu__tag
3 Fa_
4 Bo_ershorts
5 der se___te
6 Wohnun__tür
7 der hö___te
8 Zeitun__anzeige
9 du besichti__t
10 du verwe___elst
11 am wichti__ten
12 Me_iko

62

23 Hör und sprich nach.

1 ▲ Bis wann hast du Training?
● Bis sechs Uhr.

2 ▲ Ich möchte dich gern zum Abendessen einladen.
● Danke. Das ist sehr nett.

3 ▲ Wohin soll ich deine Schlüssel legen?
● Am besten auf den Schrank neben dem Eingang.

SELBSTKONTROLLE

1 Was gehört in welches Zimmer? Notiere Möbel und Einrichtungsgegenstände.

Wohnzimmer	Küche	Bad	Schlafzimmer

2 Eine neue Wohnung: Was muss man machen? Notiere mindestens drei Aktivitäten.

den Mietvertrag unterschreiben

3 Was ist richtig? Kreuze an.

a) ▲ Ich habe gedacht, du hast kein Geld mehr. Warum hast du dann die Couch gekauft?
● Ich finde eine Wohnung ________ Couch sehr ungemütlich.
☐ ohne ☐ für ☐ mit

b) ▲ Bis wann bleibt Johannes bei Petra?
● ________ fünf.
☐ Am ☐ Bis ☐ Im

c) ▲ Kommst du heute ________ Mittagessen?
● Ja, ich denke schon.
☐ zum ☐ am ☐ um

d) ▲ ________ hast du noch Urlaub?
● Leider nur noch bis nächste Woche.
☐ Bis wann
☐ Wann
☐ Um wie viel Uhr

e) ▲ ________ dich doch.
● Danke.
☐ Leg ☐ Setz ☐ Stell

f) ▲ Wo ________ denn die Handtücher?
● Im Schrank.
☐ legen ☐ liegen ☐ stehen

g) ▲ Wohin ________ du das Regal?
● Neben das Bett.
☐ steht ☐ legst ☐ stellst

h) ▲ Wohin sollen wir denn den Teppich legen?
● Warum nicht einfach unter ________ Tisch?
☐ den ☐ dem ☐ der

i) ▲ Stell doch bitte den Topf ________ Küche.
● O.k.
☐ in der
☐ in die
☐ zwischen die

4 Ordne zu und ergänze.

liegt ein roter Teppich • vor dem Urlaub • wann • habe ich in die Küche gestellt • wie lange • zum Essen • steht eine Couch • von Juni bis jetzt

1 ▲ Weißt du schon, ich habe endlich eine Wohnung gefunden.
● Super. a) ________________ hast du denn gesucht?
▲ b) ______________________________.
● Das ist ganz schön lange. c) ____________ kannst du einziehen?
▲ Wenn ich mit der Renovierung fertig bin. Ich hoffe, ich schaffe es noch d) ______________________.
Ich kann dann schon in meiner eigenen Bude wohnen, wenn ich aus Spanien zurückkomme.
Ich lade dich mal e) ____________________ ein. Dann kannst du die Wohnung besichtigen.

2 ▲ Welche Möbel hast du denn schon in deiner neuen Wohnung?
● Also, das Wohnzimmer ist toll geworden. Da f) ________________________ und vor der Couch g) ______________________________.
▲ Hast du alle Möbel neu gekauft?
● Nein, natürlich nicht, meinen alten Tisch habe ich behalten.
Den h) ____.

35 Familie

nach A3 WS

1 Ordne zu und ergänze.

Haushalt • Einzelkind • Großfamilie • ~~Geschwister~~ • Pflichten • Unsinn • Beziehung • Clique • Konflikte • Ritual

Forum

Thema: **Familie**	
Schokobabe um 15.30	Hast du a) *Geschwister* oder bist du b) ______? Verstehst du dich gut mit deiner Familie? Schreib mir.
Sonne um 16.03	Ich habe drei jüngere Schwestern, das ist ganz schön nervig, weil sie so viel c) ______ machen. Ehrlich gesagt, habe ich auch zu meinen Eltern keine besonders gute d) ______. Deshalb bin ich nicht oft zu Hause, sondern ich treffe mich lieber mit meiner e) ______.
Hannes08 um 19.12	Ich lebe nicht in einer f) ______, sondern bin mit meinen Eltern allein. Da gibt es aber andere g) ______. Ich helfe nämlich nicht gern im h) ______. Ich finde aber auch, dass ich zu viele i) ______ habe. In meiner Familie gibt es ein schönes j) ______: Einmal im Monat machen wir zusammen einen Ausflug. Das finde ich toll.

nach A3 WS

2 Was passt nicht? Streiche.

a) **sich** oft • ~~autonom~~ • jeden Tag • manchmal **sehen**
b) viel • wenig • kreativ • etwas **unternehmen**
c) **sich** gut • streng • allein • einsam **fühlen**
d) **etwas hört sich** groß • schrecklich • gut • nett **an**
e) gut • schlecht • fleißig • ohne Probleme **funktionieren**

nach A3 WS

3 Konflikte in der Familie. Ordne zu und ergänze die Verben in der richtigen Form.

schimpfen • ärgern • verbieten • liegen • weinen • gehen • ~~erlauben~~ • trösten • reden

Chat

Sky77: Kommst du zur Party?
123 Hero: Nein, meine Eltern a) *erlauben* es mir nicht.
Sky77: Schade, warum b) ______ sie dir das denn?
123 Hero: Es c) ______ daran, dass ich letztes Mal viel zu spät nach Hause gekommen bin. Sie waren total sauer und haben richtig d) ______.

Chat

star: Können wir uns heute noch treffen? Ich muss mit dir e) ______.
rose908: Klar, worum f) ______ es denn?
star: Meine große Schwester macht totalen Stress. Sie will ausziehen. Das g) ______ meine Eltern so ☹ und manchmal h) ______ meine Mutter auch.
rose908: Kannst du deine Mutter nicht i) ______?
star: Ich weiß nicht wie.

nach A3 

4 Ergänze die Nomen mit Artikel.

a) *die* W *o* h *n* g *e* m *e* *i* n-
b) ___ F _ _ u _ d-

schaft

c) ___ M _ _ n-
d) ___ L _ _ d-

nach A4 

5 Ergänze die Endungen *-ig, -lich* oder *–*.

a) beschäftigt *–*
b) nerv___
c) traur___
d) schreck___
e) autonom___
f) gewöhn___
g) egal___
h) locker___
i) streng___
j) fleiß___
k) chaot___
l) ehr___

A4 **6 Wie heißen die Adjektive? Schreib das Gegenteil mit *un-*.**

a) (hlichöf) ↔ unhöflich
b) (olco) ↔ ________
c) (tigichw) ↔ ________
d) (friezuden) ↔ ________
e) (quembe) ↔ ________
f) (tiveakr) ↔ ________

A4 **7 Interview im Radio: Ordne den Dialog.**

☐1 Ich wohne in einer Großfamilie und habe fünf Geschwister.
☐ Klar ist es nervig, wenn ich meine Ruhe haben will und meine Geschwister immer in mein Zimmer kommen.
☐ Ehrlich gesagt, sind sie meistens mit den Kleinen beschäftigt. Aber wenn ich Probleme habe, sind sie immer für mich da, egal, worum es geht. Überhaupt finde ich, dass meine Eltern das super machen. Ich denke, das liegt daran, dass beide sich die Arbeiten im Haushalt und mit den Kindern teilen.
☐ Wow, fünf Geschwister! Bei euch ist sicher immer etwas los. Das ist doch sicher auch manchmal nervig, oder?
☐ Das kann ich mir gut vorstellen. Haben deine Eltern überhaupt Zeit für dich?

A5 **8 Deine Oma hört nicht gut: Ergänze die direkten Fragen.**

a) ▲ Oma, wie alt bist du?________?
● Kind, was hast du gefragt?
▲ Ich möchte wissen, wie alt du bist.

b) ▲ Oma, ________
________?
● Ich habe dich nicht verstanden.
▲ Ich habe gefragt, wer sich in deiner Familie früher um den Haushalt gekümmert hat.

c) ▲ Oma, ________?
● Was möchtest du wissen?
▲ Ich will wissen, wie streng deine Eltern waren.

d) ▲ ________
________?
● Wie bitte?
▲ Ich habe gefragt, mit wem in deiner Familie du dich am besten verstanden hast.

A5 **9 Nervige Fragen: Schreib die indirekten Fragen. Achte auf die Personalpronomen.**

a) Meine Mutter fragt immer, wann ich meine Hausaufgaben mache________.
(Wann machst du deine Hausaufgaben?)
b) Mein Vater fragt, ________. *(Wer hilft mir im Haushalt?)*
c) Meine Mutter will wissen, ________.
(Warum hast du dein Zimmer nicht aufgeräumt?)
d) Mein Vater möchte wissen, ________.
(Um wie viel Uhr bist du gestern Abend nach Hause gekommen?)
e) Meine Mutter möchte wissen, ________.
(Welche Note hast du in der Klassenarbeit?)

A5 **10 Umfrage: Ergänze das Fragewort in der direkten Frage und schreib die indirekte Frage. Achte auf die Antwort.**

▲ Ich mache für die Schülerzeitung eine Umfrage zum Thema „Familie". Hast du kurz Zeit für ein paar Fragen?
● Ja, klar.

a) ▲ (________ Geschwister hast du?) Mich interessiert, ________.
● Einen Bruder und eine Schwester.

b) ▲ (________ machst du im Haushalt?) Ich möchte wissen, ________.
● Ich räume mein Zimmer auf.

c) ▲ (________ redest du in deiner Familie über deine Probleme?)
Ich will wissen, ________.
● Meistens mit meinem großen Bruder. Der versteht mich am besten.

d) ▲ (________ Rituale gibt es in eurer Familie?)
Ich möchte auch noch wissen, ________.
● Sonntags essen wir immer alle zusammen zu Mittag.

e) ▲ (________ schimpft am meisten in deiner Familie?)
Mich interessiert, ________.
● Ich glaube, es ist meine Mutter.

f) ▲ (________ besuchst du deine Großeltern?)
Ich möchte auch noch wissen, ________.
● Fast jede Woche. Ich bin total gern bei meinen Großeltern.

nach A6 Sch

11 Schreib einen Forumsbeitrag. Die Fragen unten helfen.

Forum

Thema: **Meine Familie und ich.**	
Michi16 Beiträge: 47 23.07. 16:33	Ich habe drei Geschwister. Eigentlich mag ich sie ganz gern. Auch mit meinen Eltern verstehe ich mich ziemlich gut. Wenn ich Probleme habe, kann ich immer zu ihnen kommen, egal, worum es geht. Klar sind auch meine Eltern manchmal nervig. Mich interessiert, wie die Beziehung zu eurer Familie ist.

- ★ Hast du Geschwister? Verstehst du dich gut mit deinen Geschwistern?
- ★ Wie ist die Beziehung zu deinen Eltern?
- ★ Welche Pflichten hast du?
- ★ Gibt es in deiner Familie Konflikte?
- ★ Gibt es in deiner Familie Rituale?

nach B3 WS

12 Pflichten im Haushalt: Ordne zu und ergänze die Verben in der richtigen Form.

ausleeren • einkaufen • ~~aufräumen~~ • abspülen • gießen • waschen

Lieber Jens,
ich komme erst spät nach Hause. Könntest du bitte dein Zimmer a) *aufräumen* und die Blumen b) ______ ? c) ______ bitte auch den Mülleimer ______ und d) ______ das schmutzige Geschirr ______ ! Der Kühlschrank ist leer. Könntest du bitte noch e) ______ ? Übrigens, die Wäsche kann ich heute leider nicht mehr f) ______ . Mach dir keinen Stress ☺.
Mama

nach B3 WS

13 Ordne zu und ergänze die Verben in der richtigen Form.

ziehen • bleiben • ~~trennen~~ • ausziehen

Forum

Thema: **Was soll ich tun?**	
19honey gesendet: am 15.7. um 13:12	Hallo Leute, meine Eltern sind schon 20 Jahre verheiratet und möchten sich jetzt a) *trennen*. Mein Vater b) ______ nächste Woche ______. Er c) ______ in eine andere Stadt. Meine Mutter und ich d) ______ in der Wohnung. Das ist schon o.k., aber verliere ich dann den Kontakt zu meinem Vater? Was soll ich tun? Wer kann mir einen Rat geben?

nach B3

14 Wie heißt das Gegenteil? Markiere die Adjektive, ordne zu und ergänze.

erwachsen|ordentlichgeschiedenhäufiggetrenntungewöhnlich

a) ein Kind sein ↔ *erwachsen* sein
b) nicht oft ↔ ______
c) zusammen ↔ ______
d) chaotisch ↔ ______
e) verheiratet ↔ ______
f) gewöhnlich ↔ ______

nach B4

15 Offene Fragen: Schreib direkte Fragen.

a) Ich frage mich, ob er mich auch mag.
Mag er mich auch?

b) Ich frage mich auch, ob er mich gesehen hat.
______

c) Ich möchte wissen, ob er mich anruft.
______

d) Ich weiß nicht, ob ich ihn anrufen soll.
______

4 **16 Schreib indirekte Fragen.**

Forum

Thema: **Ausziehen oder nicht?**

Klara101 gesendet: am 31.02. um 0:12	Ich bin 19 Jahre alt und wohne bei meinen Eltern. Aber ich frage mich, a) *ob ich von zu Hause ausziehen soll.* (Soll ich von zu Hause ausziehen?) b) ______ (Fühle ich mich dann einsam?) c) ______ (Habe ich genug Geld?) d) ______ (Ist es bei den Eltern nicht schöner?) e) ______ (Bin ich erwachsen genug?)

4 **17 Ergänze, markiere die Verben und vergleiche.**

ob • wo

Englisch	Deutsch	Meine Sprache
Do you know, if Neil is at home?	a) Weißt du, ______ Neil zu Hause ist?	
I would like to know where Sabine lives in London.	b) Ich möchte wissen, ______ Sabine in London wohnt.	

5 **18 Linas Mutter macht sich Sorgen. Ergänze die indirekten Fragen.**

Meine Mutter ist total nervig. Sie ruft zweimal am Tag an.

Worüber redet ihr dann eigentlich?

a) Sie will wissen, *wann ich ins Bett gegangen bin.*
(Wann bist du ins Bett gegangen?)

b) Sie fragt, ______
(Was hast du heute zum Essen eingekauft?)

c) Sie möchte wissen, ______
(Hast du etwas gekocht?)

d) Sie fragt oft, ______
(Was soll ich am Wochenende kochen?)

e) Sie will wissen, ______
(Gehen wir am Wochenende ins Theater?)

8 **19 Interview mit einer Schauspielerin: Welches Fragewort passt? Markiere und schreib die Sätze richtig.**

a) Der Reporter hat gefragt, *wo / ob / wann* ______
(sein / die Schauspielerin / aufgewachsen)

b) Er wollte auch wissen, *wann / wie viele / was* ______
(haben / sie / Geschwister)

c) Er hat gefragt, *welche / ob / was* ______
(Filmrollen / ihr / gefallen haben / am besten)

d) Er hat gefragt, *wie lange / ob / bis wann* ______
(Schauspielerin werden / sie / wollen / schon als Kind)

e) Zum Schluss hat er gefragt, *wer / wie viel / ob* ______
(bald in einem neuen Film / mitspielen / sie)

nach B8

K

20 Umfrage: Schreib indirekte Fragen mit den Fragewörtern und mit *ob*. Es gibt mehrere Möglichkeiten.

Die Zeitschrift „Spiegel" hat junge Deutsche von 20 bis 35 Jahren zu ihrer Lebenssituation befragt. Hier ist der Notizzettel von einem Reporter.

in einer festen Beziehung leben
bei den Eltern wohnen
Kontakt zu den Eltern haben
bei Vater und Mutter aufgewachsen sein
Kinder später wollen

★ Der Reporter hat gefragt ...
★ Er wollte wissen ...

ob / wie oft / wie viele

a) *Der Reporter wollte wissen, ob die jungen Deutschen in einer festen Beziehung leben.*

b) ______________________

c) ______________________

d) ______________________

e) ______________________

Ergebnisse:
leben in einer festen Beziehung: 30%
wohnen nicht mehr bei ihren Eltern: 75%
haben täglich Kontakt zu den Eltern: 42%
haben einmal die Woche Kontakt zu den Eltern: 48%
bei Vater und Mutter aufgewachsen: 81%
bei Vater oder Mutter aufgewachsen: 15%
wollen später einmal zwei Kinder: 57%
wollen später einmal drei Kinder: 18%

AUSSPRACHE

21 Nasallaute n, ng, nk

Der Laut *n* kann am Wortanfang, in der Wortmitte oder am Wortende stehen: *N*ame, u*n*cool, Ma*nn*.

ng und *nk* spricht man gleich aus. Dieser Laut kann nur in der Wortmitte oder am Wortende stehen: Ju*ng*e, Geschen*k*.

63

a) Hör und sprich nach.

n	Name •	Mann •	Unsinn •	uncool
ng	Junge •	streng •	verlangen •	Beziehung
nk	Geschenk •	funktionieren •	pünktlich •	denken

64

b) Was hörst du? Kreuze an.

	n (*Name*)	ng (*Jungen*)	nk (*Geschenk*)		n (*Name*)	ng (*Jungen*)	nk (*Geschenk*)
1				6			
2				7			
3				8			
4				9			
5				10			

65

c) Was hörst du? Kreuze an.

		ng	n|g
1	ungefähr		
2	Ausbildung		
3	Spaziergang		
4	Rechnung		
5	angreifen		

		nk	n|k
1	dunkel		
2	ankommen		
3	Punkt		
4	einkaufen		
5	hereinkommen		

66

22 Hör und sprich nach.

1 ▲ Ich habe drei Geschwister. Da ist immer etwas los. Und bei dir?
● Ich bin Einzelkind. Das ist manchmal langweilig.

2 ▲ Ich freue mich, egal, wann du kommst.
● Das ist schön.

3 ▲ Kommst du heute Abend mit?
● Hm, ehrlich gesagt, habe ich nicht so viel Lust.

SELBSTKONTROLLE

1 Familie: Notiere.

Familie

Aktivitäten im Haushalt:
Wäsche waschen

Was passiert?
die Eltern verbieten und erlauben

Familiensituation:
Einzelkind

2 Das finde ich gut an meiner Familie: ____________________

3 Was ist richtig? Kreuze an.

a) ▲ Ich glaube, der Haushalt in einer Großfamilie macht viel Arbeit.
● Ich frage mich auch, ________ das die Eltern immer schaffen.
☐ wer ☐ was ☐ wie

b) ▲ Mich interessiert, ________ es in deiner Familie auch Rituale gibt?
● Nein, eigentlich nicht.
☐ wie ☐ ob ☐ wer

c) ▲ Entschuldige, was hast du gesagt?
● Ich habe gefragt, ________ sich deine Eltern getrennt haben.
☐ warum ☐ wer ☐ wie viele

d) ▲ Was, deine Tochter ist schon neunzehn Jahre alt?
● Ja, aber manchmal frage ich mich, ________ sie wirklich schon erwachsen ist.
☐ wie ☐ ob ☐ wie viel

e) ▲ Was ist denn los mit dir?
● Ach, ich habe ein Problem, aber ich weiß nicht, ob ________.
☐ ich soll darüber reden
☐ soll ich darüber reden
☐ ich darüber reden soll

f) ▲ Ich möchte wissen, wann ________.
● Ich glaube, er kommt mal wieder zu spät.
☐ kommt Klaus endlich
☐ Klaus endlich kommt
☐ Klaus kommt endlich

4 Ordne zu und ergänze.

ehrlich gesagt, ist es • egal, worum es geht • immer etwas los • finde ich • lebe in einer Großfamilie

▲ Ich bin Einzelkind. Hast du Geschwister?
● Ja also, ich a) ____________________. Ich habe sieben Geschwister.
▲ Wow, da ist sicher b) ____________________, oder?
● Das stimmt. Aber, c) ____________________ nervig, wenn man sich immer um die kleinen Geschwister kümmern muss. Überhaupt d) ____________________, dass ich zu viele Pflichten im Haushalt habe.
▲ Na ja, und ich fühle mich manchmal ein bisschen allein.
● Aber du hast doch deine Eltern.
▲ Ja, zum Glück habe ich zu ihnen eine gute Beziehung. Meine Eltern sind immer für mich da, e) ____________________.

36 Feste

nach A3 WS

1 Ordne zu und ergänze mit Artikel.

Mäppchen • Kopfhörer • ~~Gutschein~~ • Schmuckdose

a) *der Gutschein* b) ______ c) ______ d) ______

nach A4 GR

2 Geschenkideen: Ergänze die Personalpronomen und Possessivartikel im Dativ.

Chat

Lola09: Hi Juli, was schenkst du a) *deiner* Mutter zu Weihnachten?

Juli: Hmm, wahrscheinlich kaufe ich b) ______ eine CD mit spanischer Musik. Und du?

Lola09: Vielleicht einen Theatergutschein. Sie geht doch so gern ins Theater. Und was schenkst du c) ______ Vater?

Juli: Keine Ahnung. Hast du eine Idee, was ich d) ______ schenken kann?

Lola09: Nein, ich weiß noch nicht einmal, was ich e) ______ Vater kaufen soll. Was wünscht du f) ______ eigentlich von g) ______ Eltern?

Juli: Ein neues Handy. Aber ob meine Eltern h) ______ das schenken? Sie sagen doch immer, dass ich zu viel telefoniere ☹.

Lola09: Das kenne ich. Und wir schenken i) ______ nichts, wie abgemacht, o.k.?

Juli: Ja klar, wie abgemacht.

nach A5 GR

3 Was schenkt Anja ihrer Familie? Schreib die Sätze wie im Beispiel.

Wer?	Verb	Wem?	Was?
a) *Anja*	*schenkt*	*ihrem Bruder / ihm*	*ein T-Shirt.*
b)			
c)			
d)			
e)			

nach A5 GR

4 Anja fragt ihre Freundin Betty. Schreib Fragen und Antworten zu Ü4.

Anja fragt:	**Betty antwortet:** *Ja, das ist eine gute Idee!*
a) *Soll ich meinem Bruder ein T-Shirt schenken?*	*Schenk ihm ein T-Shirt.*
b) ______	______
c) ______	______
d) ______	______
e) ______	______

A5 R

5 Schreib die Sätze richtig.

a) ▲ Manuel hat heute Geburtstag.
● Und? ______________________________________
______________________________________?
(ihm / schon eine SMS / geschickt / Haben / ihr)

b) ▲ Ich habe eine tolle Geschenkidee für unsere Eltern.
____
______________________________________.
(schenken / können / Wir / eine Reise nach Prag / ihnen)
● Das finde ich super.

c) ▲ ______________________________________
______________________________________.
(deinen Kugelschreiber / mir / Können / geben / du)
Ich muss die Geburtstagskarte noch unterschreiben.
● Ja, klar hier.

d) ▲ ______________________________________
______________________________________?
(meine Geburtstagsfotos / zeigen / ich / dir / dürfen / Wann)
● Sofort, ich bin gleich fertig.

A8

6 Was wünschst du den Personen? Ergänze.

a) Gute Reise!

b) F_ _h_ W_ _h_ _c_ _ _ _!

c) H_ _ _l_ _ _ _ _ G_ _c_ _ _ _ _ _ _ _ _ _m G_ _ _ _ _ _ _ _ _!

d) _ _ _ _ B_ _ _ _r_ _ _!

A8

7 Interview in der Weihnachtszeit: Ordne den Dialog.

☐ Ich wünsche mir einen MP3-Player.
☐ Danke. Und: Frohe Weihnachten!
☒ 1 Kann ich dir ein paar Fragen stellen?
☐ Ja, klar!
☐ Und was schenkst du deinen Eltern? Hast du schon eine Idee?
☐ Das ist eine super Idee. Danke für deine Antworten und viel Freude beim Schenken.
☐ Was wünschst du dir denn zu Weihnachten?
☐ Ich habe mir gedacht, ich schenke ihnen einen Gutschein für ein Essen. Das koche ich dann selbst für sie.

Radio deutsch.com
10.10 deutsch.com-Reporter unterwegs
Heute: Weihnachtsgeschenke

A8

8 Umfrage zum Thema Weihnachten: Schreib einen Dialog nach der Grafik.

ein paar Fragen? → *ja*
zu Weihnachten was du wünschen? → *wünschen …*
was bestem Freund / bester Freundin schenken? → *schenken …*
Eltern auch etwas schenken? → *…*
Danke. Weihnachtsgrüße!

▲ ______________________________________
● ______________________________________
▲ ______________________________________
● ______________________________________
▲ ______________________________________
● ______________________________________
▲ ______________________________________
● ______________________________________
▲ ______________________________________

nach B3 WS

9 Ordne zu und ergänze.

~~Bier~~ • Limonade • Gymnasiast • Werbung • Schnaps

a) ______	b) Alkohol	c) Getränke ohne Alkohol	d) Schüler
Flyer Prospekte	Bier ______	Tomatensaft Cola ______	Grundschüler Hauptschüler ______

nach B3 WS

10 Ausgehen: Schreib die Wörter richtig.

a) Klaus ist erst 15 Jahre alt. Er will sich mit seinen Freunden im x_klub treffen. Aber er kann am Eingang nicht einfach am Türsteher vorbeigehen (beivorengeh).

b) Tom bietet Eva in der Disco eine Zigarette an, aber Eva ______ (chtrau) nicht.

c) Sabine geht heute aus. Deshalb zieht sie coole Klamotten an und ______ (ktschmin) sich.

d) Robert will in einem Monat zum Coldplay-Konzert gehen. Er fragt sich, ob er das Geld für die Eintrittskarte ______ (samzumengtkrie).

e) Jonas geht ins Konzert, weil heute seine Lieblingsband ______ (trittauf).

f) Klara und Kai verkaufen bei der Schulparty Getränke. Sie wollen für jedes Getränk einen Euro ______ (genlanver).

g) Simone und Petra geben nächste Woche ein Konzert. Deshalb ______ (lenteiver) sie überall Flyer.

h) Im Klub ______ (ßtgrübe) John seine Freunde.

i) In einem alten Bahnhofsgebäude ______ (htsteent) ein neuer Klub.

nach B3 WS

11 Ordne zu und ergänze.

Bühne • Schluss • Organisation • Stimmung • Klub • ~~Stadtteil~~ • Licht

Neue E-Mail

Senden Chat Anhang Adressen Schriften Farben Als Entwurf sichern

Hi Florian,
wie geht's ? Ich muss Dir etwas erzählen.
Gestern hatten wir ein Konzert am Prenzlauer Berg, das ist ein a) Stadtteil von Berlin. Der b) ______ war total voll. Fast drei Stunden standen wir auf der c) ______ . Die Leute haben die ganze Zeit getanzt und total d) ______ gemacht. Und das, obwohl wir am Anfang Probleme mit dem e) ______ hatten. Im Raum war es viel zu hell. Aber schließlich hat die Technik doch noch funktioniert.
Und weißt du was? Der Klubbesitzer hat uns angeboten, dass wir regelmäßig bei ihm spielen dürfen. Er will die Werbung für uns machen und sich um die übrige f) ______ kümmern.
Super, oder?
Allerdings bin ich heute total müde, weil erst ziemlich spät g) ______ war.
Melde Dich mal wieder!
Tom

nach B4 GR

12 Ausgehen: Was ist richtig? Kreuze an.

	aber	denn	und	sondern	oder	
a) Die Stimmung in meinem Lieblingsklub ist super	☐	☐	☒	☐	☐	der Eintritt ist nicht teuer.
b) Ich mag den Klub in meinem Stadtteil nicht,	☐	☐	☐	☐	☐	die Musik dort gefällt mir nicht.
c) Ich möchte gern lange ausgehen,	☐	☐	☐	☐	☐	ich muss leider immer früh zu Hause sein.
d) Morgen gehe ich vielleicht in die Disco	☐	☐	☐	☐	☐	ich bleibe doch mal zu Hause.
e) Ich gehe mit meinen Freunden nicht oft in eine Kneipe,	☐	☐	☐	☐	☐	wir treffen uns meistens im Jugendzentrum.

B4

13 Der „Underage-Club“: Ergänze die Nebensätze.

a) Die Jugendlichen organisieren die Party, obwohl das viel Arbeit macht. *(Das macht viel Arbeit.)*
b) Bei der Underage-Party darf man nicht rauchen, außerdem ______ *(Es gibt keinen Alkohol.)*
c) Die Gastgeber haben nicht gedacht, dass ______ *(Sie kriegen genug Geld für die Klubmiete zusammen.)*
d) Viele tanzen, wenn ______ *(Das DJ-Team „Hit the sky“ macht Musik.)*
e) Die Getränke sind nicht so teuer, weil ______ *(Die Jugendlichen haben nicht so viel Geld.)*
f) Die Gastgeber machen viel Werbung, deshalb ______ *(Der Klub ist immer voll.)*
g) Draußen ist es noch hell, trotzdem ______ *(Viele gehen schon in den Klub.)*

B4

14 Was ist richtig? Kreuze an.

Feiern im Freien.

a) ☐ Deshalb ☒ Wenn ☐ Denn das Wetter gut ist, werden manche Plätze in den Großstädten nachts zur Partylocation. Unser Reporter war in München unterwegs b) ☐ und ☐ außerdem ☐ denn hat mit ein paar Leuten gesprochen.
Julia K. ist öfter abends auf dem Gärtnerplatz. Sie sagt: „Die Getränke in den Kneipen sind viel zu teuer, c) ☐ weil ☐ deshalb ☐ denn treffen meine Freunde und ich uns lieber hier auf dem Gärtnerplatz. d) ☐ Trotzdem ☐ Aber ☐ Außerdem ist die Stimmung mit all den Leuten total gut.“
Volker G. wohnt ganz in der Nähe, e) ☐ aber ☐ deshalb ☐ denn er meint: „Mich stören die jungen Leute hier nicht, f) ☐ sondern ☐ obwohl ☐ trotzdem es nachts manchmal schon recht laut ist. Frau Jana B. sieht das ganz anders: „Also, ich möchte am liebsten wegziehen, g) ☐ denn ☐ dann ☐ weil hier hat man überhaupt keine Ruhe mehr.“

B4

15 Alles ist verboten: Welche Konjunktion passt? Markiere und schreib die Sätze richtig.

a) Ich bin erst 15 Jahre alt, *deshalb / weil / trotzdem* ______ *(in die Disco / ich / dürfen / nicht / gehen)*
b) *Denn / Außerdem / Aber* ______ *(keine Zigaretten / ich / kaufen / können)*
c) Ich darf kein Bier trinken, *obwohl / weil / deshalb* ______ *(jung / ich / sein / zu)*
d) Meine Eltern verbieten mir, *außerdem / sondern / dass* ______ *(übernachten / ich / bei meiner Freundin)*
e) *Trotzdem / Wenn / Obwohl* ______ *(ich / älter als 15 / aussehen),* wollte mich neulich der Mann an der Kinokasse nicht in den neuen Terminator-Film lassen.
f) *Ob / Wenn / Weil* ______ *(sein / ich / erst einmal 18),* ist endlich nichts mehr verboten.

5

16 Eine Schulparty organisieren: Ordne zu und ergänze.

Die Gymnasiasten Elke, Susan und Heiko organisieren ein Sommerfest an ihrer Schule. Sie diskutieren.

du hast recht • ~~Ich denke~~ • Damit bin ich einverstanden • Ich finde diese Idee nicht so gut, weil

▲ a) Ich denke, wir müssen Eintritt verlangen.
● b) ______ wir alle nicht so viel Geld haben.
▲ Ja, c) ______.
◆ Ich finde es besser, wenn wir für die Getränke mehr Geld verlangen.
● d) ______. Und was wir nicht verkauft haben, das bringen wir wieder zurück.

nach B5

Sch

17 Schreib eine Antwort. Die Sätze unten helfen.

Forum

Thema: **Geburtstagsparty**	
Volker08 Status: Gast um: 10:30	Hallo Leute, bald werde ich 18 Jahre alt. Das will ich natürlich feiern. Eigentlich möchte ich sehr viele Leute einladen. Es gibt da nur ein Problem, ich habe im Moment nicht viel Geld und eine Party ist teuer. Ein Freund hat vorgeschlagen, dass ich von jedem Gast fünf Euro für die Getränke und das Essen verlange. Aber ich weiß nicht, ob es nicht ein bisschen peinlich ist, wenn die Gäste bezahlen müssen. Was denkt ihr? Habt ihr noch Tipps, wie man günstig und trotzdem toll feiern kann?

★ Ich finde (nicht), dass ...

★ Ich finde diese Idee gut / nicht so gut, weil ...

★ Wenn man feiern will, ...

★ Du hast recht, das ist ...

AUSSPRACHE

18 Konsonantenverbindungen bst, gst, mst, rst

67

a) Hör und sprich nach.

bst	am liebsten •	Obst •	selbst
gst	am langweiligsten •	Angst •	du magst
mst	am schlimmsten •	du bekommst •	Samstag
rst	einverstanden •	Wurst •	du hörst

68

b) Was hörst du? Kreuze an.

	bst (*am liebsten*)	gst (*am langweiligsten*)	mst (*am schlimmsten*)	rst (*einverstanden*)
1				
2				
3				
4				
5				
6				
7				
8				

69

19 Hör und sprich nach.

1 ▲ Kann ich dir ein paar Fragen stellen?
● Ja, klar!

2 ▲ Ich wünsche euch frohe Ostern!
● Danke schön! Das wünschen wir dir auch!

3 ▲ Was wünschst du dir zu deinem Geburtstag?
● Ich wünsche mir einen neuen Computer.

SELBSTKONTROLLE

1 Notiere fünf Beispiele mit Artikel.

Geschenkideen: *das Fotoalbum*

2 Woran muss man denken? Ergänze.

Partyorganisation: *das Licht*

3 Was gehört für dich zu einer guten Party? ______

______

4 Was ist richtig? Kreuze an.

a) ▲ Was machst du?
● Ich schreibe ______.
☐ eine SMS meinem Freund
☐ einer SMS meinen Freund
☐ meinem Freund eine SMS

b) ▲ Gibst du ______ bitte ______?
● Hier, bitte.
☐ mich ... das Fotoalbum
☐ mir ... das Fotoalbum
☐ dem Fotoalbum ... mich

c) ▲ Was soll ich bloß meinem Vater zu Weihnachten schenken?
● Kauf ______ doch ______.
☐ ihm ... ein Buch
☐ ein Buch ... ihm
☐ ihn ... einem Buch

d) ▲ Wann schickst du ______ von deinem Geburtstag?
● Oh, tut mir leid, die habe ich ganz vergessen.
☐ die Fotos mir
☐ mir die Fotos
☐ mich die Fotos

e) ▲ Was hast du deiner Freundin nun zum Geburtstag geschenkt?
● Ich habe ______.
☐ Blumen ihr gekauft
☐ ihr gekauft Blumen
☐ ihr Blumen gekauft

f) ▲ Was macht ihr dieses Wochenende?
● Dieses Wochenende gehen wir mal nicht tanzen, ______ fahren in die Berge.
☐ sondern ☐ und ☐ oder

g) ▲ Warum gibt es denn in diesem Klub keinen Alkohol?
● Das ist ein Klub für Jugendliche unter 18, ______ gibt es hier nur Limonade und Cola.
☐ weil ☐ denn ☐ deshalb

h) ▲ Wir gehen heute Abend aus. Kommst du mit?
● Ja klar, ______ ich eigentlich total müde bin.
☐ trotzdem ☐ obwohl ☐ außerdem

i) ▲ Kommst du mich morgen besuchen?
● Ja gerne, aber ______.
☐ kann ich leider nicht lange bleiben
☐ ich kann leider nicht lange bleiben
☐ ich leider nicht lange bleiben kann

j) ▲ Was machst du denn zu Weihnachten?
● Ich möchte Ski fahren, wenn ______.
☐ ist das Wetter schön
☐ das Wetter schön ist
☐ ist das Wetter schön

5 Interview kurz vor Weihnachten: Was fragt der Journalist? Schreib die Fragen.

▲ a) ______
● Ja, kein Problem. Ich antworte gern.
▲ b) ______
● Also, eigentlich möchte ich einen neuen Computer.
▲ c) ______
● Mein Vater bekommt von mir ein Buch und meine Mutter ein Fotoalbum.
▲ Danke für das Interview. Frohe Weihnachten und viel Freude beim Schenken!

Unabhängig

LESEN

Vor dem Lesen

1 Schau den Text an und überleg: Was ist das für ein Text? Wo findet man solche Texte? Was ist typisch für solche Texte? Sammle.

2 Worüber könnte Stephi schreiben? Notiere drei mögliche Themen.

Lesen 1

3 Beantworte die Fragen.

a) Wer schreibt? ____________________

b) Was ist das Problem? ____

Frag Frau Dr. Möller! Sie hat alle Antworten!

Liebe Frau Dr. Möller,

ich bin 17 Jahre alt und wohne mit meiner Familie in Aachen. Ich habe zwei Geschwister: Leni (19) und Chris (14). Meine große Schwester studiert schon, wohnt aber noch zu Hause, mein kleiner Bruder geht in die Realschule. Meistens sind beide unterwegs. Wenn sie dann mal zu Hause sind, sitzen sie nur am Computer. Und genau das ist mein Problem.

Weil meine Geschwister nie zu Hause sind oder überhaupt keine Zeit haben, muss nämlich ich meiner Mutter immer helfen: aufräumen, einkaufen … Ich verstehe meine Mutter ja, sie braucht auch Hilfe, besonders, weil sie viel arbeitet und abends dann müde ist. Aber warum immer nur ich?

Und wenn ich endlich mal Zeit für mich habe und etwas am Computer machen möchte (auch für die Schule!), sind die Computer meistens besetzt, obwohl wir zwei mit Internetzugang haben! Dann spielt oder chattet mein Bruder, oder meine Schwester braucht ganz dringend Informationen für ihr Studium. Und das ist natürlich wichtiger!

Ich weiß, es sind vielleicht nicht so große Probleme, aber ich brauche wirklich einen Ratschlag … Was meinen Sie, Frau Möller, was soll ich machen? Und vielleicht gibt es auch andere Jugendliche mit ähnlichen Erfahrungen? Schreibt mir bitte, die Adresse hat die Redaktion. Ich warte auf eure Briefe oder Mails.

Liebe Grüße

Stephi

Lesen 2

4 Lies die Aufgaben.

a) Markiere die Schlüsselwörter: Worauf musst du beim Lesen des Textes achten?

b) Richtig oder falsch? Kreuze an.

Konzentriere dich nur auf die Aufgabe! Beim 2. Lesen kannst du unwichtige Stellen überspringen!

1	Stephi hat zwei Geschwister.	r	f
2	Ihre Geschwister helfen viel zu Hause.	r	f
3	Ihre Mutter arbeitet viel und braucht Hilfe im Haushalt.	r	f
4	Leni und Chris sind die ganze Zeit zu Hause und sitzen nur am Computer.	r	f
5	Wenn Stephi etwas am Computer machen will, ist er besetzt.	r	f
6	Stephi möchte auch von anderen Jugendlichen Tipps bekommen.	r	f

Nach dem Lesen

5 Kontrolliere deine Antworten: Findest du Fehler? Hast du eine Antwort angekreuzt?

Kontrolliere deine Antworten in der Prüfung noch einmal!

SCHREIBEN

Auf einen Leserbrief antworten: Brief an Stephi

Vor dem Schreiben

1 Ordne zu und ergänze.

1 ______

2 ______,

3 ______

4 ______

5 ______

6 ______

7 ______

[4]	Hauptteil:	*Ich kann dich sehr gut verstehen, weil ...*
[ ]	Grußformel:	*Liebe Grüße*
[ ]	Begrüßung:	*Liebe Stephi*
[ ]	Name:	*Jonas*
[ ]	Schlusswort:	*Ich hoffe, meine Tipps helfen Dir!*
[ ]	Einleitung:	*ich habe deinen Brief in der Zeitschrift gelesen und ...*
[ ]	Datum:	*22. April 20...*

Achte auf die Briefstruktur: Welche Redemittel aus dem Brief kannst du für andere Briefe oder E-Mails verwenden? Notiere sie!

2 Was genau möchtest du schreiben? Überleg wichtige Punkte und mach Notizen.

meine Situation zu Hause
- *ähnlich*
- *mein Bruder am Computer*
- *...*

meine Tipps für Stephi
- *mit dem Bruder reden*
- *einen Computerplan machen*
- *...*

Was schreibst du? Mach Notizen und strukturiere deinen Brief!

3 Welche Grammatik brauchst du für deinen Brief? Wiederhole.

Ratschläge geben:	Imperativ → *Sag deiner Mutter ...*
Erzählen:	Perfekt, Präteritum → *Ich hatte genau das gleiche Problem.* *Ich habe damals noch zu Hause gewohnt ...*
Begründen:	Nebensatz mit *weil* → *Ich verstehe dich sehr gut, weil ...*
	Hauptsatz mit *deshalb* → *Ich musste lernen, deshalb bin ich ...*

Brauchst du eine bestimmte Grammatik für deinen Text? Schau nach und wiederhole!

Schreiben

4 Schreib den Brief an Stephi.

Extra-Wörter wie natürlich, außerdem, besonders, vielleicht, immer ... *machen deinen Text schöner!*

Nach dem Schreiben

5 Lies deinen Brief noch einmal und kontrolliere:

Stimmt die Briefstruktur?
Stimmen die Grammatik und die Rechtschreibung?
Hast du auch Extra-Wörter benutzt?

Nach dem Schreiben: Überprüfe deinen Text. Du findest weitere Hinweise auch auf den anderen blauen Seiten.

Meine Strategien beim Lesen und Schreiben: ______

PROJEKT

Ankündigung / Plakat: Unsere Party

1 Bildet Gruppen: Was für eine Party möchtet ihr machen?
a) Wählt eine Party aus oder überlegt euch eine interessante Party-Idee.

- ★ Tanzparty
- ★ Führerschein (Motorroller)-Party
- ★ Sturmfrei / Allein zu Hause
- ★ Karaoke- / Singstar-Party
- ★ Verkleidungsparty, Mottoparty
- ★ Fußball-WM-Party, Formel 1-Party
- ★ Abschlussparty
- ★ Oscars-Party, MTV-Awards-Party
- ★ Grillfeier am See
- ★ LAN-Party

b) Sucht für euer Plakat Informationen und Zeichnungen oder Fotos zu eurer Party-Idee. Schreibt einen kleinen Text.

- ★ Was macht man auf dieser Party?
- ★ Was ist das Besondere?
- ★ Wie muss man sich anziehen?
- ★ ...

2 Welche Informationen zur Party-Organisation müssen noch auf euer Plakat? Ergänzt euer Plakat.

- ★ Wann?
- ★ Wer?
- ★ Etwas mitbringen?
- ★ Eintritt?
- ★ Wo?
- ★ Musik?
- ★ Essen / Getränke?

3 Ladet eure Klasse ein. Stellt euer Plakat in der Klasse vor. Benutzt Musik, Verkleidung, Witze für eine interessante und lustige Präsentation.

Wir möchten euch gern zu ... einladen.
Die Party findet in ... am ... um ... statt.
Das Besondere ist: ...
Wir möchten ...
...
Das wird die beste Party aller Zeiten!

DAS KANN ICH JETZT!

		Ja	Es geht	Nein
Ich kann eine Dauer ausdrücken:	*Ich muss noch ______________ warten, erst dann kann ich umziehen.* *________ drei __________ ist die Wohnung fertig.* *_________________ helfen alle mit!*	☐	☐	☐
Ich kann einen Zeitpunkt angeben:	*_________ Juli, _________ Mittwoch* *_________ Wochenende, _________ 9 Uhr* *_____ Mittag ______________* *______ Abend ______________*	☐	☐	☐
Ich kann jemanden einladen:	*Ich ______________________________.*	☐	☐	☐
Ich kann sagen, wo sich etwas befindet:	*Der Fernseher ______________________.* *Der Teppich ________________________.*	☐	☐	☐
Ich kann eine Richtung angeben:	*Stell den Fernseher ____________________.* *Paul hängt den Spiegel __________________.*	☐	☐	☐
Ich kann meine Familiensituation beschreiben:	*Ich lebe in einer __________________,* *ich habe ________________________.* *Ich bin ___________________________.*	☐	☐	☐
Ich kann ein Geschehen ausdrücken:	*Am Wochenende __________ bei uns zu Hause immer ___________: Wir frühstücken zusammen, dann gehen wir …*	☐	☐	☐
Ich kann Unzufriedenheit ausdrücken:	*____________________, wenn meine Nachbarn so laut sind!*	☐	☐	☐
Ich kann eine Meinung äußern:	*Überhaupt ______________, dass es schöner ist, wenn man Geschwister hat.* *Also ehrlich __________, habe ich nicht so viel Lust auf das Abspülen nach dem Essen.*	☐	☐	☐
Ich kann eine Situation erklären:	*Meine Eltern sind immer für mich da, _________, worum es geht: Schule, Freunde, Freizeit …*	☐	☐	☐
Ich kann indirekte Fragen stellen / formulieren:	*(Hat sich deine Wohnsituation geändert?)* *Kannst du mir sagen, ______________________* *__________________________________?*	☐	☐	☐
Ich kann direkte Fragen wiedergeben:	*(Warum ist deine Mutter ausgezogen?) Der Reporter fragt,* *__________________________________.* *(Wie viele Geschwister hast du?) Er möchte wissen,* *______________________________.*	☐	☐	☐
Ich kann eine Bitte / Aufforderung äußern:	▲ *______________ ein paar Fragen beantworten?* ● *______________________________!*	☐	☐	☐
Ich kann gute Wünsche äußern:	*________________________________!* *_____________________ beim Schenken!*	☐	☐	☐
Ich kann nach Wünschen fragen:	*______________________ zum Geburtstag?*	☐	☐	☐
Ich kann eigene Wünsche äußern:	*______________________ eine CD.*	☐	☐	☐

Lektion 19

1 *Senkrecht:* (1) Brille – (2) Frisur – (3) glatt – (4) höflich – (5) bekannt – (6) dunkel;
waagerecht: (1) passen – (2) neugierig – (3) anziehen – (4) Anzug
2 a) lockig; b) freundlich; c) komisch; d) fantastisch; e) witzig; f) persönlich
3 a) nicht; b) keine; c) keinen; d) nicht; e) einen; f) mir; g) seinem; h) ihrer; i) ihm; j) gehört
4 (1) Wer ist denn das auf dem Poster? – (2) Kennst du den nicht? Das ist Johnny Depp. Er spielt die Hauptrolle in dem Film „Fluch der Karibik". – (3) Ach so, und warum findest du den so toll? – (4) Er sieht gut aus, ist cool und witzig.
5 a) Ja, sie steht dir sehr gut. – b) Das finde ich überhaupt nicht.

Lektion 20

1 *Lösungsvorschlag:* Welche Körperteile kennst du?: das Bein, der Kopf, das Gesicht, der Rücken, der Fuß – Du bist krank. Was hast du?: Kopfschmerzen, Grippe, Schnupfen, Fieber, Rückenschmerzen – Du bist krank. Was machst du?: Tabletten nehmen, heiß baden, zum Arzt gehen, Tee trinken, viel schlafen
2 a) hat 15 Euro gekostet. b) geantwortet; c) haben ... getauscht; d) hast ... gegessen; e) Bist; f) hast du gesehen; g) habe gebadet; h) habe ich Karin eine E-Mail geschrieben; i) Hast ... gelesen; j) sind ... gefahren
3 a) tut weh; b) hast du denn gemacht; c) geh doch zum Arzt; d) hat der Arzt gesagt; e) muss vorsichtig sein; f) gute Besserung

Lektion 21

1 (1) Finale – (2) Mannschaft – (3) Leichtathletik – (4) Schwimmen – (5) Skilanglauf – (6) Wettbewerb – (7) Tischtennis
2 a) nehmen ... teil; b) bekommen; c) verloren; d) stattgefunden; e) ist; f) angemeldet; g) trainiert; h) eingeladen; i) gewonnen
3 b) Wo haben die Olympischen Sommerspiele 2008 stattgefunden? c) Wie oft hat Italien bei der Fußballweltmeisterschaft gewonnen? d) Welches Land hat bei der Fußballweltmeisterschaft 2006 den zweiten Platz erreicht? e) Wer hat dieses Jahr bei den Wimbledon Championships gewonnen?

Lektion 22

1 *Lösungsvorschlag:* Wörter richtig aussprechen, Fragen vom Lehrer beantworten, Fehler verbessern, einen Sprachkurs machen, die Mitschüler unterrichten, dem Lehrer zuhören, neue Methoden ausprobieren, zu einem Stammtisch für Sprachschüler gehen, Gedichte lernen, Filme im Original sehen, Zettel mit Wörtern schreiben und aufhängen, mit den Mitschülern Deutsch sprechen
2 a) soll; b) soll; c) sollen ... sollt; d) denn; e) deshalb; f) ich schreibe eine Klassenarbeit
3 a) drück dir die Daumen; b) wünsch dir viel Spaß; c) ist das deutsche Wort; d) weiß das Wort nicht mehr; e) heißt auf Deutsch; f) bedeutet das

Lektion 23

1 *Lösungsvorschlag:* Welche Schulen gibt es in Deutschland?: Grundschule, Hauptschule, Realschule, Gymnasium, Gesamtschule – Welche Schulabschlüsse gibt es?: Abitur, Hauptschulabschluss, Realschulabschluss – Was gibt es in der Schule?: Klassenzimmer, Tafel, Bücherregal, Klassenarbeiten, Bleistift, Lineal, Radiergummi, Taschenrechner, Heft, Schere, Lehrer, Lehrerin, Schüler, Schülerin
2 a) trotzdem; b) deshalb; c) habe ich eine schlechte Note bekommen; d) zur; e) auf; f) mit; g) deiner; h) ihn; i) mich
3 a) Wollen wir das zusammen machen; b) Soll ich dir helfen; c) das ist nett; d) Nein danke, ich kann das schon alleine

Lektion 24

1 *Lösungsvorschlag:* Journalist: Reportagen schreiben, für eine Zeitschrift arbeiten, die Nachrichten schreiben und sprechen – Krankenpfleger: Patienten beim Waschen und Essen helfen, Patienten für Operationen vorbereiten, die Patienten nach der Operation abholen, den Patienten Medikamente geben – Architekt: Gebäude planen, Häuser bauen, zeichnen
2 *Lösungsvorschlag:* Ingenieur, Sekretärin, Hausfrau, Mechaniker, Bäcker, Politiker, Polizist, Friseur, Bankkaufmann, Hotelkaufmann, Krankenschwester, Reisekauffrau, Berufsberater
3 *Lösungsvorschlag:* Welche Fragen stellt der Berater?: Welche Fremdsprachen sprechen Sie?, Was kann ich für Sie tun?, Was interessiert Sie denn besonders?, Möchten Sie eine Ausbildung als Mechaniker machen?, Sind Sie gern in der Natur?, Sind Sie gern körperlich aktiv? – Was sagt der Berater noch?: Nehmen Sie Platz., Hier habe ich ein Informationsblatt und Adressen., Kommen Sie noch einmal vorbei.
4 a) ich schon als Kind gern gemalt habe; b) Weil; c) deshalb; d) schicken Sie; e) kommen Sie vorbei; f) seien Sie
5 a) finde ich; b) macht mir Spaß; c) interessiert mich; d) mache ich das nicht so gern; e) bin ich ganz gut

Lektion 25

1 *Lösungsvorschlag:* So kann man Medien nutzen: E-Mails an Freunde schicken, auf eine SMS antworten, eine Webseite machen, Musik hören, Filme anschauen – Diese Gefahren gibt es: Probleme mit der Gesundheit bekommen, hohe Rechnungen bekommen, Tag und Nacht nicht mehr unterscheiden können, virtuelle und reale Freunde nicht mehr unterscheiden können – Das kann man bei Problemen mit Medien tun: andere Aktivitäten für die Freizeit finden, einen Termin mit einem Psychologen ausmachen, einen Plan für die Zeit am Computer machen
2 *Lösungsvorschlag:* im Team über den Inhalt diskutieren, Artikel schreiben, Interviews machen, ein Bild für die Titelseite aussuchen, Informationen aus dem Internet sammeln, Kontakt mit Leuten aufnehmen, Treffen vorschlagen, ein Bild für die Titelseite suchen
3 *Lösungsvorschlag:* Computer, Handy, Telefon / spielen, chatten, einen Blog schreiben, im Forum diskutieren, telefonieren, E-Mails und SMS schreiben
4 a) konnte; b) musste; c) wollte; d) unsere; e) ihren; f) sondern; g) ich habe mit ihr gechattet
5 a) Könnt ihr mir helfen; b) Wie viel Zeit verbringst du denn am Computer; c) sechs Stunden pro Tag; d) Was machst du denn am Computer; e) Ich kann dich gut verstehen

Lektion 26

1 *Lösungsvorschlag:* das Insektenspray, das Taschenmesser, das Zelt, die Sonnenbrille, der Bikini, die Taschenlampe
2 *Lösungsvorschlag:* Wo kann man freiwillig arbeiten?: Pflegeheim für Behinderte, Altenheim, Feuerwehr – Was kann man machen?: mit Menschen sprechen, für sie einkaufen, mit ihnen sprechen, spazieren gehen, Würfelspiele/Karten spielen – Was ist interessant/traurig/schwierig?: mit alten Menschen sprechen ist interessant, mit Behinderten arbeiten ist manchmal traurig, Feuer löschen ist aufregend
3 a) die Arbeit interessant ist; b) er bei der Feuerwehr arbeiten will; c) dass du noch kommst; d) uns; e) dich; f) euch; g) wir uns morgen treffen; h) wir haben uns beeilt; i) er sich gut erholt hat
4 a) ich bin froh; b) Ich hatte keine Ahnung; c) Ich finde; d) Ich weiß

Lektion 27

1 *Lösungsvorschlag:* Was kaufst du zum Essen und Trinken?: Fleisch, Getränke, Salat, Brot, Würstchen, Kartoffeln – Was brauchst du noch für die Party?: Gläser, Gabeln, Messer, Löffel, Geschirr, Kuchen, Musik-CDs
2 1 Packung Nudeln; 1 Kilo Tomaten; 1 Eine Flasche Mineralwasser
3 *Lösungsvorschlag:* Kuchen backen, Fleisch und Gemüse grillen, Getränke besorgen, Salate machen, Nachtisch machen
4 a) hätte; b) könnte; c) hätte; d) könntest; e) niemand; f) alles; g) könntest du auch mal kochen
5 a) Ihr wisst ja alle; b) ich habe einen Vorschlag; c) könntest du; d) hätte gern; e) etwas zum Trinken

Lektion 28

1 *Lösungsvorschlag:* Auf dem Land: positiv: Die Luft ist frisch.; Die Wohnungen sind billiger.; Das Obst kommt aus dem Garten.; Man kann in der Natur sein.; Es gibt viel Platz.; Es gibt Felder und Wiesen. – negativ: Es gibt kein großes Freizeitangebot.; Es ist langweilig.; Die Leute müssen hart arbeiten.; Man muss immer mit dem Auto fahren.; Es gibt wenige Jobs. / In der Stadt: positiv: Es gibt viele Geschäfte.; Es ist immer etwas los.; Es gibt ein großes Freizeitangebot.; Es gibt viele Jobs.; Es gibt viele Ärzte. – negativ: Es ist laut.; Das Leben in der Stadt ist stressig.; Es gibt zu viele Autos und Menschen.; Die Luft ist schmutzig.; Die Wohnungen sind teuer.; Der Himmel und die Gebäude sind grau.
2 a) kleiner; b) lieber; c) mehr; d) als; e) wie; f) größten; g) am liebsten
3 (1) a) ein Dorf mit 500 Einwohnern; b) der Nähe von Augsburg; c) nicht weg aus meinem Dorf; (2) a) die Stadt super; b) ein großes Freizeitangebot; c) das Leben in der Stadt trotzdem interessanter

Lektion 29

1 *Lösungsvorschlag:* bei Hitze: Der Boden wird trockener.; Es gibt zu wenig Trinkwasser. – bei einem Sturm: Die Flugzeuge haben Verspätung.; Bäume liegen auf den Straßen.; Es gibt Unfälle auf der Autobahn.; Viele Schulen bleiben geschlossen. – bei Hochwasser: Es gibt keinen Strom.; Die Straßen stehen unter Wasser.; Die Züge fahren nicht.
2 *Lösungsvorschlag:* Energiesparlampen benutzen; duschen; Obst aus der Region kaufen; Müll trennen; Batterien recyceln
3 a) Es; b) Die Sonne ... es; c) im ... von ... in; d) man Energiesparlampen benutzt; e) braucht man weniger Wasser; f) können wir mehr erreichen; g) muss man es weit transportieren
4 a) In Norddeutschland. / Im Norden von Deutschland; b) Es ist kühl / der Wind weht / scheint die Sonne; c) es schneit

Lektion 30

1 *Lösungsvorschlag:* der Hund, die Katze, die Maus, das Meerschweinchen, das Schwein, der Vogel
2 *Lösungsvorschlag:* Zoo: Besucher, Gehege, Tierpfleger, Futter, Park, Eintritt – Wildtiere: in Freiheit leben, natürlicher Lebensraum, wandern, nach Nahrung suchen – Tierarzt: untersuchen, alte und kranke Tiere töten, Medikamente geben, Hausbesuche machen, Notrufe bekommen, auch nachts arbeiten, sich mit Tierbesitzern unterhalten
3 a) neuen; b) kleine ... lauten; c) braune; d) weiße; e) Peters; f) Haustieren; g) weiße ... den schwarzen; h) dem vielen; i) der neuen; j) den exotischen
4 a) Meiner Meinung nach; b) Du hast recht, aber; c) Ich bin dagegen, dass; d) Ich glaube, dass

Lektion 31

1 *Lösungsvorschlag:* Kultur, Sprache, Bevölkerung, Sehenswürdigkeiten, Wirtschaft
2 *Lösungsvorschlag:* Ausstellungen organisieren, von den Erfahrungen erzählen, in Schulen gehen, mit Flyern und Prospekten informieren
3 a) interessantes; b) tollen; c) spannenden; d) moderne; e) Woran; f) darauf; g) Von ihnen; h) für ihn; i) An wen; j) darüber
4 a) größer als; b) wie; c) ganz anders als; d) genauso viele

Lektion 32

1 *Lösungsvorschlag:* Welche wichtigen Reisedokumente kennst du?: der Ausweis, der Pass, das Visum – Womit kann man bezahlen?: die Kreditkarte, die EC-Karte, das Bargeld – Wo kann man übernachten?: im Hotel, in einer Pension, auf einem Campingplatz, in einer Jugendherberge – Was kann man auf einer Reise machen?: eine Stadtrundfahrt machen, ein Museum besichtigen, auf einen Turm steigen
2 *Lösungsvorschlag:* den Stephansdom anschauen, in ein Beisel gehen, Schloss Schönbrunn besichtigen, eine Stadtrundfahrt machen, Palatschinken und Rostbraten mit Zwiebeln essen, auf den Naschmarkt gehen
3 a) von ... bis; b) bis zu; c) keins; d) welche; e) einen; f) gab; g) fand; h) dachte; i) ging
4 a) einundzwanzig Uhr dreißig / halb zehn oder den um dreiundzwanzig Uhr fünfzehn / Viertel nach elf; b) Wann fährt der Zug denn ab? c) Die Fahrt dauert acht Stunden. d) Wie spät ist es? e) Tut mir leid, ich bin zu spät.

Lektion 33

1 *Lösungsvorschlag:* die Universität, das Rathaus, die Kirche, die Bücherei, das Spital, die Schule
2 *Lösungsvorschlag:* die Altstadt, die Innenstadt, der Stadtplan, das Stadtviertel
3 a) vor; b) zwischen; c) neben der; d) hinter dem; e) irgendwann; f) irgendwelche; g) obwohl; h) auf den Stadtplan geschaut habe; i) kommt er immer zu spät
4 a) in der / von der / weit von; b) auf der; c) neben der; d) von der

Lektion 34

1 *Lösungsvorschlag:* Wohnzimmer: Couch, Kissen, Teppich, Regal, Fernseher, Lautsprecher, Musikanlage, Lampe – Küche: Schrank, Lampe, Stuhl, Tisch, Topf – Bad: Lampe, Handtuch, Spiegel, Schrank, Waschmaschine – Schlafzimmer: Bett, Decke, Kissen, Schrank, Lampe
2 *Lösungsvorschlag:* die Wohnung renovieren, einen Umzug machen, ein Umzugsauto mieten, in die neue Wohnung einziehen, die Kisten auspacken, die Wohnung einrichten, Bilder aufhängen
3 a) ohne; b) Bis; c) zum; d) Bis wann; e) Setz; f) liegen; g) stellst; h) den; i) in die
4 (1) a) Wie lange; b) Von Juni bis jetzt; c) Wann; d) vor dem Urlaub; e) zum Essen – (2) f) steht eine Couch; g) liegt ein roter Teppich; h) habe ich in die Küche gestellt

Lektion 35

1 *Lösungsvorschlag:* Aktivitäten im Haushalt: einkaufen gehen, den Mülleimer ausleeren, die Wohnung aufräumen, das Geschirr abspülen, die Blumen gießen – Familiensituation: Großfamilie, Kleinfamilie, Geschwister – Was passiert?: die Eltern schimpfen und trösten, die kleinen Geschwister weinen, über Probleme reden, die Geschwister ärgern, zusammen essen, es gibt Konflikte
2 *Lösungsvorschlag:* eine gute Beziehung zu den Eltern haben, Rituale haben, zusammen etwas unternehmen, Eltern sind immer für mich da, Eltern haben Zeit für mich
3 a) wie; b) ob; c) warum; d) ob; e) ich darüber reden soll; f) Klaus endlich kommt
4 a) lebe in einer Großfamilie; b) immer etwas los; c) ehrlich gesagt, ist es; d) finde ich; e) egal, worum es geht

Lektion 36

1 *Lösungsvorschlag:* der Gutschein, die Schmuckdose, der Kopfhörer, die Kette, das Buch
2 *Lösungsvorschlag:* Musikanlage, Lautsprecher, CDs, Getränke, Einladungen/Werbung (Flyer), Chips, Essen, Eintritt, Platz zum Tanzen
3 *Lösungsvorschlag:* super Stimmung, gute Musik, nette Leute, billige Getränke
4 a) meinem Freund eine SMS; b) mir ... das Fotoalbum; c) ihm ... ein Buch; d) mir die Fotos; e) ihr Blumen gekauft; f) sondern; g) deshalb; h) obwohl; i) ich kann leider nicht lange bleiben; j) das Wetter schön ist
5 a) Darf ich dir ein paar Fragen stellen? b) Was wünschst du dir zu Weihnachten? c) Was schenkst du deinen Eltern?

Liste mit den Strategien aus Kursbuch und Arbeitsbuch zum Übersetzen

Lektion 19

A2 Markiere die Fragewörter in den Fragen sowie die Antworten im Text!

A7 Stell dir zu jedem neuen Wort ein Bild vor!

A8 Merk dir: Die Endungen *-ig*, *-lich* und *-isch* sind unbetont!

Lektion 20

A6 Merk dir: *ge-* ist immer unbetont!

C3 Such die Schlüsselwörter im Text und markiere sie!

Lektion 21

A6 Merk dir: *ver-*, *er-* und *be-* sind immer unbetont!

Modul 7 (Arbeitsbuch)

Lesen Achte auf die Textsorte! So verstehst du den Text schneller!

Du musst nicht jedes Wort verstehen! Viele Wörter verstehst du auch mithilfe der Fotos.

Strukturiere den Text in Abschnitte!

Schreiben Sammle Ideen in Mindmaps!

Kontrolliere deinen Text! Diese Punkte helfen dir!

Lektion 22

A4 Bilde Wortfamilien! Das hilft beim Lernen!

B9 Überlege dir zu neuen Redemitteln eine kleine Geschichte! So merkst du sie dir besser!

Lektion 23

B5 Lern die Verben/Nomen/Adjektive immer zusammen mit der Präposition!

Lektion 24

A5 Erkläre grammatische Regeln mit eigenen Worten – so verstehst du sie besser.

B3 Beim Notieren: Kürze Wörter ab, z.B. *Unterrichtsfächer – U-Fächer, ...*

C2 Markiere die wichtigsten Stellen im Text.

Modul 8 (Arbeitsbuch)

Hören Bilde Hypothesen und stell Fragen. Was kommt im Hörtext?

Beim 1. Hören: Konzentriere dich auf die Fragen: Wer spricht? Was passiert? Wo?

Vor dem 2. Hören: Lies zuerst die Aufgaben.

Sprechen Die Fragewörter beginnen mit „W-": Was? *Wohin? Warum? Welcher, -e, -es? ...*

Achte auf das Thema! Du musst deine Frage mit dem Thema verbinden!

Hast du etwas nicht verstanden? Frag nach! Diese Sätze helfen:
- *Entschuldigung, wie bitte?*
- *Kannst du das bitte noch einmal sagen?*
- *Kannst du bitte langsamer/lauter sprechen?*

Überleg dir in Prüfungen: Sind deine Fragen/Antworten korrekt? Achte auf Präpositionen, trennbare bzw. untrennbare Verben usw.

Lektion 25

A3 Beim Hören: Mach Notizen! Schreib nur wichtige Informationen!

A4 Die Modalverben im Präteritum haben keinen Umlaut – aber immer ein *-t*!

A6 Verbinde neuen Wortschatz mit deinen Interessen, Tätigkeiten etc. So kannst du dir die Wörter besser merken!

A7 Vor dem Schreiben: Sammle Ideen und Wörter.

B4 Grafische Elemente zeigen dir die Textstruktur. So verstehst du den Text leichter!

Lektion 26

B4 Bei den Reflexivpronomen im Akkusativ musst du dir nur *sich* bei *er/es/sie* und *sie/Sie* merken, die anderen Formen sind wie die Personalpronomen im Akkusativ.

B5 Markiere das Subjekt! Dann findest du leicht das richtige Reflexivpronomen!

B6 Mach selbst Übungen! So kannst du auch viel lernen!

C4 Vor dem Sprechen: Bereite deine Materialien (Fotos, CDs, Broschüren ...) vor!

Lektion 27

A2 Vor dem Hören: Überleg und lies in der Aufgabe: Welche Informationen brauchst du?

A8 Beim Sprechen: Achte auf den Inhalt! Es ist kein Problem, wenn du nicht alles richtig sagst!

C5 Spaß beim Lernen ist wichtig – spiel einfach mit der Sprache!

Modul 9 (Arbeitsbuch)

Hören Vor dem Hören: Sammle Ideen und Wortschatz!

Sprechen Sammle Wörter und Redemittel!

Schreib wichtige Redemittel auf Kärtchen. Du kannst sie später benutzen!

Lektion 28

B3 Lern die Komparativ- und Superlativformen zusammen. Lern die Ausnahmen auswendig, z.B.: *gut – besser – am besten.*

B5 Der Akzent liegt immer auf den Gegensätzen.

Lektion 29

A5 Denk dran: Nicht immer kann man Sätze Wort für Wort übersetzen!

A6 Hast du etwas nicht verstanden? Frag nach. Diese Sätze helfen:
Noch einmal bitte!/Wie bitte?/Kannst du das noch einmal sagen?/Noch einmal: Wie?/Wo?

B6 Lern einen Beispielsatz auswendig! So merkst du dir die Satzmelodie und die Reihenfolge im *wenn*-Satz besser!

Lektion 30

A3 Markiere Schlüsselwörter in den Aufgaben! Dann suche diese Wörter im Text!

A5 Achte auf die Position der Adjektive. Sie stehen im Deutschen vor dem Nomen.

B4 Merk dir: Das *-ent* ist immer betont!

B5 Merk dir für die Adjektive im Dativ *-en*!

Modul 10 (Arbeitsbuch)

Lesen Bilde Hypothesen über den Textinhalt!

Markiere Schlüsselwörter im Text!

Sprechen Sprich laut, deutlich und nicht zu schnell!

Hast du etwas nicht verstanden? Frag nach! Diese Sätze helfen:
– *Entschuldigung, wie heißt das?*
– *Ich kenne das Wort nicht. Kannst du es erklären?*
– *Wie meinst du das?*

Lektion 31

C2 Stell W-Fragen zum Text und beantworte sie. So kannst du die wichtigen Informationen zusammenfassen.

Lektion 32

B2 Achte beim Lesen auf die Zeitangaben!

B4 Beim Sprechen verwendet man meistens Perfekt. Manche Verben verwendet man aber im Präteritum. Die musst du dir merken!

Lektion 33

A3 Hast du nicht alle richtigen Antworten gefunden? Lies die Aufgaben noch einmal und hör genau hin!

A7 Bei zusammengesetzten Wörtern: Lies zuerst das letzte, dann das ganze Wort!

Modul 11 (Arbeitsbuch)

Hören Die Bilder und die Aufgaben sagen oft, was das Thema ist!

Beim Hören: Welche Wörter hörst du? Markiere sie in den Aufgaben.

Bist du sicher, dass eine Antwort falsch ist? Dann streiche sie durch!

Oft sind die Formulierungen in den Aufgaben und im Hörtext nicht gleich, aber ähnlich!

Oft kommen Wörter aus den verschiedenen Antwortmöglichkeiten im Hörtext vor. Sie sind aber nicht die Antwort auf die Frage!

Weißt du nicht, welche Antwort richtig ist? Kreuze trotzdem eine Antwort an!

Schreiben Markiere die Schlüsselwörter in der Anzeige!

Achte auf die Wörteranzahl und auf die 4 Inhaltspunkte!

Beginne deine Sätze nicht immer mit dem Subjekt!

Verbinde Hauptsätze mit: *und, oder, aber, dann, deshalb, trotzdem ...*

Schreib auch Nebensätze mit: *weil, dass, wenn ...*

Lektion 34

A3 Merk dir: Alle Nomen mit *-ung* sind feminin!

B6 Achte beim Hören auf die Geräusche!

B9 Wortgruppen spricht man ohne Pausen! Zwischen den Wortgruppen kann man eine kleine Pause machen!

Lektion 35

A3 Merk dir: Alle Nomen mit *-schaft* sind feminin!

Lektion 36

A3 Vor dem Hören: Markiere die Schlüsselwörter in den Aufgaben!

A7 Betone die wichtigste Information im Satz und mach eine kurze Pause danach.

B3 Fasse den Text mit deinen eigenen Worten zusammen! So verstehst du den Text besser.

Modul 12 (Arbeitsbuch)

Lesen Konzentriere dich nur auf die Aufgabe! Beim 2. Lesen kannst du unwichtige Stellen überspringen!

Kontrolliere deine Antworten in der Prüfung noch einmal!

Schreiben Achte auf die Briefstruktur: Welche Redemittel aus dem Brief kannst du für andere Briefe oder E-Mails verwenden? Notiere sie!

Was schreibst du? Mach Notizen und strukturiere deinen Brief!

Brauchst du eine bestimmte Grammatik für deinen Text? Schau nach und wiederhole!

Extra-Wörter wie *natürlich, außerdem, besonders, vielleicht, immer ...* machen deinen Text schöner!

Nach dem Schreiben: Überprüfe deinen Text. Du findest weitere Hinweise auch in anderen Plateaus.

Quellenverzeichnis

Seite 6: © imago/Raimund Müller
Seite 11: © dpa Picture-Alliance/Joerg Carstensen
Seite 25: Piktogramme © fotolia
Seite 26: a © iStockphoto/Alexander Hafemann; b © iStockphoto/VMJones; c © iStockphoto/Blade_kostas; d © iStockphoto/Mladen Mladenov; unten © iStockphoto/dmitry zaltsman
Seite 27: © ktm.de (2)
Seite 30: 1, 2, 4 und Text © mit freundlicher Genehmigung der Seilgarten Prora AG – www.seilgarten-prora.de; 3 © fotolia/BVDC
Seite 35: 5a, 5b © fotolia/Reinhold Föger; 5c © digitalstock/Aumüller
Seite 36: Cover „Crazy“ © Kiepenheuer & Witsch
Seite 38: © irisblende.de
Seite 39: © fotolia/Martina Berg
Seite 44: © action press/Atlas Photography
Seite 51: unten © iStockphoto/Michael DeLeon
Seite 58: © fotolia/Arkady Chubykin
Seite 60: Alexander Keller, München
Seite 63: © fotolia/angrylittledwarf
Seite 64: von links © PantherMedia/Gabriele Willig; © PantherMedia/Jasper Grahl; iStockphoto/LajosRepasi
Seite 65: © BRAVO
Seite 70: von links © fotolia/Uschi Hering; © irisblende.de
Seite 71: oben © colourbox.com; unten © iStockphoto/Chris Schmidt
Seite 78: irisblende.de
Seite 84: © www.facebook.com
Seite 86: © www.sej.drk.de
Seite 90: a © iStockphoto/stephanie phillips; b © iStockphoto/cocobende; c und d © fotolia/small tom; e © fotolia/Andrei Nekrassov
Seite 94: © fotolia/Farina3000
Seite 101: © Thinkstock/iStock/monkeybusinessimages
Seite 102: © action press/Igor Pastierovic
Seite 103: oben 1-5 © Ernst Luthmann, Neufahrn; Mitte von links © fotolia/Jan Schuler; © digitalstock/Bumann; unten 1 © iStockphoto/Ljubco; 2 © iStockphoto/Claudia Dewald
Seite 105: © Ernst Luthmann, Neufahrn
Seite 106: Text, Logo und Illustration mit freundlicher Genehmigung von Jugend im Bund für Umwelt und Naturschutz Deutschland e.V. – www.bundjugend.de
Seite 110: oben 2 a © iStockphoto/Vincent Voigt; 2 c © irisblende.de; f © MEV; unten 1 © fotolia/Henry Czauderna; 2 © MEV; 3 © fotolia/popeyeka; 4 © iStockphoto/Bart Broek; 5 © iStockphoto/Reinhold Ratz
Seite 111: von links © irisblende.de; © digitalstock/Marco; © fotolia/Bruno Bernier
Seite 120: © iStockphoto/bobbieo
Seite 121: oben © MEV; Mitte © fotolia/Franz Wagner; unten von links © action press/Contrast; © PantherMedia/Josef Müllek
Seite 122: © iStockphoto/lillisphotography
Seite 135: © fotolia/pmphoto
Seite 148: a © fotolia/Klaus Eppele; b © iStockphoto/Yulia Khokhlova; c © fotolia/Rafa Irusta; d © iStockphoto/Daniel Loiselle
Seite 151: oben © iStockphoto/mammamaart; unten © fotolia/Julia Lami
Seite 156: © PantherMedia/Torsten Tracht; © iStockphoto/Trista Weibell